中公新書 2212

清水唯一朗著

近代日本の官僚

維新官僚から学歴エリートへ

中央公論新社刊

はじめに

官僚とは何か。どこからきて、どこへいくのか。

日本では長いあいだ「官僚大国」「行政優位」「政治家不在」といったことばが政治をあらわしてきた。官僚は顔の見えない巨大な権力であるが、有能な集団であることも間違いない。官僚はそうしたイメージで捉えられてきた。

ところが、二〇世紀終わりにバブル経済が崩壊すると、官僚はそれに対応できず、日本は混迷の淵に陥った。薬害問題への対応のまずさや汚職事件が重なったことで、長年にわたって築き上げられた官僚への信頼は、音を立てて崩れ去った。「失われた二〇年」とも称される停滞の責任は自民党政権＝官僚主導に帰され、二〇〇九年には政治主導の名のもと、民主党による戦後初の本格的な政権交代を導いた。

政治主導による政権運営は、統治のあり方を変え、積年の課題を多く解決したところもあった。だが一方で、官僚を使いこなせずに国政に大きな停滞をもたらした。民主党政権の後半には、行き過ぎた官僚批判への反省さえ聞かれるようになった。統治はどう行われるべきか、政治家、官僚はどうあるべきか。統治の、そして政治家と官僚のあり方が、いまあらためて問われている。

歴史をひもとくと、官僚の起源は明治維新に遡《さかのぼ》ることができる。行政の担い手として生まれた官僚は、経験を積み、調整に力を尽くすなかで政治家となっていく。官僚から政治家へという流れは、近代日本のかたちがつくられるなかで生まれた「立身出世」の道であり、多くの青年がこの道を歩むこととなった。

政治家に焦点を当てた歴史はこれまでも多く描かれてきた。明治政府は、西郷隆盛《さいごうたかもり》や大久《おおく》保《ぼ》利通《としみち》、木戸《きど》孝允《たかよし》ら維新の志士たちの活劇として描かれ、政党政治は原敬《はらたかし》や浜口雄幸《はまぐちおさち》の闘争として論じられてきた。しかし、彼らの活躍を可能にしたのは、専門知識を持つ官僚たちであった。いや、彼らの積み重ねがあってはじめて、政治家の活躍の場があったのである。

日本では経験を積んだ官僚たちが政治家となっていった。明治政府を支えた官僚たちは藩閥政治家となって憲法制定に臨み、憲法制定に尽くした官僚たちは官僚政治家となって日清・日露戦争に挑んだ。彼らは政党に入り、政党政治の担い手となっていく。制度が人をつくり、人が制度をつくっていったのである。

原敬、高橋是清《たかはしこれきよ》、加藤高明《かとうたかあき》、若槻礼次郎《わかつきれいじろう》、田中義一《たなかぎいち》、浜口雄幸と、近代日本の政党政治を担った政治家たちは、ほとんどが官僚出身者である。戦後も、吉田茂《よしだしげる》から宮沢喜一《みやざわきいち》にいたるまで、宰相の多くは官僚出身者であった。二一世紀に入ってもなお、官僚は政治家の主な供給源となっている。

日本が近代化の模範としたイギリス、ドイツ、アメリカなどでは、官僚を経て政治家になるという現象は一般的ではない。まして大統領や首相にまで上りつめた例は寡少《かしょう》である。官僚から政治家となる道は、両者が協働してきた日本政治を象徴している。

このことは、人材が官僚に集められたことの帰結であった。明治政府は官僚となる道を全国の青年に向けて開き、学校システムを通じて有能な青年を集めていった。勤勉に学び学歴を積み重ねた先に、官僚として行政を担う道が用意されていたのである。薩摩《さつま》、長州《ちょうしゅう》といった藩閥勢力だけで官界を固めることもできただろう。にもかかわらず、この道は日本全国に向けて開かれた。そこには一人ひとりが志を立てることで、日本という国を繁栄させていくという明治政府の大目標があった。

投票を通じた政治参加にくわえ、官僚となることで行政に参加する道が開かれた。この二つの参加を可能としたことで、明治政府は名実ともに正統性のある全国政権となることができた。正統性を持った政府に集まった優秀な人材に支えられ、近代日本は発展の道を歩みはじめることになる。

官僚の歴史を正面から描くことは、すなわち日本政治の構造を論じることである。しかし、これまでこうした試みはなされてこなかった。政治史は政局や政治家を中心に描かれ、時代ごとの書き手がそれぞれの得意とする時代を論じてきた。その結果、長い時間軸のなかで一つのテーマが論じられることは少なくなった。精緻《せいち》な研究が積み重ねられてきたことにより、大きな視野で捉えることが難しくなったからであろう。

本書は、明治維新から大正デモクラシー期までの半世紀を対象に、官僚の誕生と成長の過程を描く。彼らがどこからきて、どこへいくのか。その歩みを論じることで、「官僚とは何か」という問いに答えたい。

明治維新期に誕生した官僚たちは、どのように欧米の行政のシステムを学び、どのように日本に定着させていったのか、内閣制度が創設され、明治憲法が施行され、近代国家ができあがっていくなかで、官僚となる人材はどのように集められ、育てられ、制度として整っていったのか。政党政治への時流のなかで、彼らはそれとどう向き合っていったのか。そこには、立身出世を夢見て、勉学に励み、栄達をめざした青年たちがいた。

官僚を生んだ制度を論じ、官僚となった青年たちの想いを明らかにすることで、官僚の実態に迫ることができるだろう。それによってイメージに翻弄された批判を脱し、建設的な視野をもって、官僚の、そして日本における統治のあり方を捉えなおすことができればと願う。

目次

はじめに　i

第一章　維新の時代――誰が統治を担うのか……3
1　明治国家の誕生――行政機構の樹立　3
2　藩士から官僚へ　15
3　維新官僚の登場――旧秩序を飛び出した人材　24
4　公議輿論と人事一新　41

第二章　明治政府の人材育成……51
1　立国の人材登用策――身分の超克　51
2　大学南校貢進生――全国から集まったエリートたち　60
3　大学生たちの留学　80

第三章　立憲の時代――一八七〇年代～八〇年代……97
1　維新官僚の台頭――総合調整と分担管理　97
2　岩倉遣外使節団と制度調査　108
3　明治一四年の政変　122
4　内閣制度の創設――責任政治の模索　144
第四章　帝国憲法制定前後――高等教育の確立……159
1　学士官僚の誕生　159
2　専門官僚への道――藩閥支配を超えて　175
3　高等文官試験――試験採用制度の導入　184
4　学士官僚たちの肖像　201

第五章　憲政の時代——一八九〇年代～一九一〇年代……217
1　隈板内閣の挑戦——初の政党内閣と官僚　218
2　政権交代と官僚の党派化　231
3　二大政党の誕生　249
4　政党内閣の時代へ——官僚か、議員か　268

第六章　大正デモクラシー下の人材育成……285
1　試験至上主義の到来　286
2　新しい階層化と派閥化　300
3　デモクラシーの時代と官僚　317

終　章　統治と官僚の創出……331
あとがき　339
参考文献　343
近代日本の官僚　関連年表　353

近代日本の官僚

維新官僚から学歴エリートへ

凡例

・一八七二（明治五）年の太陽暦採用以前の月日は原則として旧暦にした。
・引用に際しては読みやすさを考慮して、旧漢字を新漢字に、カタカナをひらがなに改めた。
・藩名は藩庁の所在地（鹿児島、山口など）で統一したが、「薩長」などの歴史用語はそのままとした。

第一章　維新の時代——誰が統治を担うのか

1　明治国家の誕生——行政機構の樹立

王政復古と新しい統治

一八六七（慶応三）年の早春、幕末の政治変動は終局に向けて急展開をはじめた。公武合体路線に立って朝廷・幕府の協調に努めた孝明《こうめい》天皇は前年末に急逝し、年明けとともに数え年一六歳の睦仁《むつひと》親王が即位した。この代替わりは、これまで押さえ込まれていた倒幕の動きを本格化させる。一〇月には鹿児島藩などが将軍に辞官《じかん》を求めるため、兵を率いて上洛の途についた。緊張は一気に高まった。

幕府側の対応は迅速だった。将軍徳川慶喜《とくがわよしのぶ》は機先を制して自ら政権を朝廷に返すことを決断した。大政奉還である。武力による決着を図った倒幕派の思惑は外れ、旧幕府側の広大な版図と軍事力は温存された。新しい統治構造のなかでも旧幕府の影響力は維持される見込みとなった。

新しい統治構造の基盤となるのは、「公議」という考え方であった。将軍を中心とする専制をやめ、有力者が議論によって統治の方針を決めていく公議機関を軸とした新政権の樹立がめざされた。幕府が機能不全に陥っていることは黒船来航以来、誰の目にも明らかであった。専制による政権の弱体化を前に、議論に基づいた参加型の政治を示すことは、新政権の正統性につながる。幕府側も含め、多くの有力者が公議の導入を支持することでは一致していた。問題は、それを誰が担うかであった。

一二月九日、朝廷は王政復古の大号令を発し、大政奉還を機に公議に基づく政治を行うことを宣言した。これに合わせて将軍、摂政、関白のほか、内覧、国事御用掛、議奏、武家伝奏、守護職、所司代など、幕藩体制のもとで統治を担った官職が廃止された。

もっとも、この政変は倒幕派が独力で実行したものではない。政変を主導した鹿児島藩はもちろん、大政奉還に動いた広島藩、幕府に近い福井藩や高知藩が大筋で了解し、さらには慶喜にも伝えられたうえで行われていた。つまり、この段階では将軍家も含むかたちでの公議が予定されていた。

ここで行われたことは、公議を軸とした新政権を平和裡に発足させるために、それを阻《はば》む旧勢力を除くことであった。

それは、二つの権力交代と、新たな権力を支える制度からなっている。まず、五摂家に代表される上級公家たちが政権から追われ、倒幕派の中下級公家がこれに代わった。一〇〇〇年以上続いた公家社会の家格による秩序が崩壊し、倒幕への貢献度による論功の体系が生まれた。

武家社会も変化を迫られる。京都守護職（会津藩主松平容保《まつだいらかたもり》）、所司代（桑名藩主松平定敬《さだあき》）に代表される親藩、譜代の権勢が削《そ》がれ、雄藩と呼ばれた大藩の諸侯がこれに代わった。鎌倉幕府以来七〇〇年余り続いた封建秩序は将軍家とどれだけ近いかという、権威との距離に依っていたが、政治変動のなかでこの秩序は限界を迎えていた。

画期的な政変であった。朝廷と幕府という二つの権力秩序は、長い時間をかけて、疑う余地のない自然な統治秩序として定着していた。それを同時に、しかも一体として変えようというのである。当然、多くの異論が噴出する。参加した勢力のなかでさえ、共有されているのは統治構造の変革だけという同床異夢の政変であった。なかでも最大の諸侯となった慶喜・徳川宗家の処遇をめぐって、深刻な対立を内包していた。

新しい政権が政変を成し遂げるには、高い正統性を示し、多くの勢力に参加の可能性を開くことが必要であった。摂関、親藩、譜代といった既存勢力を排除し、幕藩体制を否定し、新しい勢力で開かれた政府をつくる。王政復古によって権威を確保し、公議の理念によって参加の可能性を開く。これは開国以来、国内を席巻した改革の流れに適《かな》うものであった。

新しい人材による新しい統治

旧勢力を排したのち、誰が公議を担うのか。公議による政権が正統性を持つには、開かれた議論の場が設けられ、開かれた人材登用が行われなければならない。

長きにわたって武家に政権を預けてきた朝廷に、政権を担い得るだけの人材はなかった。西洋列強に囲まれたなかで近代国家を立ち上げるためには、藩の壁を越えて、全国から才能を集める必要がある。

公議政体をめざす議論のなかで中核をなしてきたのは、この人材をめぐる問題であった。王政復古の大号令に際しても、人材の確保が「第一之御急務」として掲げられ、身分によらない、能力主義による人材登用の方針が示された。

そのひとつに一八六七（慶応三）年六月に坂本龍馬《さかもとりょうま》が著したとされる「新政府綱領八策」がある。「船中八策」を基に起草されたこの意見書は、新しい統治に必要となる二種類の人材を挙げている。

第一は、「天下有名の人材」である。幕末の動乱のなか、学者や志士の往来が盛んになったことで、全国に散らばっていた才能がお互いを知るようになっていた。この広がった人の輪を基盤に、西洋の知識に通じた碩学《せきがく》や、諸藩で台頭してきた若い指導者たちを集め、その知見を新しい統治に活用することが掲げられた。

第二は「有材の諸侯」、すなわち雄藩の藩主たちである。高い軍事力と経済力を持ち、個人としても高い能力を持つ彼らの帰趨《きすう》は、政変の成否を左右する。彼らにどのような地位を担わせるのかは、新しい政府にとって大きな課題であった。

新しい人材には、武力だけでなく知力が求められた。それだけに彼らが身分にかかわらず意見を述べることで、開かれた言論空間を築き、国家の針路を切り開いていくことが必要だった。身分によらない、能力主義の人材登用を新政府が掲げたことは画期的だった。

江戸以前の社会は、厳然《げんぜん》たる身分制度の上に成り立っていた。江戸後期には、その限界が指摘されるようになり、有能な人材を抜擢する道も開かれていたが、それはいまだごく限られたものであった。公議に基づく政治を行うためには、それを担うだけの知力を有した人材を集めなければならない。人材の登用は、まさに新しい統治を実現するための「第一之御急務」であった。

三職会議――公議機関の原型

朝廷はひとまず総裁、議定《ぎじょう》、参与《さんよ》からなる三職《さんしょく》を置いて、新しい統治を組み立てる基盤とした。いまだ権限が明らかでない仮置きの組織である。

総裁には、明治天皇の輔導役であった有栖川宮熾仁《ありすがわのみやたるひと》親王が就き、皇族からは仁和寺宮嘉彰《にんなじのみやよしあき》親王と山階宮晃《やましなのみやあきら》親王が議定となった。王政復古の象徴としての人選であり、彼らが自発的に影響力を発揮する機会は少なかった。

意思決定は、公家と武家から選ばれた議定たちが担うこととなった。彼らは「上の会議」と呼ばれる合議体を形成して「公議」に臨んだ。公家から議定に選ばれた中山忠能《なかやまただやす》、正親町三条実愛《おおぎまちさんじょうさねなる》、中御門経之《なかみかどつねゆき》の三名は、いずれも討幕の密勅を発するために動いた人物である。論功行賞というより、先が見えないなか彼らは新政府を支えようとしていた。

主導権を握ったのは岩倉具視《いわくらともみ》である。家格が低かったためか、当初は議定ではなく参与に任じられたが、ほどなく議定に昇格した。八月十八日の政変で敗れて都落ちしていた三条実美《さねとみ》が帰洛すると、この二人が新しい統治の中枢となった。岩倉は三職の事務を総轄する御用掛《ごようかけ》を自らの同志で固め、事務面における掌握も怠らなかった。

彼らはいずれも孝明天皇のもとで謹慎を命じられ、明治天皇の践祚《せんそ》によって赦《ゆる》された倒幕派である。摂政、関白、武家伝奏といった高位の公家が退けられ、熱気にあふれた倒幕派の公家を抜擢した人事は王政復古のクーデターによる宮中の勢力変化を象徴するものとなった。

武家から議定となったのは、徳川慶勝《よしかつ》(名古屋)、松平慶永《よしなが》(福井)、浅野長勲《あさのながこと》(広島)、山内豊信《やまうちとよしげ》(高知)、島津忠義《しまづただよし》(鹿児島)の五人である。いずれも藩主、元藩主として雄藩の実権を握る人物である。月末には伊達宗城《だてむねなり》(宇和島)もくわえられた。

だが、天皇という権威を推戴《すいたい》する倒幕派公家と、軍事力・経済力を持つ諸侯たちは、「上の会議」で鋭く対立していく。

「上の会議」は意思決定機関であるが、それを構成する公家や諸侯には行政の経験はなかった。そのため、「上の会議」に諮る前にあらかじめ実務的な議論を詰めておく必要があった。この役割を担ったのが参与たちによる「下の会議」である。

公家からは橋本実梁《はしもとさねやな》ら若手の倒幕派が選ばれた。のちの首相、西園寺公望《さいおんじきんもち》も弱冠二〇歳で選ばれている。武家からは一一名が選ばれた。諸侯が議定に任命された際に各藩に参与を出すよう指示があり、名古屋藩から田中不二麿《たなかふじまろ》ら二名、福井藩から中根雪江《なかねゆきえ》ら三名、広島藩から辻将曹《つじしょうそう》ら三名、高知藩から後藤象二郎《ごとうしょうじろう》ら三名、鹿児島藩から西郷、大久保ら三名が任じられた。いずれも雄藩を実質的に指導してきた有力藩士である。従来の身分秩序から逸脱した抜擢であるが、新しい統治を実現するためには、彼らを外すことは考えられなかった。

こうして、新しい統治をかたちづくる三職会議が発足した。それは新興公家と雄藩の連合体ともいうべきものであり、政権は朝廷の権威と雄藩の権力の微妙な均衡のうえにかろうじて成り立っていた。

紛糾する公議

新興公家と雄藩諸侯は、会議のはじめから鋭く対立した。争点となったのは徳川宗家の処遇である。

王政復古の大号令が発せられた一二月九日の夜、宮中小御所で開かれた最初の会議、いわゆる小御所会議では、武家から山内豊信（容堂《ようどう》）が慶喜の会議出席を求め、松平慶永がこれに続いた。

最大の版図と軍事力を持つ徳川宗家が会議に入れば、圧倒的な発言力で彼らに有利な統治構造ができる。大久保、岩倉らはそれを警戒して徳川宗家の力を削ごうとした。しかし、慶喜は新しい統治に協力する姿勢を示しており、これを無理に排しては新しい統治の正統性に大きな傷がつくこととなる。他方、諸侯からすれば徳川宗家の参加がなければ公家の跋扈《ばっこ》を招く。山内らは譲らなかった。会議は紛糾し、休会を挟んでようやくまとまった。

小御所会議の決定は、慶喜に自主的な辞官納地を求め、交渉は親藩である松平慶永と徳川慶勝に委ねるという妥協的なものであった。一二月一〇日、慶永と慶勝が二条城に慶喜を訪ねて決定を伝えると、慶喜は配下を慰撫《いぶ》する必要があるとして猶予を求めた。旧幕府内の武力行使派を抑えながら進めるためには、慎重さが必要であった。同日には山口藩兵が入京して不測の事態も予想されたため、慶喜は旧幕府側の兵力を連れて大坂に下る。

この大坂下向は、不測の武力衝突を避けるとともに、雄藩諸侯による政治工作のための時間をつくるものであった。彼らはいたずらに戦端が開かれて内戦状況に陥ることを避けるため、朝廷が掲げた公議の精神に則って徳川宗家も含めた大藩諸侯を集め、議事の方法を明らかにしたうえで、新しい統治のあり方を議論することを主張した。

一二月一二日、山内がこの意見書を提出すると、熊本藩など一〇藩が同様の建白を持って続いた。諸侯の参加なくして新しい統治が成り立たない以上、この建白は看過できない。諸藩の意向を受けて、王政復古の大号令から、徳川宗家への懲罰的な部分が削除された。

この後、建白を主導した熊本藩から横井小楠《よこいしょうなん》ら四名、柳川藩、鳥取藩、大垣藩からそれぞれ一名が参与に任命され、武家側の陣容が強化された。倒幕派公家の台頭を牽制するものである。

状況は倒幕派に不利であった。彼らの権力の源泉である天皇は、小御所会議後は議論の場に出席しなかった。総裁である有栖川宮も紛糾する会議に堪えられず、辞意を表してサボタージュを決め込んでいた。天皇も総裁も不在のなか、倒幕派公家は、雄藩諸侯に主導権を取られることを恐れ、自分たちだけで決定を行おうと画策をはじめる。

一二月一八日、倒幕派の公家たちは雄藩諸侯を呼び出さずに「上の会議」を開いた。ここで彼らは、列国に新政府の樹立を通知することを決議し、この議案に天皇の裁可を得たうえで諸侯議定に諮問した。あらかじめ天皇の裁可を得ることで反対を封じようとしたのである。

ところが、島津忠義を除く諸侯議定はこの議案に反対した。いまだ政権としての地歩が固まらないうちに通知を行うのは適当でないというのが理由であった。このため天皇の裁可を経たにもかかわらず、通告は中止となる。山内の意見書にも見られたように真の争点は、議案の内容ではなく、決定の過程、公議のあり方にあった。独断専行はかえって公家たちにとって仇となった。

朝廷は、王政復古の大号令で、新しい統治の精神として「公議を尽くす」ことを掲げていた。それだけに、公議を限定的に解釈して議事を強行すればするほど、新しい統治の正統性は揺らぎ、求心力を保つために雄藩の理解が必要となる。倒幕派が蠢動《しゅんどう》するたびに、かえって雄藩諸侯と武家参与の発言力が際立つこととなった。

鳥羽伏見の戦いと行政機構の発足

雄藩諸侯や武家参与の意向により、「上の会議」は新しい統治に徳川宗家を迎える方向で進んだ。

大久保ら倒幕派が主張した領地返上論は退けられ、幕府が定めた旧制度も必要なものは継承する方針が示された。一八六八（慶応四）年一月一日には、岩倉が慶喜の議定就任を認めるところまで譲歩していた。公議によって、徳川宗家も参加する新しい統治のかたちが見えはじめていた。

だが、政治は軍事によって破られた。前年一二月二五日、江戸における鹿児島藩の挑発に乗り、旧幕府方の強硬派が同藩邸を焼き討ちにしていた。事態は一二月二八日に大坂に、三〇日には京都に伝わり、双方の開戦派を勢いづかせた。一月二日、旧幕府方は「討薩の表」を天皇に奉呈すべく大坂を発し、三日、伏見において薩長軍と衝突した。鳥羽伏見の戦いである。

状況は一変した。朝廷では倒幕派公家らが有栖川宮総裁を征討大将軍に任命し、錦旗を掲げた官軍が進発した。兵力で劣る倒幕派は天皇の遷座を考えるほど切迫した状態にあったが、淀藩、津藩などの寝返りもあり、戦況は朝廷側の有利に進んだ。一月六日夜に慶喜が大坂城を脱し、船で江戸に退却したことで帰趨は定まった。

鳥羽伏見での戦勝をきっかけに、新政府は全国を掌握すべく動きはじめる。一月七日に慶喜追討令を発して諸侯に去就の決定を迫り、そのうえで山陰道、東海道、東山道、北陸道、中国四国、九州と各方面に鎮撫軍を派遣し、各藩の恭順を一挙に勝ち取っていった。

全国統治の見通しが見えたこと、戦勝によって直接支配する地域が生じたことから、公議のための会議体であった三職会議は、統治機構としての機能を求められることとなった。

一月九日、三条実美、岩倉具視が議定から副総裁に任じられ、追討軍の指揮を執る有栖川宮総裁に代わり、この両名が新政府の実質的な最終決定権者となった。倒幕派の勝利である。三職の権限も、総裁は「万機《ばんき》を総裁し一切の事務を決する」、議定は「事務各課を分督し議事を定決す」、参与は「事務を参議し各課を分務す」と明文化された。

統治の需要にともない、議事に加えて行政の概念が生まれた。一月一七日には行政（事務）と立法（議事）を七つの分野に分けた「三職分課」が制定される。神祇《じんぎ》事務（祭祀）、内国事務（直轄地行政）、外国事務（外交）、海陸事務（軍事）、会計事務（財政と徴税）、刑法事務（裁判）、制度寮（官職・選抜・昇進方法の検討・立案）の七課である。

各課の長官は「総督」、次官は「掛《かかり》」と称され、総督には議定が、掛には参与が割り当てられた。今日の首相―大臣―次官の原型となる、総裁―総督―掛という行政系統である。これにより議定による「上の会議」は閣議の、参与による「下の会議」は次官会議の役割を果たすこととなった。現在の行政機構の祖型といってよい。

行政の分担に合わせて、決定の集約も図られた。一月二五日に総裁直属の官房組織として設置された総裁局がそれである。有栖川総裁、三条、岩倉副総裁のもと、意思決定にくわわる輔弼《ほひつ》、総裁の諮詢《しじゅん》を受ける顧問にくわえて、総務を担当する弁事、記録を担う史官と補佐機構が整備された。

輔弼、顧問の顔ぶれを見ると、総裁局が集権的な執政体として組織されたことがわかる。輔弼には公家議定から中山、正親町三条が、顧問には山口から木戸孝允、鹿児島から大久保利通（のち小松帯刀《こまつたてわき》）、高知から後藤象二郎と雄藩の実質的な指導者が任命された。木戸、大久保、後藤といった人材を三職ではなく総裁局に置いたことは、旧来的な身分秩序に支配される三職から最終的な決定を切り離し、総合調整を行うためであった。新政府は、方向性を論じる会議体から、政務、事務を実施する執政体へと変貌をはじめたのである。

見逃せないのは、新政府の総務を担当する弁事である。この職には、三職御用掛を務めていた岩倉系の公家が引き続き任命された。彼らは行政各課の参与も兼ねて、願書、伺書《うかがいしょ》のすべてを取り仕切った。弁事は行政事務の中枢であり、ここを押さえることは新政府全体を把握することを意味する。岩倉ならではの慧眼《けいがん》である。

一方、できたばかりの行政各課は二五名の議定を丁寧に各課に割り当てたため、いずれの課も複数の総督（行政長官）を戴く多頭状態となった。内国・外国・会計にはそれぞれ五名、神祇・海陸軍に三名、刑法・制度にも二名の総督があった。各課は混乱し、統一した行政など行えるはずもなかった。

二月三日、分課における指揮命令系統を明確にすべく組織改編が行われた（1－1参照）。総裁局と行政七課は合わせて八局に改組され、各局共通で督－輔－権輔－判事－権判事という階統制が整備された。各局にはいずれも二名の議定が配されたが、上位の者を督、下位の者を輔とし、参与の上位の者を権輔、下位の者を判事・権判事として上下関係が明確にされた。行政の基礎構造が固まった。

発足から三ヵ月、新政府は朝令暮改を繰り返しながらも会議体を置き、執政体を乗せ、行政部局を整備した。この三職八局制の制定をもって、議事、行政の機能が揃い、日本初の近代的な統治機構が原型を見せることとなった。

2　藩士から官僚へ

徴士制度の発足

議事と行政の機構を整えた新政府であるが、それを着実に動かせる人材は揃っていなかっ

総裁局

輔弼

中山忠能*(公)，正親町三条実愛*(公)

顧問

木戸孝允(士・山口)，大久保利通(士・鹿児島)

小松清廉(士・鹿児島)，後藤象二郎(士・高知)

弁事，史官

松尾相永(京都)，松尾相保(京都)ほか

軍防事務局	会計事務局	刑法事務局	制度事務局
督	**督**	**督**	**督**
仁和寺宮嘉彰*(皇)	中御門経之*(公)	近衛忠房*(公)	鷹司輔煕*(公)
輔	**輔**	**輔**	**輔**
(空席)	浅野長勲*(侯・広島)	細川護久*(侯・熊本)	(空席)
権輔	**権輔**	**権輔**	**権輔**
烏丸光徳(公)	長谷信篤(公)	五条為栄(公)	堤哲長(公)
判事	**判事**	**判事**	**判事**
吉田良栄(公)	戸田忠至(侯・高徳)	木村得太郎(士・熊本)	福岡孝弟(士・高知)
津田信弘(士・熊本)	鴨脚光長(公)	土倉正彦(士・岡山)	松室重進(京都)
吉井友実(士・鹿児島)	小原忠寛(士・大垣)	溝口孤雲(士・熊本)	
	土肥典膳(士・岡山)		
	由利公正(士・福井)		

1－1　三職八局制の構造と人事　1868（慶応4）年2月

総裁
有栖川宮熾仁（皇）

副総裁
三条実美*（公），岩倉具視*（公）

	神祇事務局	内国事務局	外国事務局
督	白川資訓*（公）	徳大寺実則*（公）	山階宮晃*（皇）
輔	亀井茲監*（侯・津和野） 吉田良義（公）	松平慶永*（侯・福井）	伊達宗城*（侯・宇和島） 東久世通禧*（公）
権輔	（空席）	岩倉具綱（公） 秋月種樹（侯・高鍋）	鍋島直大（侯・佐賀）
判事	平田鉄胤（士・秋田） 矢野玄道（士・大洲） 谷森善臣（京都）	中川元積（公） 青山小三郎（士・福井） 大久保利通（士・鹿児島） 辻将曹（士・広島） 土肥謙蔵（士・鳥取） 中根雪江（士・福井） 広沢真臣（士・山口）	井関盛良（士・宇和島） 伊藤博文（士・山口） 井上馨（士・山口） 岩下方平（士・鹿児島） 五代友厚（士・鹿児島） 寺島宗則（士・鹿児島） 町田久成（士・鹿児島）

註：1）＊は議定．2）皇は皇族，公は公家，侯は諸侯，士は士族の略
出所：金井之恭校訂『明治史料 顕要職務補任録』上・下（成章堂，1902年）を基に筆者作成

た。「第一之御急務」である人材登用は進んでおらず、雄藩の指導者たちを相応の地位に任ずるにとどまっていた。

決定的に不足していたのは、行政各課での政策の企画立案、実施を行う専門知識を持つ人材であった。布告文書の起草に大久保自らが当たらなければならなかったという逸話も残るほど行政事務は急速に肥大化しており、新政府の人材不足は深刻であった。

行政七課を制定した一八六八（慶応四）年一月一七日、新政府は初めての人材登用策となる徴士《ちょうし》制度を発表した。それは、諸藩の藩士はもちろん、在野までを含めた全国の有能な人材を発掘し身分にかかわりなく登用するものであり、採用後は参与、権輔、判事、権判事として行政各課の運営を担うとされた。行政需要の増加に応じて積極的に登用を行うべく、定員は設けていなかった。

徴士制度は、身分に囚われず意見を述べ、政治への参加を奨励するという点で王政復古の大号令の精神を人材面から具体化したものといえる。身分に縛られた幕藩体制を否定する方法として、新政府は能力主義の門戸を開いたのである。公議に基づく政治を行い、能力主義で人材が行政を担っていく。新政府は徴士制度を入口に、大きく時代を変えようとしていた。

苦悩する藩士たち

ところが、徴士制度が発布されても人材は一向に集まらなかった。そこには時代の転換期ならではの事情があった。

政府が求めた人材は、統治に必要な知識と経験を持つ者であり、これに該当するのは主として各藩の藩士であった。彼らの身分は藩に属しているため新政府は直接採用することができず、各藩から徴用するかたちを取る。だが、藩の側からすれば、人材の提供は新政府への積極的な参加表明を意味する。いまだ先行きが不透明ななか、旗幟《きし》を鮮明にして新政府に人材を送り出せる藩は少なかった。

当時、多くの藩で議論が紛糾し、明確な藩の姿勢を打ち出すことができない状況にあったことも登用難に拍車をかけた。新政府が求めた人材は、各藩にとっても欠かせない逸材である。藩をまとめるためにも、調整能力に長けた有能な人材を新政府に差し出す余裕はなかったのである。

こうした事情は雄藩も例外ではなく、彼らでさえ新政府への人材供給を制限する実態があった。たとえば山口藩は、徴士制度が公表されると、同藩から徴用する際には人名に加えて、登用される役職と理由をあらかじめ内示するよう新政府に要請している。不適当な人物が登用されないよう慎重を期するためというものの、実際は新政府への牽制であった。山口藩では、藩政の要路にあった広沢真臣《ひろさわさねおみ》らが徴士への登用を辞退している。

雄藩以外の藩が、より消極的な対応を取ったことはいうまでもない。新興公家や薩長を中心とする新政府に参加することは、彼らへの恭順であるとして恥じる向きもあり、各藩は日《ひ》和見《よりみ》を決め込んでいた。

藩士の心境も複雑だった。彼らは独立した人格である前に、武士として家を背負っていた。いずれの家も二〇〇年以上にわたって藩主と主従関係を結んできていた。彼らは伝統的な儒学教育のもとで育った武家の政治エリートであり、藩主から離れて新政府に参加することは背信と映った。藩のなかで格が高いほど、藩を離れることは考えにくかった。

藩士個人がいかに志を持っていたとしても、彼らが藩の枠や藩主との関係を超えて新政府に仕えることは容易ではなかった。藩にも、藩士にも、新政府への出仕を正当化するだけの状況と仕組みが必要だった。

新政府の人事戦略

だが、状況は新政府に味方していく。幕府側との戦闘が有利に展開したことで、各藩に対してより強い姿勢で人材を求めることができるようになったからである。新政府は人材を集める仕組みを整備していく。

まず、新政府に徴士を迎えるにあたり、その任命は総裁が行うこととした。徴士は判事、権判事として行政の実務に当たる人材である。本来であれば局の長官である督の任命によるのが筋であろう。

総裁の任命とした意味は二つある。第一に、総裁は天皇の代理人であり、総裁の任命によることで徴士を天皇直参《じきさん》として召し出す形式を取ることができた。勤王思想の強い時代にあって、天皇からの召喚を断ることは難しい。第二に、各局の督は公家や雄藩諸侯が務めていたため、彼らが任命することは特定の勢力のもとに転じる印象を与えかねず、各藩や藩士には抵抗があった。総裁による任命は、特定の勢力ではなく全国を包括する新しい統治への参加という形式を示すものであった。

もっとも、新政府はさらに歩を進めて徴士を藩主との主従関係から切り離し、天皇と結びつけることが必要だと認識していた。二月、新政府は徴士に対して、登用されたその日から朝臣《ちょうしん》と心得るよう通達する。藩主ではなく、朝廷に仕える身であることを明示したのである。二月末日には徴士の数は六〇人に達した。

朝臣としたのは形式だけのことではない。財源不足も顧みず、徴士の俸給は新政府から支払うこととし、月給五〇〇円という破格の待遇が示された（総裁は一〇〇〇円、議定は八〇〇円。戊辰戦争の間は半額支給）。くわえて、彼らは参与として迎えられた。藩主や公卿であってもほとんどが議定ではなく参与であり、三職の制度上は同列となる。徴士の大半は下級藩士であり、彼らが感じた誇らしさは想像に難くない。これは身分秩序の破壊であった。

一方で、新政府は伝統的な秩序も活用した。代表的なものが徴士の叙位である。閏《うるう》四月、参与に就任していた徴士に官位が与えられた（以下、括弧内は出身藩）。小松帯刀（鹿児島）、後藤象二郎（高知）、木戸孝允（山口）、大久保利通（鹿児島）、広沢真臣（山口）、由利公正《ゆりきみまさ》

（福井）、福岡孝弟《ふくおかたかちか》（高知）、副島種臣《そえじまたねおみ》（佐賀）、横井小楠（熊本）ら九名が従四位下、吉井友実《よしいともざね》（鹿児島）、伊藤博文《いとうひろぶみ》（山口）ら九名が従五位下といった具合である。

従四位といえば、幕藩体制下での譜代老中格や一〇万石の外様大名に相当する。人材を藩から切り離すと同時に、伝統的な身分秩序を用いて彼らの地位が確保された。これは古い伝統が残るなかで、新しい統治を担う徴士たちに発言力を持たせる、きわめて重要な手続きであった。

残る問題は彼らの所属であった。徴士として活躍していた陸奥陽之助《むつようのすけ》（宗光《むねみつ》、和歌山）は、岩倉に対して次のように論じている。

> 人材御《ご》登庸言路《とうようげんろ》洞開《とうかい》の条では、天下の人、朝旨《ちょうし》に感服せざるなし。然《しか》して惜しむらくは、名望未だ達せず、才用未だ展《の》びず、大《おおい》にその力を尽くさしむ能《あた》わず。その故を考えるに朝廷対遇《たいぐう》の薄きに非ず、人に尽力不足にも非ず、要これその地位未だ堅からず、身力《しんりょく》を任事に致す能わざるごとし。
> 望むらくはこの故習《こしゅう》を一洗し、おのおの邸第《ていだい》を京地に賜い、その藩禄を辞せしめ、その戸口を移し、いよいよ以《もっ》てその名分を一定し、心身共に朝廷の用に供せしむべきなり。これ則《すなわ》ち朝廷御基本を堅くする第一要務と存じ奉《たてまつ》り候。
>
> （『岩倉具視関係史料』上）

内戦の決着と人材の充実

一八六八（明治元）年秋以降、この状況は一変し数多くの徴士が新政府に入っていった。九月に会津藩が降伏し、戊辰戦争の趨勢《すうせい》も定まったことから、各藩が積極的に人材を送り出すようになったからである。

翌一八六九年六月に版籍奉還が実施されると、政府は藩に断ることなく人材を集めることができるようになり、徴士制度はその役割を終えた。同年五月に刊行された「官員録」（須原屋版）には判事以上の官員として延べ六八三人が記されている。ここから皇族、公家などの廷臣を除いた徴士は実に六〇〇人に上る。「太政類典《だじょうるいてん》」など現存する公文書を繰ると、官員録には記載されていない権判事や弁事、史官などにも徴士が置かれており、さらに多くの人材が登用されていたことがわかる。新政府の人材登用は軌道に乗った。

徴士の主力は、藩主や元藩主が議定・参与に任じられた鹿児島藩、高知藩、福井藩、名古屋藩、広島藩の藩士であり、それに熊本藩、鳥取藩、宇和島藩、佐賀藩が続く。それ以外では山口藩が突出し、西国の岡山藩、北陸の金沢藩、東海の大垣藩が多くの人材を供給している。

当然、この傾向は参与の構成比にも影響してくる。複数の参与を出しているのは藩主が議定・参与となっている九藩に山口、岡山をくわえた一一藩である。この一一藩が新政府の主力といってよいだろう。

他方、加賀藩、大垣藩、彦根藩、館林藩からも多くの徴士が登用されたが、この四藩出身の徴士はほとんどが判事や権判事、弁事となり、参与には選ばれていない。徴士の数が増えるにつれ、参与として意思決定にかかわる者と、判事として行政を担当する者が生まれていた。同じ徴士としての参加であっても、情勢が定まる前から政府を支えてきた者は意思決定に参加する政治家となり、決着がついたところで参じた者は実働部隊としての官僚となっていた。

情勢が固まり、仕組みが整備されたことで、新政府には多くの人材が集まってきた。もっとも、人材の門戸開放を掲げて旧来の身分秩序を乗り越えていった新政府であるが、そこには参加のタイミングによる新たな秩序が生まれていた。以後、行政各部は彼ら先駆者の指導のもとで動きはじめる。全国から集められた人材もそのなかに組み込まれ、「藩閥」と呼ばれる集団が次第に姿を現していく。

3　維新官僚の登場——旧秩序を飛び出した人材

第一世代

新政府はどのような人材をどうやって見出し、彼らはどうやって活躍の場を得ていったのだろうか。

徴士は担った役割によって大きく二つに分けられる。第一は、大久保、西郷、木戸など、雄藩の代表として新政府の意思決定に携わった層である。彼らは維新の元勲として知られているが、いずれも一八七七（明治一〇）年前後に命を落とした。彼らが国家を担ったのは明治政府のごく草創期のことである。

そのあとを継いで明治政府を軌道に乗せたのは、元勲たちのもとで大量に登用された徴士たちであった。統治と行政の実態を継承するという官僚の原義に照らせば、彼らこそが、新しい時代の要請によって生まれた維新官僚であった。

彼らは、事務的な才幹を認められて新政府に入り、行政を担うなかで頭角を現して政治家に成長していった。元勲亡きあとの政府を主導した彼らは、自らの頭脳を振り絞って明治憲法体制を生み出していく。官僚から政治家へ――。このルートを開拓した第一世代である。

ここでは、代表的な人物として近代日本の建設に尽力した由利公正、伊藤博文、大隈重信《おおくましげのぶ》の三名を取り上げ、彼らの若き日の姿から維新官僚の誕生を見ていく。

由利公正――徴士第一号と門戸開放

初めて徴士に任命されたのは由利公正である。当時は三岡八郎といった。伊藤、大隈ほど著名ではないものの、太政官札の発行など財政面で活躍し、五ヵ条の御誓文を起草するなど、新政府の制度設計にも深くかかわり、明治の財政家として必ず指折られる人物である。

一八二九（文政一二）年、由利は福井藩士の子に生まれた。どこにでもいる一藩士だった彼の人生は、ひとりの碩学と出会ったことで大きく変化する。横井小楠である。

横井は熊本藩士であったが、彼の唱えた実学による藩政改革を知った松平慶永が招請した。一八五一（嘉永四）年、福井を訪れた横井は、藩政の基本となっている前例踏襲は、思考の停止であり、事態を改善するには現実を把握し、それに即した政治を行うべきであると説いた。

横井の考え方は科学であり、実学であった。これに由利や橋本左内《はしもとさない》といった若い藩士たちが共鳴した。彼らは江戸後期に普及した藩校教育を受けていたが、それは学政一致を掲げる秩序を重んじる守成の学であった。これでは、低迷する藩の財政を立て直し、迫り来る列強の脅威に対抗することはできない。

歯痒《はがゆ》さを感じていた青年たちの目に、現実と向きあい、考え、有効な打開策を導こうとする横井の実学はまばゆく魅力的に映った。当時、江戸で名声を得つつあった洋学者の佐久間《さくま》象山《しょうざん》は、日本が危機を脱するには伝統的な漢学の秩序にくわえて西洋の実学を導入する必要があるとして「東洋の道徳、西洋の芸術」（『省諐録《せいけんろく》』）の要を唱えたが、実学を待望する土壌は全国にあったのである。

あとは各藩がそうした転換を受け入れ、実現できるかであった。福井藩では、横井の感化を受けた由利たちが活躍の場を与えられ、伝統的な勧農策を改めて調査と分析に基づいた政策を立案、実施していった。彼らの振興策は成功を収め、藩の財政は急速に改善していく。

一八六二（文久二）年、由利は慶永に伴われて京、長崎で諸藩の志士と交わり、国内の情勢に通じた志士として知られるようになる。しかし、これが仇となり、慶永の引退後、藩執政部が保守化すると由利は危険視され、蟄居《ちっきょ》を命じられた。国内外の激変を前に身動きが取れない。苦悶は募った。

彼の苦境を救ったのは、坂本龍馬である。横井を通じて知り合い、由利の経綸と財政手腕を高く評価していた坂本は、一八六七（慶応三）年一〇月末、福井に赴いた際に由利と面会し、新政府の樹立に向けた経営策を聞き出す。坂本はこれをまとめ、岩倉具視に彼の登用を薦めた。

由利公正

由利登用の進言は岩倉に容れられた。一二月、福井藩に対して由利の上京と出仕が命じられる。出仕に際して、由利は二つのことを藩に示した。一つは、自分は新政府では福井藩の利害では動かないこと、もう一つは、新政府に出仕している間は藩の職務を引き受けないことであった。長年藩政に関与していないこと、藩主に累を及ぼさないためというのが理由であったが、ほかでもない、藩との訣別宣言であった。

由利は、新政府のみに仕える道を選び、独立した専門官僚として迎えられた。能力、身分のあり方いずれをとっても、まさに新政府の人材第一号に相応しい。時に三八歳。坂本が凶刃に斃《たお》れてから二ヵ月が過ぎていた。

京に到着した由利は、徴士参与御用金穀取扱、すなわち新政府の初代財務官に任命された。八局制のもとでは会計事務局判事となり、資金調達、太政官札の発行など、草創期の政府財政の立ち上げに力を尽くした。

彼にはもう一つ大きな仕事があった。新政府が正統性を持って継続していくためには、人材登用と公議の門戸をさらに開いていく必要があった。そのためには、新しい統治がこれまでのものとはまったく異なることを知らしめなければならない。徴士第一号たる由利は、これを自らの務めと考えた。

五ヵ条の御誓文への結実

一八六八(明治元)年一月八日、まだ鳥羽伏見の戦火が冷めやらぬなか、由利はこの争いが倒幕派と旧幕府の私闘ではなく新しい統治を実現するための戦であることを宣言し、新政府の方針を明らかにすべきであると説いた。王政復古の大号令から一歩進めて、より具体的な方針を示すことがその眼目であった。

由利はその構想を「議事之体大意」として以下の五ヵ条にまとめた。人々がそれぞれに志を持つこと、心をあわせて国家経営に臨むこと、知識を世界に求めていくこと、人材を盛んに発掘し登用すること、公論による政治を行うことがその趣旨である。実践重視の姿勢を取り、身分によらない登用を行い、武家や公家の専断を廃して公議を尽くすこと。由利は、新しい時代への意欲をかき立てる、開かれた国家像を示した。

この「議事之体大意」は、こののち制度掛の福岡孝弟、総裁局顧問の木戸孝允、副総裁の三条実美、岩倉による加筆修正を経て、三月一四日、五ヵ条の御誓文として公にされる。江戸城総攻撃の前日であった。

一、広く会議を興し万機公論に決すべし
一、上下心を一にして盛に経綸を行ふべし
一、官武一途庶民に至る迄《まで》各其《その》志を遂げ人心をして倦《うま》ざらしめんことを要す
一、旧来の陋習《ろうしゅう》を破り天地の公道に基くべし
一、智識を世界に求め大に皇基を振起すべし

第四条を例外として、由利の草案が踏襲された。旧慣を破り、世界に知識を求め、各々が目標を遂げ、一体となった国家を形成し、議論によって意思決定を行う。新しい国家の所信表明であった。

御誓文は明治天皇が天地神明に誓うかたちで宣言され、新政府が発した政体書や、民権運動の嚆矢《こうし》となる立志社建白でも引用されるなど、維新の精神を体現したものとして尊重された。明治憲法の思想的基盤となっただけでなく、太平洋戦争後、占領軍の民主化要求に対して「日本型民主主義」が存在する根拠として示されるなど、近代日本の理念として捉えられた。

なぜ御誓文はそれほどまでに尊重され続けたのか。第一条の公議の理念は立憲政治、議会政治を導き、第二条は挙国一致の国家建設に貢献した。従来の議論ではこの二つが高く評価されてきた。

たしかに近代日本の展開を制度から見ればそうだろう。しかし、行政国家を確立し、議会政治を実現するためには、それを支える学問が欠かせない。近代国家の形成を考えるうえで、学問による立身出世をめざして全国の青年が努力を重ねたことを見逃すことはできない。

こう考えてくると、精神的な一致を説く第二条よりも、目標を立て、その実現に向けて進む道を開いた第三条こそが、広く人々に力を与え、近代化を推進する力になったように思われる。それは先立った坂本がかつて「新政府綱領八策」のなかで描いた理想でもあった。由利や坂本がめざしたのは身分に囚われず人々が活躍する国家であり、御誓文はそれを広く宣言するものであった。

伊藤博文——卒族から参与へ

下級士族（卒族《そつぞく》）から総理大臣にまで上りつめた伊藤博文（俊輔）は、近代日本の立身出世を代表する人物であろう。彼も徴士として新政府に登用された人材であった。その出世を可能にしたのは王政復古の大号令による門戸開放と、能力主義という時代の精神にほかならない。御誓文の精神そのままに、志を立て、経綸《けいりん》を行い、世界に知識を求めて活動していた伊藤は、時代の寵児《ちょうじ》となる。

伊藤は一八四一（天保一二）年、山口藩の下級士族の家に生まれた。吉田松陰《よしだしょういん》の松下村塾に学んだ伊藤は、一八六三（文久三）年、同藩の井上馨《いのうえかおる》らとともにイギリスに密航する。そこで列国の実力を目の当たりにした彼らは攘夷の不可を悟り、開国論に転じた。半年後、薩英戦争と下関における外国船砲撃の報に接して帰国したのちは、開国和親を掲げて国事に奔走する。

もっとも、幕末期における伊藤の活躍は決して華々しいものではない。第二次長州征伐では前線から呼び戻されてイギリスとの間で物資の調達にあたった。のちに鹿児島藩との交渉に臨むが、それも木戸の従者としてであった。彼はまだ木戸や西郷、大久保のように藩の指導的立場にある政治家ではなかった。

伊藤は自らの実力で世に現れる。一八六八（明治元）年一月、薩長と幕府の武力衝突が近づいたことを知った伊藤は、滞在先の下関から急ぎ京をめざし、一一日、神戸港に到着した。

神戸は緊張に包まれていた。到着の前日、岡山藩兵が隊列の前を横切った外国兵に発砲し、あろうことか現場に駆けつけた英国公使パークスにも砲火を向けてしまった。この事態に、列国は停泊していた諸藩の艦船を抑留したうえで、日本側に対応を迫っていた。神戸事件である。

これまで外交を担ってきた幕府は鳥羽伏見で敗れ、慶喜以下、重臣たちは江戸に退いていた。新政府はきわめて難しい状況のなかで初の外交交渉に迫られることとなった。事態を収拾し、列国に正統な政権として認めさせることができるかという重要な局面である。

この難局に現れたのが伊藤だった。神戸港の異様な状況をみた彼は、すぐに旧知のパークスを訪ね事態を把握した。そのうえで、パークスの伝言を携えて外国事務総督を務める東久世《ひがしくぜ》通禧《みちとみ》に面会する。伊藤は、王政復古による政権交代を各国に正式に伝達すること、神戸事件の処理を早急かつ適切に行うことを進言した。

緊急事態に当惑していた新政府にとって、パークスとの連絡をつけてきた伊藤は救世主であった。伊藤はすぐに東久世総督のもとで外国事務掛に任じられ、鹿児島の岩下方平《いわしたみちひら》、寺島《てらしま》宗則《むねのり》、和歌山の陸奥宗光（陽之助）らとともにフランス、イギリス、アメリカなど六ヵ国の公使と会見に臨んだ。岩下は薩英戦争で講和正使を務めた経験を持つ家老、寺島は蕃書調所《ばんしょしらべしょ》の教授を務め、遣欧使節としてイギリス外相と会談した経験のある外交官であった。交渉は成功し、新政府は政権交代を各国に認めさせることができた。東久世は伊藤らの交渉力を高く評価して新政府に報告している。

この功績が評価されたのであろう、一月二五日、伊藤は一躍して参与に任じられる。それまで山口から参与に任じられていたのは広沢真臣ら藩の指導的地位にあった上級武士に限られていた。異例の抜擢である。

翌二月には徴士参与外国事務局判事、五月には大坂府判事兼外国官判事から兵庫県知事に任命され、神戸を舞台に外交実務を担った。さらに同月、伊藤は従五位下の叙位を受けた。わずか二年前に卒族から士分に取り立てられたばかりの弱冠二六歳である。息子が大名並みの位階を得たことに、郷里にあった父母はささやかな祝宴を開いたと伝えられている。

伊藤を躍進させたのは、渡英によって得た知見と幕末期に培った交渉能力であることは間違いない。しかし、何よりそうした知見が必要とされる時宜を得たことと、それを活かすだけの人脈を藩の内外に持っていたことが大きい。伊藤の累進は山口藩士であり、木戸の側近であって初めて可能なものだった。

伊藤博文

徹底した能力主義の主張

しかし、伊藤は藩に固執せず新政府の官僚として行動していく。むしろ伝統を墨守する藩や身分秩序を敵視していたようにさえ思われる。

それを象徴するのが、一八六八(明治元)年一一月に伊藤が行った版籍奉還の建白である。建白の趣旨は、海外列強と対峙しながら文明開化を進めるためには、全国諸藩が政治・軍事の権限を朝廷に奉還し、すみやかに統一国家を樹立することにあった。

版籍奉還は、徴士たちのあいだではごく自然に論じられていた。寺島や木戸といった有力者や、伊藤とほぼ同時に外国事務掛となった陸奥宗光らがすでに建議を行い、諸藩からも自主的に版籍を奉還する動きが出はじめていた。ところが、伊藤の建議は特に注目を集め、伝統的な勢力から強い批判を浴び、ついには伊藤は辞職を余儀なくされる事態となった。

問題となったのは士族の地位に関する部分である。伊藤は旧来の門閥主義を否定して能力重視、適材適所の人材登用を主張した。藩士のうち強壮な者は常備軍に入れ、事務の才能がある者は官吏にする。それに相当しない者はことごとく土着に帰すべきという徹底した能力主義の論である。二五〇年にわたって家を守ってきた藩士たちにとって、伊藤の主張は秩序を破壊する、許し難いものであった。伊藤の思想はそれだけ革命的であり、急進派の中心人物と目されるようになった。

翌一八六九年一月、大久保らの尽力によって鹿児島、山口、高知、佐賀の四藩が率先して版籍奉還を願い出ると、伊藤は奉還後の統治方針を提出した。その内容はこれまでの新政府部内の議論をまとめたものであった。

ところが、諸藩の守旧派はこれを新政府の急進的な議論であるとして攻撃した。本人はかえって得意の様子だったとされるが、批判は出身藩である山口藩からも盛んに行われ、反対派が上京して伊藤排斥を訴えるほどになっていた。岩倉の勧めもあり、伊藤はいったん辞職する。ここでも批判されたのは士族から特権を奪い、職業選択の自由を広めるとする機会均等論だった。

早くから攘夷の不可を悟って外国との交渉に携わってきた伊藤は、その能力をもって新政府に登用された。卒族から士族へ、藩士から新政府の徴士、参与へと累進した伊藤にとって、藩や身分といった伝統的権威を取り払い新しい時代を開いていくことは、信念であった。この考えは、のちの憲法構想へと進化していく。

大隈重信——機会をつかんだ経験と胆力

幕末期、台頭した雄藩のなかでもひときわ異彩を放ったのは佐賀藩であろう。隠忍自重の気風を体現しながらも、唯一外国に開かれた長崎に近く、鍋島直正《なべしまなおまさ》（閑叟《かんそう》）という開明的な藩主を戴いた同藩は、殖産興業を軸とした藩政改革に成功し、雄藩としての地位を確立していた。保守的で堅固な身分制と、開明的な改革志向という二つの性格が共存する藩だった。

この環境に生まれ、維新官僚として頭角を現したのが大隈重信（八太郎《はちたろう》）である。大隈は一八三八（天保九）年に砲術家で四〇〇石取りの上士の家に生まれた。由利より九歳年下、伊藤より三歳年長である。伊藤とは比較にならない出自であるが、それゆえに彼は藩の厳格な教育に縛られることとなる。

当時、佐賀藩の子弟は一六歳で藩校に入り、二五歳頃まで儒教を中心とした教育を受けることが決められていた。ここを卒業できなければ禄高を削られ、出仕すら叶わない。体面を重んずる武士の世にあっては、そのような失敗は許されない。藩の厳格な教育は、青年たちにひたむきな忠実さを求めた。結果として数多くの秀才を型にはめ、多数の凡人を生み出すことになったと、のちに大隈は述懐している。

幕末、佐賀藩でも勤王派が台頭した。これに参加して枝吉神陽《えだよししんよう》（のちの参議副島種臣の実兄）のもとで国学を学んだ大隈は、儒学中心の藩校教育を批判して退校処分となる。

処分を受けた大隈は、儒学にはもちろん、国学にも戻らなかった。彼が選んだのは蘭学である。一族からは藩校に戻らなければ将来はないと反対されたが、母の理解と庇護にも支えられて蘭学を学び続けた。

この選択が大隈の転機となる。長崎に近く洋学の必要性を理解した佐賀藩は、蘭学の素養のある青年を長崎に送って英学を学ばせることを決めた。藩の蘭学寮で教鞭を執っていた大隈がこの派遣に選ばれたことはいうまでもない。

折しも第二次長州征伐が失敗に終わり、国内情勢はきわめて不安定であった。大隈は、オランダ系アメリカ人宣教師のグイド・フルベッキからキリスト教、合衆国憲法、万国公法の

大隈重信

手ほどきを受けた。欧米諸国と対話するためには、その根本である宗教と憲法を理解し、万国公法を体得すべきというのがフルベッキの教えだった。学業の傍ら、大隈は佐賀藩の窓口として貿易業務にも従事することで座学と実践を積んだ。なお、この前後、フルベッキに学んだ門下生には、大隈のほか、副島種臣、江藤《えとう》新平《しんぺい》、大木《おおき》喬任《たかとう》（以上、佐賀藩）、大久保利通（鹿児島藩）、伊藤博文（山口藩）、加藤《かとう》弘之《ひろゆき》（幕臣）ら、のちに維新官僚として新政府を担う人材が集まっていた。長崎は開明派の学府となった。

一八六八（明治元）年一月、鳥羽伏見の戦いが新政府の勝利に終わると、大隈は長崎在勤の命を受けた。長崎では幕府軍の敗報に接した長崎奉行が退去し、統治と外交の空白が生まれていた。このため西国各藩が共同して事務所を設けることとなり、大隈は佐賀藩の担当者として鹿児島藩の松方正義《まつかたまさよし》、高知藩の佐々木《ささき》高行《たかゆき》らと衝《しょう》に当たった。いずれも各藩の通商担当として語学や計数に長じた人材である。

大隈は万国公法の知識と貿易実務で得た経験を持つことで、際だった交渉力を発揮した。大隈の才幹は新政府が派遣した九州鎮撫総督沢宣嘉《さわのぶよし》に認められ、副参謀、外国事務判事として新政府に出仕することとなった。藩の側も、新政府との関係から大隈の登用を歓迎した。

予期せぬ原石

沢のもとで税関担当となった大隈は、幕府時代の奉行所が溜め込んでいた残務を一挙に整理して内外に知られることとなる。こうした実績が評価されたのであろう、伊藤に遅れること二ヵ月、長崎在勤のまま大隈も徴士参与に任じられた。ちょうど三〇歳である。

大隈を中央に押し出すきっかけも外交問題だった。沢の着任まもない三月一三日、新政府は祭政一致と神祇官の設置を宣言し、一五日にはキリスト教を禁止する方針を示した。これを受けて、沢は長崎浦上の教徒二六名に改宗を命じたが、彼らは信仰を捨てなかった。列国が信教と布教の自由を新政府に要求していたこともあり、ことは慎重を要した。このため、井上馨（山口藩、徴士参与、外国事務局判事）と大隈が、教徒の処分案を持って上京した。

新政府は大隈らの到着を待って対応を協議した。ここで大隈は、国内法の定めがある以上、列国の主張は内政干渉であり、これを受け容れることは国家としての体面を失うのみならず、国内の動揺を引き起こしかねないと懸念を示した。大隈の意見は正論であり、多数の一致するところだった。問題はこれをどうやって列国代表に納得させるかであった。新政府はこれを大隈に委ねた。

交渉は、四月三日、大坂東本願寺で行われた。列国側はパークスが交渉に立った。信教の自由は文明諸国共通の理解とするパークスに、大隈はキリスト教の意義を認めつつも、それが国家の統一を乱してきた歴史を挙げ、日本固有の宗教と対立を起こす懸念を示した。談判は六時間に及び、結論こそ出なかったものの、その後、列国からの要求は止んだ。浦上の教徒は、各国への配慮から死罪は免じられ流刑とされた。

新政府にとって、大隈の登場は予期せぬ原石の発掘だった。交渉の場にいた木戸は、パークスの威圧にも退かずキリスト教の功罪を論じた態度は愉快ですらあったと称えた。交渉が済んだのちも、新政府の首脳部は大隈を手放さなかった。

大隈は、長崎で培った知識と経験によって誰もが敬遠した難交渉を乗り切り、新政府に地歩を得た。同年末、外国官副知事に昇進した大隈は、すぐに貿易問題を処理すべく大蔵省に転じ、大蔵大輔《たいゆう》として幣制改革に手腕を振るい、新政府の中核を担う実務家となった。築地の大隈邸には伊藤ら若手の維新官僚が集まり、梁山泊と称される一大勢力となる。

守成の時代と改革の時代

こうして発足まもない新政府は、これまでの身分秩序を超えた、「才能による登用」を進めた。生家の格によって仕事が決まる時代に生まれた彼らにとって、明治維新は「有志者にとって無上の快事」(『大隈伯昔日譚』)と映った。だからこそ彼らは自らの生涯を新政府に捧げた。維新官僚の誕生である。新政府の実務を担った彼らの活躍は、時に「判事政治」と称されるほどであり、その発言力も大きなものとなる。

もちろん、新政府には伊藤のような下級武士がいる一方で、江戸時代から各藩で重きをなしてきた家老級の人物も数多く参画していた。しかし、彼らは幕末の政局のなかでこそ藩の代表としての役割を担ったものの、新しい統治をつくりあげる過程では用をなさなかった。

それは、幕藩体制による安定が長期に及んだことの帰結といえる。儒学理念に裏付けられた幕藩体制では前例踏襲による守成が善となり、身分に応じた仕事を行い、変わらないことが尊重された。藩校では、二〇歳を超えるまで朱子学を軸とした堅実な教育を施した。彼らに求められたのは治者としての心構えを身につけることであり、経世の才より、徳目が重んじられた。そこでは決められた課程を優秀な成績で進むことが道であり、青年たちは疑いなくこの道を歩んでいった。自ら考え、動くことは必要とされなかった。

藩校での堅調な教育は、堅実な官吏を生産する一方で、型を破る気風を失わせた。彼らは守成の人であり、変革の時代にあって自ら実践し、時代を創造する人材ではなかった。その点において、彼らは自由に動き、考え、選ぶことができた志士たちには敵わなかった。

もちろん、彼らが学問で劣っていたわけではない。藩や家といった守るべきものを持たない志士たちの身軽さに敵わなかったのである。早くから洋学を学んだ者にも下級武士が多かった。洋学は実学であり、身分の高い者が学ぶ学問とは考えられていなかった。下級武士が維新官僚の中核となっていったことは、時代と身分のねじれを投影したものでもあった。

それだけに、新政府は、伝統的な秩序のなかで生きる人々から反発を受ける宿命を負っていた。政府に入ろうという人材は限られる。必要となる専門知識についても、それを客観的に判断する基準はなく、どうしても登用は縁故によらざるを得ない。ここに藩閥官僚と呼ばれる層が形成されていく。

伝統的な世界で生きる者にとって、藩を捨て、藩主を捨てて新政府に仕えることは背信行為と映る。新政府の官僚たちは能力ではなく、その軽い行動ゆえに地位を得たという否定的な見方が嫉妬と羨望が深く交錯しながら存在していた。

新政府は、戊辰戦争の戦勝と人材の登用によって正統性を得つつあったが、新政府と各藩の関係は、旧秩序と新秩序の対立を表象するかのように乖離《かいり》するおそれを持っていた。政府は公議輿論《よろん》による政府の正統性を担保して彼らをつなぎとめるべく、地方からの政治参加を試みていくことになる。

4　公議輿論と人事一新

政体書官制——集権の構造化

一八六八（明治元）年四月一一日、江戸城は無血開城した。徳川慶喜は水戸に退隠し、会津など東北諸藩が残るものの、旧幕府軍との戦闘は一応の決着をみた。翌閏四月一日、イギリス公使パークスが国王の信任状を天皇に提出するなど、新政府は国際的にも統治の主体として認められていった。

新政府の主導権は岩倉や大久保ら倒幕派が掌握していった。情勢の安定を受けて、彼らの指導のもと、新しい統治を支えるための構造設計がはじまった。制度寮の原案を踏まえて、閏四月二一日、「政体書官制」が発表される（1－2参照）。「政体」は、Constitution の訳語である。「天下の権力総《すべ》てこれを太政官に帰す。則《すなわ》ち政令の二途に出るの患無からしむ。太政官の権力を分て立法行法司法の三権とす。則ち偏重の患無からしむるなり」（「政體《せいたい》書ヲ頒《わか》ツ」「太政類典」）と、太政官に集権しつつも内部では分権を行い、権力の偏重を避けるというのが改革の骨子であった。

立法を担う議政官は、決定を行う上局と諮問に答える下局で構成された。議定、参与が集まる上局は、政体、法制から人事、条約、和戦まで国政全般を論じ、決定を行った。下局には全国各藩の代表が集められ、上局の諮問に応じて議論を行った。基本的な意思決定は上局に一本化しつつ、下局を通じてより広く意見を集約することで、公議を前提とした決定の集中と参加の拡大が図られた。

権力を分立させるだけでは機能不全の恐れがある。彼らは議政官と行政官の関係に慎重な配慮を加えた。要《かなめ》となるのは三条と岩倉である。総裁職を廃する一方で、副総裁を務めていた彼らのために輔相《ほしょう》という役職が新たに設けられた。輔相は行政官の長でありながら、議政官である議定から選ばれることとされた。三権分立を前提としつつも立法と行政の頂点を横断することで、新政府が政権として機能できるよう調整機能を託したのである。

行政官は、神祇官、会計官、軍務官、外国官、刑法官が従来のまま継承される一方で、総裁局は行政官本体に、内国事務局は地方官、制度事務局は議政官上局にそれぞれ再編吸収された。なお、この改正に際して、判官事以上の行政官は国外に対して minister を称することが定められている。

統治の整備は地方にも及んだ。各地に派遣された鎮撫軍は、旧幕府の支配地を回収していく。こうして生まれた直轄地では軍事や裁判にくわえ、民衆の育成・教化、生産の拡大、租税の徴収といった行政が発生する。このため鎮撫軍は治安維持部隊から行政組織へと衣替えしていく。北陸道鎮撫副総督は越後府知事に、東海道鎮撫副総督は甲府城代といった具合である。いずれも中央と同様に公家出身者を長官としつつ、近隣諸藩からの徴士が実務を担った。

政府直轄地は重要性に応じて府、県と称された。政体書官制はこれに既存の各藩を入れて、地方官の構成を府・藩・県とした。直轄地である府県に挟まれることとなった藩も、新政府の全国統治に内包されていくこととなる。

集権化と人材

なぜこうした改革が行われたのだろうか。発足以来、新政府はその時々の必要に応じて制

行政官

弁事

秋月種樹(侯・高鍋), 坊城俊章(公)
勘解由小路資生(公), 五辻安仲(公)
阿野公誠(公), 大原重朝(公)
神山郡廉(士・高知), 門脇重綾(士・鳥取)
田中不二麿(士・名古屋), 丹羽賢(士・名古屋)

権弁事

史官

刑法官

知官事

大原重徳(公)

副知官事

池田章政(侯・岡山)

判官事

土肥謙蔵(士・鳥取)
中島錫胤(士・徳島)

神祇官

知官事

鷹司輔熙(公)

副知官事

亀井茲監(侯・津和野)

判官事

福羽美静(士・津和野)

会計官

知官事

万里小路博房(公)

副知官事

(空席)

判官事

小原忠寛(士・大垣)
池辺永益(士・柳川)

軍務官

知官事

仁和寺宮嘉彰(皇)

副知官事

長岡護美(士・熊本)

判官事

吉井友実(士・鹿児島)

外国官

知官事

伊達宗城(侯・宇和島)

副知官事

東久世通禧(公)

判官事

伊藤博文(士・山口)
井上馨(士・山口)
大隈重信(士・佐賀)
野村盛秀(士・鹿児島)

1－2　政体書官制の構造と人事　1868（慶応４）年閏４月

輔相（議定兼任）
三条実美（公），岩倉具視（公）

議政官上局

議定
中山忠能（公），正親町三条実愛（公）
中御門経之（公），徳大寺実則（公）
松平慶永（侯・福井），蜂須賀茂韶（侯・徳島）
毛利元徳（侯・山口），鍋島直正（侯・佐賀）

参与
横井小楠（士・熊本），小松帯刀（士・鹿児島）
由利公正（士・福井），大久保利通（士・鹿児島）
後藤象二郎（士・高知），副島種臣（士・佐賀）
広沢真臣（士・山口），福岡孝弟（士・高知）

議政官下局

議長
（行政官弁事の兼任）
議員
貢士全員

地方官

府	県	藩
知府事	知県事	諸侯
判府事	判県事	

註：皇は皇族，公は公家，侯は諸侯，士は士族の略
出所：金井之恭校訂『明治史料 顕要職務補任録』上・下（成章堂，1902年）を基に筆者作成

度をつくり、人材を集めていた。その結果、政府の構造は歪《いびつ》なものになり、不必要に肥大化していた。新しい統治の構造をつくるにあたり、制度と人材の整理が必要となっていたのである。

肥大化は甚しかった。政体書官制が発布される一ヵ月前、議定松平慶永は官制改革と人材精選を求める意見書を副総裁に提出している。慶永は、新政府の体制が整うにつれて太政官の事務が増加し、勅諭や御沙汰書が濫発《らんぱつ》されることで混乱が生じていると警鐘を鳴らした。慶永が、その最大の原因として挙げたのは無軌道な人材登用であった。

このとき、実に議定は二九名、参与は八四名に増加していた。意思決定に与《あずか》る三職が一〇〇名を超えていたのである。行政需要の拡大があったことはもちろんだが、そうであれば議政官である議定、参与ではなく実務官僚を増やせばよい。なぜ議定、参与がここまで急増したのだろうか。

原因は二つある。新たに議定、参与となった者の大半は諸侯と公家であった。新政府は支持を広げるために、有力藩の藩主を積極的に政府に取り込もうとした。藩主を高位で処遇することは、彼らに責任を分担させることを意味していた。発足まもない新政府にとっては必要な措置であった。

もう一つは公家に対する論功行賞である。それは幕末維新の活動だけでなく、家柄や歴代の忠勤を基準とするものであった。高い格を持ちながら経済的に困窮してきた公家を救済するための策である。彼らの多くは参与となっていた。

情実による登用は、新政府が掲げる能力主義の方針に合致しない。何より新政府は限られた財源のなかで多数の政務を抱えていた。あまりに多様な一〇〇名による会議では、効率的な意思決定は難しい。政治意識の低い人物が集まれば、買収や多数派工作の可能性も高くなり、政府の正統性は劣化する。機能性、正統性いずれの面からみても、この肥大化は新政府を遅鈍なものとしていた。

そのため政体書改革は、制度改革に合わせて人事の一新を図るものとなった。議定は一一名、参与は一〇名と大幅に削減され、議定については、公家では輔相となった三条、岩倉と新政府発足時から議定である中山、正親町三条、中御門と徳大寺《とくだいじ》実則《さねつね》の六名に、諸侯は慶永のほか、蜂須賀《はちすか》茂韶《もちあき》（徳島藩）、亀井《かめい》茲監《これみ》（津和野藩）、鍋島直正、毛利《もうり》元徳《もとのり》の五名に絞られた。議定から外された一六名は、多くが地方官に転出した。

参与には、鹿児島藩から小松、大久保、高知藩から後藤、福岡、山口藩から木戸、広沢、佐賀藩から副島種臣、福井藩から由利、熊本藩から横井が留任した。特に望まれて政府に入った横井を別にすれば、新政府樹立の段階から深く関与していた雄藩の最有力者のみで再編成されたことがわかるだろう。この一〇名は、同日にあらためて従四位下に叙された。

参与から外された人数は、藩士から三一名、公家から三八名で合計六九名に上る。伊藤や大隈、井上、寺島など個人の能力によって登用された維新官僚は行政官に転じたが、福井藩の中根雪江のように藩の代表として出仕していた人物は多くが免官となった。

新政府は正統性を確保しつつ、意思決定を集約し、実務能力を厚くした。政変後、支持を拡大するために官職の乱発を続けた政府は、ここにいたり、実質のある統治の構築に着手したのである。

参加の拡大――公議輿論の実現

中央政権としての体裁を整えつつあるとはいえ、新政府の基盤はいまだ脆弱《ぜいじゃく》であった。人も土地もまだ藩に属しており、各藩をどう統治していくのかと同時に、各藩がどう政府に参加していくのかも大きな課題であった。

政体書が示した解答は、公議輿論を全国に開いていくことであった。議論の場とされたのは議政局の下局である。上局が議定と参与の合議体とされたのに対し、下局は議長のもと、各藩の代表者である貢士《こうし》を議員に、議会としての体裁が整えられた。

貢士は徴士と同時に設けられたものであるが、その役割は大きく異なる。官僚として新政府の実務を担う徴士に対し、貢士は公議輿論を実現するための議員であった。そのため、徴士は才能に基づいて任命され無定員であったのに対し、貢士は藩から選ばれ、四〇万石以上の大藩からは三名、一〇万石以上の中藩から二名、それ以下の小藩から一名と、石高に応じた定員が設けられた。藩の規模に応じた発言権が与えられたからである。

貢士には藩論をまとめて、下局での議論に臨む能力が求められた。新政府発足当初、京都には各藩の留守居役がいたが、藩論を代表しない留守居役では新政府と各藩の意思疎通を行うことはできなかった。新政府は各藩に対して国論を代表する公務人を置くことを求め、貢士がこれを務めるよう通達していた。

この通達の内容は興味深いものである。中央政府の命令に従うことはもちろんであるが、藩論を盛んにすること、各藩の実状に基づいた議論を行うこと、他藩に付和雷同しないことが公務人に求められている。各藩が明確な持論をもって公明正大に論じ尽くすことで、開かれた公議輿論が実現されることが期待されている。

では、下局では何が議論されたのだろうか。政体書によれば、税法、通信、造幣、秤量《ひょうりょう》、兵役、築城といった各藩にかかわる事項にくわえて、条約、和戦など国政に属する事項も含まれている。議事の領域は広かった。

もっとも、下局は諮問機関である。上局から諮問がなければ、議論を行うことができなかった。公議輿論の場は開かれたが、それはまだ限定的なものだった。下局が反政府の拠点となることへの警戒感があったためである。

五月、下局は海軍創設の方法、政府会計のあり方、人心安定の方法について諮問を受け、六月以降、月三回の会議を行った。しかし、会議は混乱し、八月には諮問が廃止された。下局による公議輿論はわずか三ヵ月で中止となったのである。

とはいえ、その失敗は公議輿論の不要、放棄を意味するものではなかった。こののち、公議所、集議院と名前を変えながら帝国議会開設まで、公議輿論を実現するための模索と闘争は続く。下局はその最初の試みだった。

＊　＊　＊

新政府の統治と正統性は、徴士、貢士として全国から集められた人材によって担われた。幕末から培ってきた行動力と実践から得た知識をもって藩の枠から飛び出した徴士たちは、維新官僚として新しい統治を支える原動力となった。先祖から受け継がれてきた家と藩を背負って中央に送り出された貢士たちは、公議輿論に参加し、統治のあり方を鋭く論じた。

明治維新を語るとき、その担い手として語られるのは大久保、西郷、木戸、坂本といった「維新の志士」たちだろう。しかし、維新は彼らの力だけで成し遂げられたわけではない。そこには新政府の実務を担う維新官僚があり、彼らこそが新政府の未来を担う人材となった。同時に、全国の藩士たちも秩序が大きく変化するなかで、生き抜くための策を練っていた。変革の気風にあふれる立身出世の時代が幕を開ける。

第二章　明治政府の人材育成

1　立国の人材登用策――身分の超克

一八六九（明治二）年一月二〇日、鹿児島、山口、高知、佐賀の四藩主が版籍奉還を願い出た。三月には天皇が二度目の東京行幸を行い、東京が事実上の首都となった。前年から続いていた内戦もあとは榎本武揚《えのもとたけあき》が拠る箱館を残すだけとなっていた。明治日本は、中央集権国家として本格的に歩みはじめる。

しかし、ことはそう簡単には進まなかった。各地には攘夷を主張する勢力がいまだに存在し、彼らは政府が攘夷を断行するという確信に似た期待を抱いていた。版籍奉還を中央集権への移行、藩の終焉であると理解した藩はごく一部であり、多くの藩はほどなく領地支配が再認されると理解していた。攘夷の旗幟を和親の現実に導き、中央集権への移行を平和裡に実現するために、政府は知と力と正統性を持つ統治を求められる。

正統性を高めるためには、政治参加の道を開くことが考えられる。第一章で述べたように公議輿論を進めることはもちろん、立案と実施を担う官僚にも、全国から広く人材を登用する必要があった。議政と行政の双方の門戸を開くことが一つの道であったのである。徴士制度によって当座の人材を確保した政府は、中長期的な人材の育成に取り組んでいく。それは近代日本における知の模索として現れてくる。

維新官僚への交代――官吏公選の実施

身分によらない実力主義を掲げる新政府にとって、扱いが難しかったのは雄藩の諸侯たちである。政府の基盤となる財政、人材、軍事力のいずれもが、彼らから提供されており、その意向を軽んじることはできなかった。

政体書体制による改革後、ほどなくして高知藩の山内豊信ら四名が議定に再任し、戊辰戦争に貢献した鳥取藩の池田《いけだ》慶徳《よしのり》が加えられたことはそうした現実の表れであった。公家からも再任、追加があり、議定は一一名から一九名に、参与も一〇名から一七名に増加した。政体書がめざした意思決定の集中は早くも巻き返しに遭っていた。

既得権者である彼らが中枢にあるうちは、抜本的な改革を行うことはできない。大久保利通や岩倉具視ら改革派は、政体書に定めた官吏の選挙を実施する。人数を絞って改革を迅速に進める体制をつくることに加え、公選により政府当局者の正統性を高めること、互選を行うことで政府の一体感を高めることが目的であった。

初の官吏公選は、一八六九（明治二）年五月一三日に行われた。選挙権は輔相から判事までに与えられ、輔相、議定、官知事、内廷職知事の四職は公卿諸侯から、参与と副知事は全員から選ぶこととされた。投票は太政官官舎で、用紙に氏名を記して箱に投じるかたちで行われた。

開票は明治天皇が出御して行われた。まず輔相の開票が行われ、満票と見られる四九票を得た三条実美が選ばれ、天皇から任命の宣下を受けた。議定、参与の開票は翌日に行われ、定数が三に絞られた議定には岩倉、徳大寺実則が四八票、鍋島直正が二九票で当選し、政体書官制後に論功行賞で就任した諸侯は軒並み選に漏れた。

六名に絞られた参与には大久保が四九票で当選を果たし、木戸孝允（四二票）、副島種臣（三一票）、東久世通禧（二六票）、後藤象二郎（二三票）、板垣退助《いたがきたいすけ》（二一票）が選ばれた。大久保、木戸、副島ら版籍奉還を推進する人材が選ばれたことは、中央集権の方針が是認されたことを意味した。官吏公選の真意は、諸侯の勢力を抑え、維新官僚の政治的自由を確保して、彼らが打ち出す政策に正統性を持たせることにあった。

公選直後の五月一五日、行政六官の実権を握る副知事の人事が行われた。会計官に大隈重信、軍務官に大村益次郎《おおむらますじろう》（山口藩）、外国官に寺島宗則、刑法官に佐々木高行、民部官に広沢真臣といずれも薩長土肥出身で、閲歴、能力ともに一目を置かれた維新官僚が選ばれた。こうして改革政権の人事は確立された。

版籍奉還と職員令体制——意思決定の移行

体制を整えた政府は、五月二一日に各藩藩主にも出席を求めて、拡大した上局会議を開いた。三日前には榎本が降伏して内戦も終結しており、この会議は全国政権としての明治新政府の船出を飾るものとなった。

会議は、天皇から諮問された「皇道興隆」「知藩事選任」「蝦夷地開拓」について、各自が意見を述べるかたちで行われ、その場で議論を行うことは避けられた。もっとも、意見を聴取して最終的に権力者が裁定する方式（統裁合議制）は、対立を避けるための古来からの知恵であった。公議の体裁を取りつつも、従来型の意思決定で対立を避けて決定に辿りつく。政府は現実的であった。

ここで大きな反対がないことを確認した政府は、六月一七日、版籍奉還を実行する。旧藩主と公家は華族として特別待遇を受けながらも、近代国家の一構成員に再編され、政府と藩に両属する難しさを感じていた維新官僚たちは、名実ともに新政府に属することとなった。同日、不要となった徴士制度が廃止されている。

版籍奉還によって政府は名実ともに全国政権となった。政体書で三権分立の理想を掲げた政府は、全国統治という課題を前に統治構造をより実践的なものに転換する。七月八日に発せられた職員令がそれである。神祇官、太政官と民部省、大蔵省、兵部省、刑部省、宮内省、外務省からなる二官六省制が発足した。

大きな変化は、これまで重視してきた公議輿論の場を太政官から切り離したことである。上局は廃止され、下局は公議所から集議院に再編された。集議院は太政官の諮問機関にとどまり、その役割はきわめて限定的となった。

その一方で太政官は意思決定を行う行政機構として強化された。天皇を補佐し大政を判断する左大臣・右大臣（各一名）と、大政に参与し可否を献言する大納言（三名）、参議（三名）が決定を担い、その下に六省が置かれた。各省は長官である卿《きょう》のもとに次官にあたる大《だい》輔《ゆう》・少輔《しょうゆう》、事務官にあたる大丞《だいじょう》・少丞《しょうじょう》、書記官にあたる大録《だいろく》・少録《しょうろく》が置かれ、立案から決定にいたるラインが明示された。天智朝から続いた朝廷百官も全廃され、近代官僚制の基本構造となる勅任官《ちょくにんかん》、奏任官《そうにんかん》、判任官《はんにんかん》という階級が新たに定められた。この改革により、身分や家格と官職の結びつきが解消され、出自に縛られず、能力に応じて適材を配置できる枠組みが生まれたのである。

権力と決定のありかも移っていく。行政の専門性が高まったことで、公家や諸侯が務める省卿は象徴的な存在となり、維新官僚が務める参議が太政官の、大輔と少輔が各省の実権を掌握した。

身分秩序を乗り越えようという政府の姿勢は、随所に現れた。郵便制度の創設者として知られる前島密《まえじまひそか》（のち内務省駅逓局長、逓信次官）は、この時期に静岡藩から民部省に出仕した。前島は、徳川宗家が移封された静岡藩で幹部を務めていたが、政府では九等出仕という低い身分しか与えられず、強い不満を持っていた。

しかし、彼の不満は、初めて出席した民部省の省議の空気を前に払拭《ふっしょく》された。前島はそのときのことを次のように回顧している。

明治三年正月五日出局すれば、図らざりき、余は局員の上席にして、独り渋沢栄一《しぶさわえいいち》氏のみ奏任官たる租税正《そぜいのかみ》にして、本局に兼任したり。しかして大隈、伊藤両氏も出席し、民部大蔵卿伊達〔筆者注：宗城〕侯もまた臨席し、放胆壮語《ほうたんそうご》一《ひとつ》も尊卑《そんぴ》の差等《さなど》を置かず、襟懐《きんかい》を開いて時事を討論せり。余はここにおいて再び心に喜び、頗《すこぶ》る愉快を感ぜり。

（前島『鴻爪痕《こうそうこん》』）

民部省は大隈、伊藤という新政府きっての俊秀を有し、前島も彼らとともに国政に携わることに大きな可能性を感じていた。身分ではなく能力で評価され、自由闊達《かったつ》な空気のなかで彼らと議論できることは、旧幕府の厳格な身分秩序のなかで活路を拓いてきた前島にとって、時代の変化を実感させる「快事」であった。新政府に生まれた自由な空気は、青雲の志を持ち、変革をめざす新進の人材たちにとってこのうえなく魅力的に映ったのである。

変化は中央にとどまらず、地方にも波及していく。政府は一八六八（明治元）年一〇月、藩政改革のあり方を示した藩治職制を各藩に通達していた。従来からの門閥にこだわらず人材を登用することを求め、執政、参政の進退を太政官に報告することが定められていた。人材刷新の進行を政府が監督する姿勢を示したものであった。

政府が全国政権となったことで、各藩はこの通達に応じ、指導層の交代が進むこととなった。人材の更新は藩政の改革を促し、新しい時代に適う人材が各地で豊かな行政経験を積んでいった。

どのような人材を集めるのか――公議所の議論

職員令体制により、士族を中心とする維新官僚たちが表舞台に立つこととなった。しかし、彼らだけで政府を動かすことはできない。拡大する行政の需要を満たすには、彼らに続く、実践的な行政能力を持つ人材を育てていくことが欠かせない。

誰が行政を担うのか。意思決定への参加と並んで、行政への参加は全国的な関心事となった。能力があり、衆目の一致する人材が用いられるのか。それとも縁故や情実によって人材が集められるのか。これは政府の正統性を左右する問題でもあった。

公議所がこの問題に関心を持ち、官僚に試験採用制を導入することについて興味深い議論を行っている。これを材料に、明治初期における人材登用論を検討してみよう。

先述したとおり、公議所は公議輿論を実現する場として、各藩を代表する貢士たちの会議として発足した。同年三月に召集された第一回の会議には、各藩から二二七名が参集している。

一八六九年四月一二日、官僚の試験採用を求める「漢土及第法御参用可然之建白」が提出された。提出者は同院副議長の神田《かんだ》孝平《たかひら》である。

早くから蘭学を学び、蕃書調所で教授を務めていた神田は、幕末維新期における新知識の筆頭に数えられる人物であった。一八六八年に徴士として新政府に登用された神田は、外国官を経て会計官に転じた。重点分野に用いられてきた進歩的な維新官僚であった。公議所の設置に際して運用規則を起草したのも神田であり、その後、自ら副議長に着任し、最初に提案したのがこの議案であった。

冒頭、神田は次のように述べる。古来より人材の採用にはさまざまな方法が取られてきたが、なかでも中国で実施されてきた試験任用は、西洋でも賞賛されている。わが国も新政権の樹立を機に人材登用の制度を定めて、会議法と併せて実行するべきであると。中国式の科挙法にならい試験を通じて優秀な人材を集め、西洋式の会議法によって人心を集めることとの両輪で国家の基盤をつくるべきという考えである。

さらに神田は、議論の叩き台として、毎年一度試験を行うこと、試験科目は国学、漢学にくわえて、実地への適応を重視して経済学、文章、天文地理、兵学、法学、医学、博物学とすること、三回の試験を課して上等と判断されたものを四等以下の官僚に試用すること、その姓名、出身地、官職を広く公示するという案を示した。中国式を装うことで守旧派を惹きつけながら、試験を通じて能力主義を採用していく方策である。

各藩の代表である公議人たちは、自分たちが育ってきた旧秩序と、眼前に生まれつつある新しい秩序の狭間で揺れていた。旧藩秩序へのこだわりから、彼らは異口同音に、藩が受験者を推薦することを主張した。

もっとも、試験制度そのものには多くの藩が「至当の策なり」「良法なり」と積極的に支持を表明した。政府での発言力を確保するために人材を送り出したいという気持ちは各藩に共通していた。試験によって公平に人材が採用されることは彼らに歓迎された。

公議人たちは、いずれも科挙制度に対する深い見識を持っており、議論はそれを維新後の日本にどう適用していくかに及んでいる。清朝の官僚は文弱であるから武術についても試験すべきとの意見や、人格を重視する観点から徳行を評価に入れるべきといった士道に基づいた意見が出される一方で、弁論を重視すべき、会計学、法律学、商業学、鉱山学といった、より実践的な科目をくわえるべきという積極的な提案も行われている。

反対論もあった。試験を導入すれば、恥を知らずに出世を望む気風を助長するのではないかという危惧はその最たるものであった。しかし、意外にもこれは大勢とならなかった。結局、四月二二日に同案は賛成一四六名、反対九名（保留三三名）の賛成多数で可決された。

他の公議所決議がそうであったように、この建白が具体的な立案に結びつくことはなかった。しかし、この議論の過程で見えてきた全国各藩の認識はこの後の官僚制度形成に大きな影響を及ぼすこととなる。藩意識が強く存在するのであれば、その秩序を活用して人材を選び、育成していけばよい。この方法は、地方に学校を設置して基礎的な教育を施し、優秀な成績を収めた青年を中央に集めて育成していく、近代教育の体系として結実する。

2　大学南校貢進生――全国から集まったエリートたち

洋学による人材育成

教育を通じて地方から才能を見出し、中央で新時代を担う人材へと育てていく。これは、近代日本を貫く人材育成策となる。

一八七〇（明治三）年七月二七日、この制度の端緒となる布告「大学南校《だいがくなんこう》ニ貢進生《こうしんせい》ヲ置ク」が発せられた。大学南校は、蕃書調所、開成所を継ぎ、東京大学の前身となる洋学教育機関である。すでに南校（定員一〇〇〇名）には、洋学を志す学生が三〇〇名余り学んでいたが、政府は各藩に対して洋学に通じた秀才を同校に送り出すよう命じ、洋学による人材養成の拠点を築くこととしたのである。

2－2　東京大学の略系譜

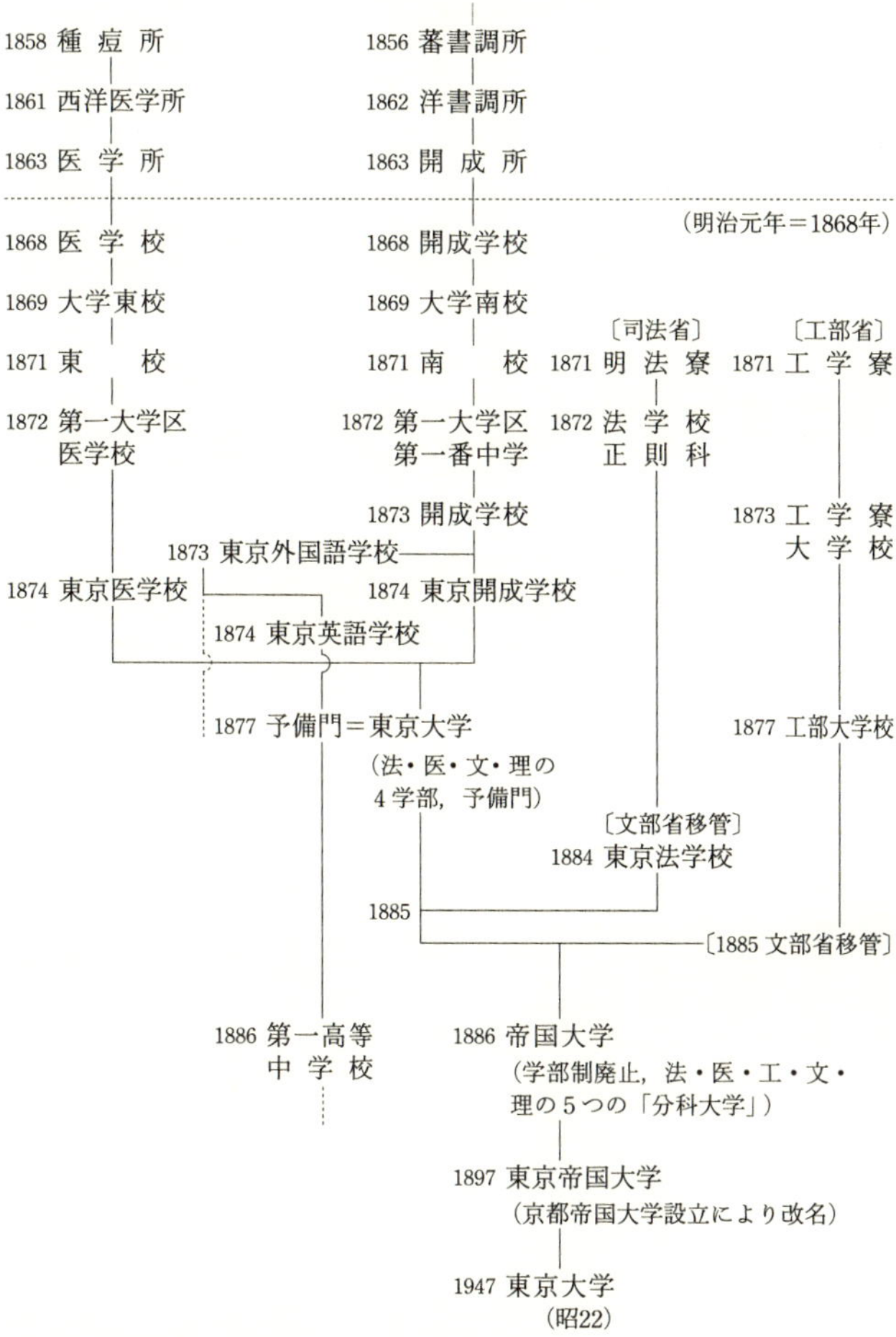

註：明治以降所管の記載のないものは文部省所管
出典：中山茂『帝国大学の誕生』（中公新書，1978年）を基に筆者作成

貢進生という名称は、貢士と同様に各藩の代表を意味する。各藩は面子《メンツ》にかけて、他に後れをとらない優秀な青年を出さなければならない。それだけの秀才が一堂に集められれば、切磋琢磨し、必ず優れた人材が生まれる。体面を重んじる藩と、競争心の旺盛な青年の志向を踏まえた周到な施策であった。

教育の普及を通じた人材育成の体系化は、二月に定められた「大学規則」「中小学規則」にすでに現れていた。各府県に小中学校を設置し、小学校では教科（教学、修身）、法科、理科、医科、文科の五科目の概要を、中学校で専門的内容を学ぶ。成績優秀な者は各地で行われる試験を受けて大学に進み、希望する学科を三年間学ぶ。そして、大学で優秀と認められた者は政府に登用することが定められていた。小学校、中学校、大学という教育課程と、地方から国家へ人材を集める方策が示されていた。

ところが、受け皿となる大学の準備が整っていなかった。当時の大学は国学と漢学を扱う大学本校、洋学を教授する大学南校、医学を伝授する大学東校がそれぞれ別個に教育を行っていた。三校のあいだに統一性はなく、なかでも大学本校では維新の思想的背景を自負する国学が幕府の公式な学問であった漢学を攻撃し、深刻な対立が生じていた。

大学規則の制定はこの対立を激化させた。規則が洋学を中心とする総合大学の発足を謳っていたため、国学と漢学の対立が洋学を巻き込んだ紛争へと拡大したからだ。より大局的にみれば、これは新しい文教政策を進めようとする政府と、学問の府を預かる大学教官との路線対立でもあった。高等教育をめぐる制度設計は産みの苦しみのなかにあり、教育体系構築の動きはひとたび頓挫を余儀なくされる。七月に入り、文教政策の責任者であった大学別当の松平慶永が辞職、紛糾の中心となった大学本校は当分のあいだ閉鎖となった。

冒頭に挙げた「大学南校ニ貢進生ヲ置ク」は、本校が閉鎖された同月に布告されたものである。大学規則で構想した総合大学の制度を、より実践的な洋学を教授する大学南校ではじめることとしたのである。

学問の機会均等を求めて――小倉処平と平田東助

小倉処平

全国から集まった俊秀たちが新しい学問を学び、競争のなかで成長し、志を遂げていく。青年たちは一意専心、学問に身を預けていくことになる。貢進生制度は、御誓文が宣言した立志の道を開く仕組みであった。

この制度自身も、ある青年の志から生まれたものであった。発案者は日向飫肥《おび》藩士、小倉処平《おぐらしょへい》である。小倉は同郷の儒学者安井《やすい》息軒《そっけん》を慕って江戸に上り、彼が教鞭を執る昌平坂学問所で漢学を学んだ俊才である。藩命によって長崎留守居役となった小倉は、同地で英学を学びながら各地の志士と交わった。この経験から、彼は飫肥のような小藩こそ人材に資本を投じるべきだと考えるようになり、若い藩士を長崎に遊学させ、英学を学ばせるよう藩主に進言した。彼らの遊学先に選ばれたのはフルベッキが教授する致遠館《ちえんかん》であった。

大隈らの招請によってフルベッキが大学南校に招かれると、小倉もこれを追って上京し、南校に入学した。ここで小倉は、学生の大半が雄藩出身者で占められており、小倉のように何らかの係累がなければ、小藩の青年が入学するのは難しいことを知った。これは「各其志を遂げ」るべきとする御誓文の趣旨に反しているのではないか。大学南校で頭角を現し、大学権大丞に抜擢された小倉は、全国各藩からあまねく人材を集めるべきと論じて、案を練っていた。

もうひとり、小倉と親しかった出羽米沢藩士、平田《ひらた》東助《とうすけ》もこの献策にかかわったとされる。のちに山県有朋《やまがたありとも》の四天王に数えられるほど出世を遂げた平田であるが、それまでには多くの困難があった。なにより、彼は奥羽越列藩同盟にくわわり朝敵となった藩の出身である。

戊辰戦争に敗れたあと、米沢藩は藩政改革と洋学の奨励に活路を見出した。藩校興譲館《こうじょうかん》の秀才として知られ、渡辺洪基《わたなべこうき》（のち帝国大学総長）に英学の手ほどきを受けていた平田は、その先駆けとして大学南校に送り出された。官軍出身者が多数を占めるなか、朝敵藩の出身である平田の才を見出し、分け隔てなく接したのが小倉であった。二人は、相揃って学問の機会均等を提案した。大学校の混乱に直面していた政府は、彼らの建議を採用し、貢進生制度として布告する。

貢進生制度は、全国から満遍なく未来ある俊秀を集めることにこだわった。一五万石以上の藩からは三人、五万石以上の藩からは二人、五万石未満の藩からも一人の青年を大学南校に送り出すよう定めた。年齢は一六〜二〇歳の青年、秀才で行状正しく、身体壮健であることが条件とされ、すでに洋学を学んでいるものが優先された。また、大学南校に在籍している藩士子弟がある場合は、その学生を貢進生に切り替えることが認められている。

「貢」進生と命名したことには、もう一つの意味があった。政府が各藩から人材を集めて教育するという方針があるのなら、学費は国庫支弁とするのが道理だろう。しかし、政府は学費から寮費、書籍代まで年間一七〇両という大金を藩が賄うよう命じた。まさに人材を貢ぎ出す制度であり、人材と財政に悩む政府にとって一挙両得の策であった。

重い負担にもかかわらず各藩が青年を送り出したのは、全国政権となった新政府に対する配慮もさることながら、他藩との競争意識からであった。新しい統治の誕生を前に、人材輩出の競争に後れをとることは許されなかったのである。かくして、大学南校は一夜にして全国の俊秀たちが藩の名誉を背負って競いあう場となった。

貢進生の肖像

一八七〇（明治三）年の冬、全国から三〇〇名余りの青年たちが皇居のほとり、一ッ橋外の護持院原（現在の学士会館付近）の大学南校に集まった。平田はその様子を「天下人材の

主な経歴
外務次官，駐米公使，駐露公使，外相，貴族院議員．侯爵．法学博士 駐米公使，外務次官，駐米大使，貴族院議員，枢密顧問官．男爵 商工局長，農商務次官，中外商業新報社長 帝国大学法科大学教授，衆議院議長，外務次官，早稲田大学校長．法学博士 帝国大学法学部長，枢密院議長．男爵．法学博士 英国法廷弁護士，大審院判事，中央大学学長．法学博士 大阪控訴院長，貴族院議員 衆議院議員，警保局長，和歌山県知事，岐阜県知事 明治法律学校初代校長，大審院判事 明治法律学校を創立，衆議院議員 ロンドン総領事，横浜正金銀行頭取，十五銀行頭取 文部省会計局長，日本郵船横浜支店長．荷風の父 専門学務局長，京都帝国大学初代総長，貴族院議員．法学博士 東京師範学校長，音楽取調掛長，貴族院議員 文相秘書官，第二高等学校長，ローマ字反対論を展開 官報局長，『大阪朝日新聞』主筆待遇，内閣書記官長 帰国直後に没
東京大学予備門校長，雑誌『日本人』を創刊．東宮御学問所御用掛
帝国大学工科大学初代学長，技監，土木学会初代会長．工学博士 内務技監，土木学会会長 東京市区改正計画を作成，鉄道技監．東海道線の建設に尽力．工学博士 陸軍次官，陸軍中将，陸軍大臣 東京帝国大学工科大学教授（鉱山学）．工学博士 帝国大学農科大学学長，東京帝国大学総長．理学博士 京都帝国大学理工科大学長，総長．理学博士 京都大学教授，東京数学物理学会初代会長．理学博士 地質調査所初代所長，鉱山局長，八幡製鉄所長官 三菱本社鉱山部長，八幡製鉄所の開設に尽力．工学博士
帝国大学理科大学教授（地学），東京地学会会長．理学博士 帝国大学理科大学教授（地震学）．理学博士 帝国大学理学部教授（植物学），小石川植物園初代園長．理学博士
帝国大学医科大学教授（薬学），私立薬学校初代校長．薬学博士

史』（ミネルヴァ書房，1972年），辻直人『近代日本海外留学の目的変容』（東信堂，

2－3　主な貢進生出身者

分野	氏名	出身藩	主な留学先
法学	小村寿太郎	飫肥藩（宮崎県）	ハーバード大学
	高平小五郎	一関藩（岩手県）	
	斎藤修一郎	武生藩（福井県）	ハーバード大学
	鳩山（三浦）和夫	真島藩（岡山県）	イェール大学
	穂積（入江）陳重	宇和島藩（愛媛県）	ベルリン大学
	岡村輝彦	鶴舞藩（千葉県）	ミドルテンプル法曹院
	加太邦憲	桑名藩（三重県）	ベルリン大学
	小倉久	沼田藩（群馬県）	パリ大学
	岸本辰雄	鳥取藩（鳥取県）	パリ大学
	宮城浩蔵	天童藩（山形県）	パリ大学
	園田孝吉	鹿児島藩（鹿児島県）	
	永井久一郎	名古屋藩（愛知県）	プリンストン大学
	木下広次	熊本藩（熊本県）	パリ大学
	伊沢修二	高遠藩（長野県）	ハーバード大学
	中川元	飯田藩（長野県）	パリ高等師範学校
	高橋健三	曽我野藩（千葉県）	
	向坂兌	佐野藩（栃木県）	ミドルテンプル法曹院
化学	杉浦重剛	膳所藩（滋賀県）	南ケンジントン化学校
工学	古市公威（造次）	姫路藩（兵庫県）	エコール・サントラル
	沖野忠雄	豊岡藩（兵庫県）	エコール・サントラル
	原口要	島原藩（長崎県）	レンセラー工科大学
	石本新六	姫路藩（兵庫県）	フォンテンブロー砲工校
	巌谷立太郎	水口藩（滋賀県）	フライブルク大学
	松井直吉	大垣藩（岐阜県）	コロンビア大学
	久原躬弦	津山藩（岡山県）	ジョンズ・ホプキンス大学
	村岡範為馳	鳥取藩（鳥取県）	ストラスブール大学
	和田維四郎	小浜藩（福井県）	
	長谷川芳之助	唐津藩（佐賀県）	コロンビア大学
理学	小藤文二郎	津和野藩（島根県）	ライプチヒ大学
	関谷清景	大垣藩（岐阜県）	ロンドン大学
	松村任三	松岡藩（茨城県）	ハイデルベルク大学
薬学	下山順一郎	犬山藩（愛知県）	ストラスブール大学

出典：唐澤富太郎『貢進生』（ぎょうせい，1974年），石附実『近代日本の海外留学
2010年）などから筆者作成

淵叢《えんそう》、文化の源泉たる盛観を呈したり」（平田「経歴談」『伯爵平田東助伝』）と評している。これだけの人数がいれば、功成り名を遂げた人物や夭折した者も、在学中に失踪した者もある。彼らの肖像をつかむために、何人かの歩みを辿ってみよう。

貢進生の代表としてまず指折られるのは小村寿太郎《こむらじゅたろう》である。小村は飫肥藩の出身で、貢進生の提案者である小倉処平の親類であった。小倉は早くから小村を評価し、フルベッキのもとで蘭学を学ばせていた。

貢進生に選ばれたのも小倉の推薦であった。年齢規定ぎりぎりの一六歳で入学した小村は小倉の推薦に恥じない成績を残し、第一期文部省留学生としてハーバード大学に留学している。帰国後、外交官となり、桂太郎《かつらたろう》内閣の外相として活躍、ポーツマス講和条約の調印に漕ぎ着けた業績は周知のとおりである。外務官僚では日露講和に尽力した高平小五郎《たかひらこごろう》も貢進生であった。

小村に次ぐのは鳩山《はとやま》（三浦）和夫《かずお》であろう。飫肥藩よりもさらに小さい美作真島藩一万石では洋学の既習者がおらず、選抜年齢に満たない一五歳で洋学も未習の鳩山が送り出された。当初、彼は最下級のクラスに入れられたが、これに奮起して「記憶力が抜群な人物が誰よりも勉強するのだから敵わない」といわれるほどの努力で年長者を追い越し、ついには小村さえも超える最優等生として、第一期文部省留学生の筆頭に輝いた。イェール大学ロースクールで日本人初の法学博士号を取得して帰国すると、帝国大学法科大学教授、外交官を経て衆議院議員、議長となり、今日に続く一族の足場をつくりあげた。

分野から見ると、至上命題であった条約改正に欠かせない法学の人材が重点的に育てられている。弱冠二六歳で東京大学法学部長となった穂積《ほづみ》（入江）陳重《のぶしげ》や民法作成に尽力した加《か》太邦憲《ぶとくにのり》のほか、岡村輝彦《おかむらてるひこ》や岸本辰雄《きしもとたつお》など、私立法学校の創立に尽力した人物が多く見られる。教育の重要性を体感し、新しい学問の先駆となった貢進生ならではの経歴である。

行政官僚では、欧米に範を取ることの多かった文部行政での活躍が目立つ。高等教育を研究して京都帝国大学の初代総長となった木下広次《きのしたひろじ》、文部省唱歌を普及させた伊沢修二《いさわしゅうじ》、ローマ字反対論を展開した中川元《なかがわはじめ》などがある。雑誌『日本人』の創刊者である杉浦重剛《すぎうらじゅうごう》も貢進生として大学南校に学んだ一人である。

工学、理学、自然科学の分野では、いずれも本邦初の博士が顔を並べる。官僚として出色なのは日本土木界の基礎を築いた古市公威《ふるいちこうい》だろう。陸軍工兵きっての秀才といわれた石本新六《いしもとしんろく》も古市と同郷、同級生であった。

貢進生制度は、これだけの俊才を生み出し、近代日本の学術的基盤を提供した。人を集め、競争によって学び進めることがなければ、わずか一度だけの実施でこれだけの成果は得られなかっただろう。近代日本の出発点における大きな成功といってよい。

洋学との出会い

彼らはどのように選ばれてきたのだろうか。政府からは一六〜二〇歳、洋学既習者を優先すること以外に細かな基準は示されておらず、選抜は藩に委ねられた。藩によって洋学に対する取り組みには差があり、それが選抜にも如実に投影されている。

京都にほど近い膳所《ぜぜ》藩は、その立地にもかかわらず藩主から藩士にいたるまで洋学への関心が高い藩であった。藩校の生徒を見ても儒学二〇名に対して、洋学を学ぶ者は一〇名、国学は三名であり、同藩では洋学がすでに一定の位置を得ていた。

膳所藩の洋学を支えていたのは藩校の教授である黒田麹廬《くろだきくろ》である。黒田は家伝の儒学を修めたのち、緒方洪庵《おがたこうあん》、伊東玄朴《いとうげんぼく》に蘭学を学び、幕末には江戸に出て蕃書調所で研鑽を積んだ。

黒田が目をかけたのは杉浦重剛であった。遵義堂《じゅんぎどう》で黒田から儒学を学んでいた杉浦は、ある日、「漢学もよいが、ひとつ蘭学を教えてやろう」(杉浦「旧藩時代の教育」『杉浦重剛全集』六)と言われ、オランダ語、英語、フランス語から数学、天文学までを授けられたという。

もっとも、黒田はこれだけの学問を独自に習得したのではない。これは全国の洋学者を集めた蕃書調所の知的集積の恩恵であった。昌平坂学問所を要に儒学者の知的交流が進んでいたように、蕃書調所を中心に洋学者の知識は重層化され、全国に普及していった。杉浦は、その末端で学ぶ機会を得た一人であった。彼は黒田の推薦によって貢進生となる。時に一六歳であった。

膳所藩のような例はむしろ少なかった。明治初期の大学がそうであったように、洋学教育を充実させるには、まず藩校における漢学と国学の主導権争いを乗り越え、洋学の教授を迎える下地が必要だった。いまだ多くの藩では儒学が教育の基幹であり、天下の趨勢に敏感な青年たちは、旧態然とした藩の気風に反発を感じながら独学で洋学を学んでいた。

伊沢修二の独学

高遠《たかとお》藩から選ばれた伊沢修二も独学で学んだ一人である。同藩の藩校も例にもれず漢学が中心であった。伊沢は寮長を務める秀才であったが、彼の関心は漢学にはなく洋学にあった。しかし、高遠藩に洋学の手ほどきをできる師はいない。彼はようやく手に入れた『万国公法』などの翻訳書をむさぼるように読んだ。一八六七(慶応三)年、藩の軍役で江戸に出ると、彼はひとり英和辞書やウェーランドの経済書を求めて歩いていたという。地方の青年はそれほどまでに未知の知に飢え、求めていた。

とはいえ独学には限りがある。藩主が上洛するとの情報をつかんだ伊沢はその部隊に志願した。京都であれば洋学が学べると考えたのである。念願叶い、彼は上洛し、初めて蘭学塾に通うことができたが、役目は長くは続かず部隊は帰藩の時を迎えた。伊沢は京都に残って洋学を続けられるよう奔走したが認められなかった。

帰藩した伊沢は、高遠で王政復古の大号令に接することとなった。父を説き伏せて、東京で学ぶ許しが得られたのは一八六九（明治二）年になってからであった。

東京に出た彼は、その熱意からまたとない泰斗《たいと》を師にする。旧幕臣の中浜万次郎《なかはままんじろう》である。この時代における数少ない米国生活体験者であった万次郎は開成所の教授を務めていたものの、個人的な門弟は取っていなかった。開成所に入ることのできない伊沢は、万次郎を何度も訪ねて例外的に門人となることを許され、そのもとで研鑽を積んだ。しかし半年後、万次郎が普仏戦争の視察に派遣されることとなり、伊沢は進退に窮する。

折しも、各藩に貢進生を出すよう通達がなされていた。洋学に力を入れる余裕のなかった高遠藩にはなかなか条件に適《かな》う人物がいない。慶應義塾の学生が一人いたが年齢制限を超えており、次の候補者は、選考に当たる藩校教授の子であったため辞退した。そして小藩である高遠が持つ唯一の枠に伊沢が選ばれることとなった。扶持米《ふちまい》だけで苦学してきた伊沢は喜び勇んで大学南校に入学し、『万国公法』に触れて以来の目標である外交官をめざして研鑽を積むこととなる。二〇歳の秋であった。

変わり者たちの開拓者精神

藩によっては洋学の手ほどきを受けていない青年を送り出すこともあった。意外にも、帝国大学教授として重きをなした穂積陳重がそうであった。

穂積は蘭学の先進地と謳われる宇和島藩の上士の家に次男として生まれた。シーボルト門下の二宮敬作《にのみやけいさく》、蛮社の獄に繋がれ逃亡の身であった高野長英《たかのちょうえい》、陸軍を創設する村田蔵六《むらたぞうろく》（大村益次郎）など、この時期の宇和島には多くの蘭学者がかかわっている。しかし、藩が開いた英学・蘭学所は、不人気であった。藩主の周辺を別とすれば、藩全体では漢学志向が強かったのである。このため、有志の青年たちは革命的要素を持つ陽明学に奔《はし》った。藩の俊才として知られた末広雄三郎《すえひろゆうざぶろう》、のちの鉄腸《てっちょう》もそうした青年の一人であった。

こうした藩の事情のなかにあって、穂積も洋学は学ばずにいた。上士は統治の学として必要とされた漢学を学び、実学としての色彩の強い洋学は下士が学ぶものという考え方があったからである。

身分による学問の区別、洋学を受け容れない上士という風潮は、先述した佐久間象山の『省諐録』を想起させる。「東洋の道徳と西洋の芸術（技術）」で知られる同書の核心は、儒学の形式主義による学問の停滞を打ち破ることにあった。

佐久間は日本や中国に学ぶことを否定してはいない。彼が難じたのは儒学者が清談を楽しむばかりで実用に関心が薄いことであった。ペリー来航という危機に際し、海防の強化のためには数学を究めるよう説く彼の主張は、伝統的な学問の権威に安穏としている武士たちが、現実の危機に適応できていない現状を突くものであった。

しかし、幕藩体制による長く安定した身分秩序のもとで暮らしてきた上士たちにとって、洋学を学ぶことは彼らの領分から外れた行為であった。佐久間がいうように洋学は実学と理解されていた。それは算術と同様に実務に携わる下士が学ぶものと映り、上に立つ者に求められるのは技術ではなく道徳であるという考えに立てば、上士には不要の学であった。

伊沢の回顧もこうした風潮を裏付ける。彼によれば、この時期はまだ攘夷の熱が冷め切っておらず、列強諸国の横文字を読むのは余程の変わり者と見られたという。事実、貢進生に選ばれた者にさえ、夷狄《いてき》の書を学ぶことは受け容れられないと辞退する者があった。大学南校に雇われた外国人教師が斬りつけられる事件も頻発していた。

貢進生の選抜は、こうした学問の大きなうねりのなかで行われた。これまでに挙げた貢進生の多くは下士の子か藩校教師の子である。そのことは洋学を学ぶという、今日から見れば先見性にあふれた行為が、漢学秩序、攘夷的傾向が残る当時では変わり者の所業と見られていたことを物語っている。

それだけに彼らの想いは強かった。未知の世界を知り、国家の未来を切り開きたいという開拓の精神があった。事実、文系から理系、法学から天文学、政界から実業界、教育界にいたるまで、明治日本における数多くの領域を貢進生出身者が牽引していく。未知への想いが、ほぼ初学者であった彼らを時代の第一人者へと飛躍させる原動力となったのである。

二五九藩から集まった三一〇名

それにしても貢進生たちが活躍した領域の幅広さには驚かされる。それは、いずれも大学で出会った学問を入口とするものであった。いったい大学南校ではどんな多様な教育が行われていたのだろうか。彼らの学びを見ていこう。

北は北海道の館（松前）藩から南は九州の鹿児島藩まで、全国二六一藩中二五九藩から集まった学生は三一〇名に上る。気候も習慣も、学問も身分も異なる青年が集まり、大学南校は明治日本の縮図の様相を呈した。ことばはもちろん、髪型にも服装にも統一感などない。なでつけ髪のハイカラ学生もいることはいたが、ほとんどは髷《まげ》に佩刀《はいとう》、背裂羽織《せさきばおり》に馬乗袴《うまのりばかま》という「明治の書生」の原型であった。

大学南校の貢進生たち

東北と九州のように、場合によっては二年前まで戦っていた者同士が一つの学舎で学び、同じ寄宿舎で暮らす。彼らの行動は藩の名誉を背負うものとなった。彼らの成績は、少なくともこの学舎のなかでは出身藩の評価に直結する。大学南校の教育はすべて原語で行われ、語学の能力を基準に能力別にクラス編成が行われた。これが貢進生たちの競争心を強くかき立てる。低いクラスにとどまっていては名誉にかかわる。長崎での蓄積がある小村は最初から最上級の一組に所属したが、杉浦は一四組、年少の鳩山は最下級の一五組から階段を昇っていった。

藩の代表という意識は学問だけでなく、日常生活にも及んだ。時に「某藩の人間は蛇を食べたのに、某藩の人間は食べられなかった」といったような他愛もない我慢比べまで、藩の意識は貢進生たちの行動原理となった。

重荷を背負っての競争は落伍者を生む。特に年長の者や家格の高い者に脱落が目立った。年長の学生の多くは漢学の教養が深かったため、英語、仏語の入門書の内容があまりに幼稚に映った。このためすべてを原語で学ぶ正則から、日本語で内容のみを学ぶ変則に転じる者が続いた。

他方、若い学生や身分の低かった学生はあまり抵抗を感じることなく素直に新しい学問に向き合うことができた。彼らにとって貢進生に選ばれたことは千載一遇の好機であり、それを失うことは取り返しのつかない損失であった。

大学南校での学問

幕末に多くの青年が苦労を重ねたおかげで、東京や長崎では明治初期には洋学を学ぶための基盤がある程度整っていた。フルベッキをはじめとする外国人教師にくわえて、辻新次《つじしんじ》や加藤弘之ら有能な日本人教師が育っていた。洋学の先達として試行錯誤を重ねてきた辻や加藤に学ぶことで、貢進生たちは順調に学力を伸ばすことができた。

ウェブスター辞書をはじめとする基本書も普及しており、貢進生たちは藩費で入手することができた。基盤は整いはじめているが、まだ学ぶ者が少ないというのが、この頃の洋学の状況であった。それゆえに貢進生たちは政府や藩の手厚い保護を受けながら学問に専念できた。きわめて幸運な世代であった。

彼らが受けた教育は、原則として英語、仏語、もしくは独語の原典を用いて学ぶ正則教育であった。貢進生制度の発足と同時に定められた「大学南校規則」によれば、科目は一般教育課程としての普通科と、法科、理科、文科からなる専門科に分かれている。文系の普通科は読み書きから、会話、作文まで、理系は加減乗除から、代数幾何、物理学までを学ぶ。

普通科を修了すると、専門科に進む。法科では憲法、刑法、民法、訴訟法、商法、国際法、経済学、統計学、法理論が、理科では物理学、植物学、動物学、化学、地質学、機械学、天文学、三角法、円錐法、測量学、微分積分が、文科にはレトリック、ロジック、ラテン語、各国史、哲学が用意された。

講義は、午前が朝九時から一一時まで、二時間の昼休みを挟んで、午後は一時から三時までの四時間であった。一日四時間の講義というとずいぶん余裕があるように感じられるが、講義は原語で行われ、語学は一クラス二五名、数学と講読は一二名の少人数教育であり、予復習に相当な時間を要した。杉浦には、夜も寝ずに休暇中も帰らずに勉強するので相部屋の者が困ったという伝説が残っている。彼らは夜を徹して日々「勉強」した。

なぜ、彼らはそれだけの情熱を捧げられたのだろうか。この時期の大学南校にあったのは、自分たちこそが治者の学を学んでいるという自負であった。それまでの武家社会のなかでは決して地位の高くなかった彼らにとって、新しい学問を学ぶことは身を立て国を立てることと直接に結びついていた。

将来を思い描く彼らにとっての憧れは大隈重信であった。維新官僚として自らの能力で地位を得た彼の人気は高く、小村などは寄宿舎の卓上に「友人小村寿太郎君に呈す、大隈重信」と書かれた大隈の写真を掲げ、周囲の羨望を浴びていた。もちろん、その文字は小村が書いたものであったのだが。国家の草創期に生まれた潑剌《はつらつ》とした精気が満ちあふれていた。

貢進生たちの生活——大学生の原型

大学と寄宿舎を中心とした彼らの生活は、決して裕福なものではなかった。六畳もしくは八畳の相部屋で、両側の壁にある押し入れの上段が書斎として使われた。まずもってのライバルは相部屋の者であり、相手より先には寝ない、あとには起きないという意地の張り合いに似た勉強合戦が繰り広げられたという。

全国から学生が集まったことから、寄宿舎はあたかも公議所のように各藩の方針を議論する場となった。とりわけ廃藩置県をめぐっては、寄宿舎全体を巻き込んで、「貴君の藩の方針は如何」「あちらの藩の帰趨は」と熱い議論が戦わされた。寄宿舎内には各紙取りそろえた新聞縦覧室が設置され、ここがサロンとして機能した。ここでは毎週金曜日に茶話会と称する討論会が開かれていた。

大学は学生の風紀を維持するために級長を任命して統率に当たらせた。法科では小村、鳩山、理科では古市が務めることが多かったという。変動の時代を生きる学生たちは荒々しい。彼らの癖をまとめた番付には「投石に巧みなる人」という項目があるほど、彼らの日常は激しかった。これをまとめるには相当の伎倆《ぎりょう》が必要となる。

藩から学資を得ているといっても、番付に特に「二種の衣服を有する人」という項目が立つほど、多くの学生は貧乏であった。もっとも若い彼らにとって目前の問題は衣服ではなく、空腹であった。級長たちは大学から受け取った手当金を元手に料理屋に乗り込み、大盤振る舞いをして彼らの欲求を満たした。あまりの盛り上がりに泥酔する者も多く、あるとき、寄宿舎に帰されたあとに正気を取り戻した学生が「先ほどのことを思い出すと、酔っていたとはいえ、君たちに対してすまない。僕は切腹してお詫びをする」と泣き、満座が大笑いしたという。こんな光景が繰り広げられていた。

寄宿舎には賄いがあったが、それでは彼らの胃袋は満たされない。空腹を満たすために好まれたのは、値段が安く腹持ちのいい焼芋であった。夕食後の散歩に出た学生が焼芋屋から買ってくると、部屋の中央の机で包みが開かれる。寮生はこれに群がり、食後の腹の隙間に押し込む。満足すると机に向かい、議論して腹が減るとまた食べる。就寝前には、書籍を片付けながらほとんど皮と筋だけになった芋をしゃぶるといった具合である。

前出の番付は彼らの特徴をよく伝えている。慷慨家《こうがいか》、勉強家、算術家、文学好、漢学家といった学問にまつわるものはもちろん、趣味一つみても芝居、義太夫、寄席、人力車、短歌、絵画、囲碁、相撲、釣りと幅広い。食べ物から見れば、蕎麦、汁粉、餅菓子、西洋料理、パンと洋学生らしい食生活ぶりも見える。

生活習慣も愛敬に富んでいる。酒好き、入浴嫌、寝坊、不潔家、放屁家、短気、落書き、物を食いつつ食堂を出る。「無暗《むやみ》に洋語を用いる人」という項目には失笑を禁じ得ない。よく学び、よく食べ、よく遊ぶ。彼らはその生活ぶりにおいても大学生の原型であった。

3　大学生たちの留学

貢進生たちの不満と大学改革

研鑽を積んだ彼らは、ほどなく壁にぶつかった。大学南校で彼らが学ぶことができるのは、学問のごく導入部分にとどまる。学ぶほどに、専門を究めたいという彼らの想いは募っていった。満たされない向学心は、より高度な教育への渇望となって現れてくる。

一八七一（明治四）年、大学の現状を改革しようという動きが学生のなかから起こった。

運動の中心となったのは古市、斎藤修一郎《さいとうしゅういちろう》ら大学南校の成績優秀者たちである。

彼らの主張は質と量の改善にあった。まず、教育の質である。大学の名に恥じぬよう、欧米諸国の大学に比肩する学問を講じること、そのために相応の教授を招くことを求めた。「彼地の小学にも多く優らざる程度の科目を授けてこれを大学と呼ぶは、後世物笑いの種」（橋南漁郎『大学々生溯源』）とする意見書からは、彼らの焦りさえ感じられる。

次に量の問題である。洗練された教育を行うには、優秀な教師と少人数講義が必要というのが彼らの考えであった。しかし、政府には優秀な教師を海外から多く採用するだけの財力はなく、日本人講師も限られている。そのため彼らは、教員数に限りがあるなら学生を淘汰すべきと主張した。標的となったのは、原語による正則教育を疎んじ、変則に流れた学生たちである。

誠実な、しかし大胆な改革案である。それだけに、淘汰の対象とされる側にとっては甚だ無礼で迷惑な案である。いまだ殺伐とした空気の残る時代にこのような過激な提案を行うことは提案者の生命を危険に晒《さら》しかねない。古市らは誓書血判、非情の決心で事を進め、政府要人に連日の働きかけを行った。

彼らの運動は、政治的な時宜を得て実現にいたる。同年七月に断行された廃藩置県によって貢進生の仕組みが依拠してきた藩制度は消滅した。そのため、藩に代わって学生を、ひいては全国の教育制度を創出する新しい組織が必要となっていた。同月、文部省が設置される。

改革を主導したのは佐賀藩出身の中弁兼制度局長の江藤新平であった。自ら初代文部大輔となった江藤は、加藤弘之、町田《まちだ》久成《ひさなり》、松岡時敏《まつおかときとし》、長与専斎《ながよせんさい》、辻新次ら新進の洋学者をもって省の中枢を固めた。

学生も精選される。「大学南校」を廃止して新たに「南校」を設置することで、再入学できる学生を選び、相応しくない学生を退けた。「南校」では変則教育を廃したうえで、英語に加え、ドイツ語、フランス語による教育を充実すること、学校制度・寮制度を全面的に外国式に改めること、学制改革に合わせて在学生をあらためて厳選することとなった。かくして古市らの提案は、教育行政の刷新として実現する。

九月二五日、大学南校は閉校となった。問題は学生の選抜である。鳩山の日記には「学制改革により閉校、よって退舎す。この時、学生帰県すべからずとの命あり。諸校生徒の勤惰《きんだ》を察し、その勤なるものを選んで再び入学せしむ」とある。学生のうち特に優秀な者は無試験で再入学とし、残った者に試験が課された。小村、鳩山、古市らはむろん前者である。

変則教育を廃したことから明らかなように、再編で重視されたのは語学であった。このため大学南校では優秀者でも、語学が不得手であった杉浦らは受験組に回され、辛くも再入学した。のちに札幌農学校の講師となる宮崎道正《みやざきみちまさ》のように、試験に落ちたものの、その人物を惜しむ同窓生たちの訴えで特別に入学できた者もいた。大学南校の一〇〇〇人から南校に残ることができたのは四五〇人、まさに大淘汰であった。

改革によって学生の気風は一変した。寄宿舎での生活は、豪放磊落ながらも規律と競争のあるものとなった。学生を監督する舎長には、先輩が任じられた。歴代の舎長には明治法制官僚の象徴ともいえる井上毅《いのうえこわし》、貢進生制度の生みの親である小倉処平、文部行政に通じた九鬼隆一《くきりゅういち》、東大総長となる浜尾新《はまおあらた》など、洋学のみならず和漢の学にも通じ、人格識見ともに高い俊傑が名を連ねた。同じ道を歩んできた彼らの薫陶は、後輩たちを大きく成長させていく。

留学運動――智識を世界に求める

かくして大学改革は緒についた。大学南校時代の一八七〇（明治三）年末から翌七一年春にかけて、福井藩から転じたW・E・グリフィスをはじめ優秀な外国人教授たちが増員され、教育は充実した。その後、南校はいくたびか名前を変え、科目を整備し、一八七七年には東京医学校と合併して東京大学となった。

原典での学問を重視すればするほど、学生たちは新しい世界へ思いを馳せるようになる。彼らが次に望んだのは留学であった。小村の回想を見てみよう。

斯《か》くして明治八年となったが、この時は最《も》早大抵《はやたいてい》の書物も読め、又外国人の話を聴いてもおよそ了解ができたものである。そこで、余はこの大日本という一小天地にいつまでも恐れ閉じこもっていたところで得るところは知れたものである。それならひとつ西洋の文明の空気に触れて彼の長を採り、我の短を補って国家百年の計を樹《た》てんにはという意気込みで、率先して洋行すべく決心の臍《ほぞ》を固めた次第である。

（小村「『誠』の一字」『骨肉』）

大学で学ぶこと六年、彼らの学力は国内教育の域を凌駕していた。御誓文が掲げた「智識を世界に求め大に皇基を振起」する時が訪れていた。

しかし、彼らに自費で留学する資力はない。政府派遣留学は各省が必要に応じて現職官僚を派遣するにとどまり、大学生を留学させる枠組みはまだなかった。このため、古市をはじめとする留学希望者は、政府当局者への運動はもとより、豪商からの借金を画策したり、外国船のボーイに志願するまであらゆる手を尽くしたが、いずれも成功しなかった。

八方塞《ふさ》がった古市は、かつての師であり、東京書籍館（現在の国会図書館）の館長となっていた辻新次に相談した。辻は、ちょうど政府留学生をめぐる政策に変化の兆しがあるから、留学を希望するのであれば大学生がまとまって運動するのがよいだろうとの助言をする。寄宿舎に帰った古市は、同じ志を持つ小村、斎藤、菊池《きくち》武夫《たけお》、長谷川《はせがわ》芳之助《よしのすけ》を説いて国費による留学運動を開始する。

辻が指摘したとおり、政府留学生制度は抜本的な見直しを迫られていた。国費を投じて行ってきた留学生事業が成果に結びついていなかったからである。

一つには留学生の質の問題があった。一八七〇年一二月、政府は初めて海外留学規則を公布しているが、この規則には留学生となる者の学力、年齢などの規定にくわえて、洋行中は国家の体面を汚さないこと、怠惰や不行跡が認められたものは直ちに帰国を命じ処罰すること、借金借財の類は禁止することなどが定められている。

生活面までに及ぶ広汎な規定が設けられていることは、翻って、それまでの留学生たちの行状がどのようなものであったかを教えてくれる。これは明確な基準がないまま、有力者に縁故のある者をむやみに留学させたことの帰結だった。帰国した留学生たちに対して能力検査が行われたが、結果は芳しいものではなかった。

もう一つ、財源の問題があった。生まれたての明治政府には、西洋諸国の知識を盛んに吸収する必要があり、各省ともに多くの官費留学生を派遣していたが、これが政府財政を圧迫していた。福沢諭吉《ふくざわゆきち》の『西洋事情』が欧米への憧れを高め、岩倉具視を大使とする遣外使節団が米欧に派遣されると、この傾向はさらに強まった。一八七三年には実に三七三名が政府派遣で留学していた。

選抜上位一〇名の留学

一八七三（明治六）年一二月、文部省は膨らみすぎた政府留学生を整理するため、彼ら全員にいったん帰国するよう通知を発した。フランスに留学していた西園寺公望は、この通達をきっかけに自らの怠惰を省みて、未熟さを隠すために表面的な知識を並べるのではなく、一つの学問を究めなければならないと自戒したという。西園寺のみならず、明治初期の留学生たちは、学問への意欲を持ちながらも、目の前に現れた広大な知の世界を前に戸惑い、道を選べずにいた。

政府は留学生を整理すると同時に、大学生を留学させる方針を固めた。その大きな要因もやはり財政であった。高等教育を充実させるために優秀な外国人教授を極東の一小国に招くには破格の待遇が必要であった。高給で招いてみると本人の能力が要求に合わないことも多くあった。

そうであるなら、多額の予算をつぎ込んで断片的な知識を輸入するよりも、多数の大学生を派遣して知識を体系的に習得させれば、将来、彼らに教授させることができる。優秀な大学生を留学させることは長期的にみても有効な政策転換であった。

翌一八七四年一二月、文部省は有望な大学生の留学を決定した。留学生は学内で試験のうえ上位一〇名を選抜することとなり、法学から鳩山、小村、斎藤、菊池、理学から長谷川、松井直吉《まついなおきち》、南部球吾《なんぶきゅうご》、工業学から原口要《はらぐちかなめ》、平井晴二郎《ひらいせいじろう》、諸芸学（仏：polytec hnique）から古市、鉱山学から安東清人《あんどうきよと》が選ばれた。鳩山はコロンビア大学、小村はハーバード大学、菊池、斎藤はボストン大学と、法科はいずれもアメリカに留学した。古市はフランスに渡りエコール・モンジュで土木学を、安東はドイツ・フライブルクで鉱山学を学んだ。

定員は一〇名であったはずだが、実際には一一名が留学した。留学運動の中心人物でありながら選にもれた斎藤修一郎が猛烈な再運動を行ったためである。

法科の枠は三名であり、成績一番の鳩山、二番の小村は確実であった。残る一つの椅子を争うのが菊池と斎藤と見られていた。ところが斎藤は、年少ながら成績抜群の鳩山を落とすべく各方面に運動した。斎藤本人の述懐であるから間違いあるまい。鳩山は美作の小藩の子弟であったが、江戸詰藩士の家に生まれ、洗練された江戸風の振る舞いで角帯に羽織と身なりもきちんとしていた。くわえて勉強家で記憶力抜群である。学生たちの羨望は相当なものであった。斎藤は、鳩山など暗記力ばかりで経綸がない、成績は一番でも惰弱《だじゃく》で大局にあたる人材にはならないとして彼を落とすべく運動したのだという。本人はのちにこれを大いに恥じているが、それほどまでに彼らの留学熱は高かった。

辛くも滑り込んだ斎藤はよかったが、残された同級生たちの無念は察するに余りある。彼らは一八七六年に行われる第二回派遣の機会を待つこととなった。このときは全国に応募の門戸が開かれたが、結果として大学外からの応募はなく、法学から穂積、岡村輝彦、向坂兌《さきさかなおし》、化学から杉浦、桜井錠二《さくらいじょうじ》、工学から関谷清景、増田礼作《ますだれいさく》、谷口直貞《たにぐちなおさだ》、物理学から沖野忠雄《おきのただお》、山口半六《やまぐちはんろく》が選ばれた。

第一回の留学生がアメリカに向かったのに対して、第二回は全員がイギリスに留学した。

小村寿太郎（中央）留学時代．左は斎藤修一郎，右は菊池武夫

穂積はロンドン大学キングスカレッジに、岡村と向坂はミドルテンプル法曹院で学んでいる。工学、物理学の留学生はグラスゴー大学に進む者が多かった。

当時、イギリスは世界最大の帝国であり、アメリカはいまだ発展途上の国家である。成績上位であり、運動の中心にあった第一回の留学生は、第二回留学生がイギリスに向かったと聞いて切歯《せっし》扼《やく》腕《わん》したという。それぞれの場所で、彼らの新たな戦いがはじまっていた。

留学生たちの学問——小村、鳩山、古市

ハーバード大学に留学した小村寿太郎は、南校時代と変わらぬ研鑽を続けた。それは医師から夜の読書を慎むように指示されるほどであった。第二回生として留学した杉浦には、首席になれなかったことを悔いて帰国しようとしたというエピソードが残っている。学問に対する情熱はもちろんだが、かつて貢進生として藩の体面を背負って大学南校に学んだ彼らにとって、今度は国家を背負っての留学であった。

小村に遅れること一年、福岡藩出身の金子《かねこ》堅太《けんた》郎《ろう》（のち法相、枢密顧問官）がハーバード

鳩山和夫

大学に留学している。二人は同宿で学んだが、金子が内外に交際を広げていくのに対して、小村はひたすら図書館と下宿で専門書に向き合っていたという。

法律科を修了した小村は、大学で学ぶなかで学理だけでなく実務の経験を積む必要を感じ、大学院ではなく就職の道を選んだ。数多くある法律事務所のなかから、彼はグラント大統領のもとで司法長官、駐英公使を務めたE・ピアポントの事務所を見つけ出し、ここに職を得た。小村は二年間、訴訟実務と理論鑑定を実地で学び交渉に十分な語学を身につけていく。ピアポントとの関係を伝える材料は乏しいが、第一級の司法官、外交官としての経験を有する人物のもとで働いたことは、のちの小村の活躍を考えるうえで興味深い。

小村が実践的な法務と交渉を学んだのに対して、鳩山和夫は国際法を探求することで、日本が欧米の影響を超えて自らの実情に合った法を整えることに関心を置いていた。鳩山は留学が決まったときの心境をを次のように記している。

> 一に法学という時は、未だ茫乎《ぼうこ》として分明ならざるが如し。故に余が研究せんとするものは万国公法にて、当時交際盛んなるに嘗《かつ》て最も必要なるものなり。然《しか》るにわが国未だこの最要の学に渉《わた》りたるもの少なきが故に、洋人を傭《やと》いて顧問に備えざるを得ず。嗚呼日本人の慙《はじ》たる

べき事実に非《あら》ずや。故にこの行に際して余は決然、万国公法の蘊奥《うんおう》を極めるにあらざれば、また再び故国に帰らざるの意を固む。

（鳩山春子『鳩山の一生』）

鳩山が留学したコロンビア大学にはすでに相馬《そうま》永胤《ながたね》（彦根藩、のち衆議院議員、専修大学初代学長）や、清水《しみず》篤守《あつもり》（徳川御三卿、のち伯爵）が学んでおり、鳩山は、彼らに加えて内務省から商事調査のため派遣されていた神鞭《こうむち》知常《ともつね》（のち衆議院議員、法制局長官）、大蔵省からの目賀田《めがた》種太郎《たねたろう》（のち主税局長）らと金曜会と称する勉強会を発足させて法律論を戦わせた。論題は廃妾《はいしょう》論、代言人《だいげんにん》（弁護士）試験法の制定など、国内法をどう整備するかが中心であった。

一八七七（明治一〇）年五月、卒業試験を終えた鳩山はフランス語、ラテン語の勉強を進め、九月、イェール大学ロースクールに進学する。同年には父の訃報に接するが帰国せずに努力を重ね、翌七八年には法学修士、八〇年には法学博士の学位を得た。

イェール大学に進んだ鳩山は、常に綿密に判例を調べたうえで講義に臨み、討論型の講義でも存在感を示した。学位授与式では五〇〇〇人の参列者を前に「日本とローマの家族制度の比較」と題して講演し、意気揚々と帰国した。

留学運動の中心にあった古市公威は、工学を志してフランスに渡った。その頂点であるエコール・サントラル（Ecole Centrale des Arts et Manufactures）への入学をめざした古市は最初の一年間をエコール・モンジュで学んだのち、二〇〇人中六番の成績でサントラルに合格を果たした。この好成績は日本の新聞でも報じられている。

ここで古市が力を入れたのは、工学教育の理念を学ぶことであった。その背景には、開成学校での恩師マイヨ（H. X. Maillot）の思いがあった。古市ほどの才能を持つ者がいれば、日本にもサントラルのような工科大学を設立して工学教育を普及させることができる。そうすれば日本が技術立国するための基盤を築くことができる。これはマイヨと古市が描いた夢であった。サントラルで築造術、建築学、公共事業、鉄道などを幅広く学んだ古市は、一八八六（明治一九）年に工科大学長に就任し、その夢を叶えることとなる。

彼は教育者で終わらなかった。サントラルを卒業した古市は、残った一年をパリ大学で過ごす。ここで彼が学んだのは意外にも政治経済学であった。技術者、教育者であるだけでなく、それを政策に結びつけることを企図したのである。ここでの学びを通じて総合的な技術行政官僚となった古市は、工科大学で教育を充実させ、土木技監として現場の技術を深化させ、さらには土木局長、鉄道局長、逓信次官として行政能力に長じた技官、技術に精通した行政官として活躍する。自ら熱望した留学を通じて、古市は国家建設期における土木界を牽引していったのである。

貢進生たちのその後――交錯する鳩山と小村

一八八〇（明治一三）年から翌年にかけて、五年間の留学を終えた留学生たちが次々と帰国した。政府にとって待ちに待った新知識の帰国である。

イェール大学で博士号を取得した鳩山は、帰国するとすぐに東京大学法学部に講師として迎えられた。研究と教育の最前線である。彼らを留学させたときの目的に適った、予定通りの人事であった。

鳩山は、イェール大学でのやり方そのままに、判例を題材に学生と議論するソクラテス・メソッドを採用して学生と向き合った。洋行帰りの新知識が開く双方向のゼミは人気を博し、加藤高明（首相、外相、衆議院議員、貴族院議員）、鈴木充美《すずきみつよし》（代言人、衆議院議員、警保局長）、岡山兼吉《おかやまけんきち》（東京代言人新組合会長、衆議院議員）など、近代日本の法制を担う人材が数多く育っていった。

翌年、鳩山は卒業式での演説が舌禍《ぜっか》を招いて論旨免官となったが、国費を投じた英知は無碍《むげ》にはされず、一八八五年、外務卿井上馨の招聘で外務省取調局長に任ぜられた。条約改正の実現に向けて国際法の調査研究に当たる部局であり、次長は東京大学で教えた加藤高明が務めた。その後、外国人判事任用問題をめぐる紛糾から大隈外相が玄洋社の来島恒喜《くるしまつねき》に襲われて負傷するまで、鳩山は条約改正の現場で活躍した。国際法を学び、日本の姿を変えていきたいという初志は叶えられた。

一八八九年一〇月、大隈が遭難し、内閣が総辞職すると鳩山も進退を共にした。表向きの理由は条約改正交渉が失敗した責任を取るものであったが、洋学を学び立身出世を遂げた先駆者である大隈への憧れが常にあったことも否定できない。

以後、鳩山は大隈系の衆議院議員として、議会に活躍の場を求めた。一八九八年六月、初の政党内閣となる第一次大隈内閣が成立すると、大隈兼任外相のもとで外務次官となり省務を委ねられ、事実上の外務大臣と称された。議会政治家としても成功を収めた瞬間であった。

他方の小村である。外相としてポーツマス講和会議をまとめた輝かしい業績で知られるが、意外にもその官僚生活の前半は、鳩山とは対照的な失意の時代であった。

アメリカから帰国した小村を待っていたのは、師と慕った小倉処平の悲劇であった。江藤新平に重用され、近代教育制度の導入に意欲を燃やしていた小倉は、佐賀の乱に関与して禁錮処分となり、ひとたび政府に戻ったものの、西南戦争で西郷軍にくわわり、戦陣に散っていた。

失意の小村を迎え入れたのは、皮肉にも江藤亡きあとの司法省であった。法典編纂に着手した司法省では外国法に通じた人材を求めており、小村は刑事局、民事局で活躍した。一八八四年には条約改正に本腰を入れた外務省に迎えられた。彼を招いたのは貢進生仲間の斎藤修一郎である。斎藤が局長を務める翻訳局で、小村は翻訳に従事した。

こののち、小村に試練が訪れる。斎藤が政務局長に栄転すると、その後任にやってきたのは小村がついぞ学問で及ばなかった年少のライバル、鳩山であった。鳩山には別に取調局長という本務があったが小村は常に鳩山の下僚にとどまった。「参議小村」を自称した彼のプライドは大きく傷ついた。ようやく局長となったのは、八八年に鳩山が法学博士となって兼務を解かれたときであった。

小村の昇進が遅いのは藩閥の後ろ盾がないためと言われた。西郷側に立った小倉の関係者ということもあったかもしれないが、同じく藩閥出身でない鳩山や斎藤と比べてもたしかに遅かった。最大の理由は彼の思想にあった。この時期、小村は杉浦重剛ら南校時代の同窓生と日本倶楽部と称する団体を結んで国家論を展開していた。この団体は、杉浦を通じて三宅《みやけ》雪嶺《せつれい》、志賀《しが》重昂《しげたか》らの政教社、陸羯南《くがかつなん》、高橋健三《たかはしけんぞう》らと結びつき、雑誌『日本人』、新聞『日本』を通じて反井上外交の論陣を張っていた。不遇であったことも頷《うなず》ける。

ところが人間万事塞翁が馬である。反欧化主義、反井上外交の姿勢を取り、政務ではなく、専門能力を発揮して事務に徹した結果、鳩山や斎藤が政変で去るなか、小村は外務省に残った。「和文英訳官」「蒟蒻《こんにゃく》（訳文の印刷にゼラチンや寒天、コンニャクの版を用いていたことから）局」「刀筆の吏」と揶揄《やゆ》されながらも、彼は地道に職責を尽くした。

一八九二年、第二次伊藤博文内閣が発足し陸奥宗光が外相に就任する。陸奥外交のはじまりである。それはまたしても順風なものではなかった。陸奥の懐刀として入省した原敬が行った官制改革により翻訳局が廃止され、小村は失業の危機に直面した。

何とか職をつないだ小村に与えられたポストは駐清公使館参事官であった。一八九三年一〇月のことである。当初、小村はこれを左遷と受け止めたが、日清戦争直前の緊迫した状況下で、彼は持ち前の調査能力を活かして清国政府の情勢分析に取り組んだ。日清間の緊張が高まるなかで、小村は専門知識に富んだインテリジェンスとしての能力を発揮したのである。のちに小村の秘書官となる外交官本多《ほんだ》熊太郎《くまたろう》は「小村は陸奥に捨てられたのだが、その捨てられた場所がよかったために、捨てられた翌日にもたちまちその真価を見出されて、超凡的重用を陸奥から受けることになった」（本多『人物と問題』）としている。

こののち、小村は政務局長として日清戦争、講和、三国干渉の難局にあたり、特命全権公使、外務次官と順調に累進を遂げて「小村の外務省」と言われる時代を創り出した。

一八九八年、第一次大隈内閣の誕生により政党内閣の時代が訪れる、各省の次官が軒並み更迭されて政党人に入れ替えられるなか、大隈は自ら外相を兼ね小村を次官に据え置いた。これは第二次松方内閣で大隈が外相を務めた際の信頼によるものであった。貢進生時代から大隈に憧れ、その写真を卓上に飾っていた小村にとって、まさに至福の時であった。

しかし、藩閥政府を落城させた与党の勢いは凄まじく、官僚である小村を次官に座らせ続けることを許さなかった。大隈は小村に入党を勧奨したが、小村はこれを拒み駐米公使への転出が決まる。

後事を案じた小村が大隈に後任を尋ねると、大隈の口から挙がった名前は鳩山であった。

これを聞いた小村は安堵して米国に向かったという。政権交代が起こったからといって外交が安易に党派に左右されてはならない、鳩山ならばその心配はないと考えたのであろう。こうして貢進生以来のライバルの人生行路は再び交錯した。

二人は異なる道を選んだ。政党に活躍の場を得た鳩山に対し、小村はこれと距離を置いた。「小村の外務省」ができていた以上、政権が政党の手から落ちれば、小村の存在が必要となる。一九〇一年、第一次桂太郎内閣の発足に際して、小村は外相として呼び戻された。その後、ポーツマス講和条約調印にいたる足跡は周知のとおりである。

一方、順風満帆に見えた鳩山は迷走をはじめる。政権から遠ざかった大隈を見限って政友会に転じ、大臣を望んだ彼は、深い病に冒されていた。一九一一年一〇月、鳩山はついに大臣となることなく没した。こののち二個師団増設要求によって西園寺内閣が倒されると、大正政変を経て、本格的な政党政治の時代が訪れる。しかし、そこに彼の姿はなかった。

翌月、鳩山のあとを追うようにして小村も鬼籍に入った。直前の八月まで、二度目の外相を務めての死であり、外務省には数多くの小村門下生が残った。爵位も男爵から伯爵、侯爵まで昇り、人臣位をきわめた生涯となった。

明治のはじめ、たった一度の好機に出会って学問を究め、時代を先導した貢進生たちは、明治の終わりとともに、その知識を次代に残して表舞台から退いていった。

第三章　立憲の時代――一八七〇年代～八〇年代

1　維新官僚の台頭――総合調整と分担管理

立法と行政、分担と集中

版籍奉還が実施されたことにより、明治政府は本格的な統治機構をつくる段階に入った。課題となったのは、全国政権として機能するよう政府の機構を整備していくことである。そのためには寄合所帯である太政官を統一のとれた機関に変え、中央と地方の関係を体系的にする必要があった。

中央政府を整備しようという動きは、一八七〇（明治三）年一〇月に大久保利通が提出した意見書に見出される。大久保が重視したのは意思決定のあり方であった。最終的な決定を行う天皇はまだ幼い。政府の統一を保ちながら果断に改革を進めていくためには、行政との連絡を取りつつ、少ない人数で決定と責任を担うべきと大久保は考えていた。

大久保は、総理大臣に相当する輔相を置き、大臣に相当する参議は行政各省の長官が兼任する案を示した。これまで三権分立の理想のもと、中央政府の意思決定に与る参議は、行政府から独立した、立法府の構成員であると考えられていた。

しかし、行政の実態を知らずに改革を進めることはできない。参議も省卿も旧藩主や公家が占めており、行政への理解は希薄であった。そのため、すでに三職会議と行政各省のあいだでは、相互の理解不足から不協和音が生じ、政府の機能は停滞していた。大久保が提示した参議と省卿の兼任は、立法と行政を架橋することでこの状況を打開する画期的な案であった。

もっとも、大久保には現任の参議に省卿を兼任させるつもりも、現任の省卿に参議を兼任させるつもりもなかった。彼は大胆にも各省で力をつけてきた維新官僚たちを省卿に昇格させ、彼らが参議を兼任することを考えていた。有能な新進の人材を用いて省卿(行政)と参議(立法)を一体化すれば、責任と権限、決定と執行、立法と行政が統一された統治機構を築くことができる。実行力のある政府を志向した大久保が辿りついたのは行政主導の国家像であった。

明けて一八七一年二月、大久保のもとに江藤新平(佐賀藩)、後藤象二郎(高知藩)ら制度取調の任にあった人材が集められ、改革に向けた構想が練られた。彼らは、大臣が大政を総覧し、省卿兼参議が決定を行い、各省が執行する流れをまとめた。

これには木戸孝允から異論が出された。大久保の改革案では各省の権力が強くなりすぎ、かえって政府としての統一が壊れると懸念したのである。行政に通じた省卿が立法に参加すると、専門性で劣る大臣たちは彼らに圧倒され、行政を監視する機能を果たせなくなるというのが木戸の主張であった。

もっとも、二人のあいだでも意思決定に関与する人材を絞り込んだ指導力のある政府が必要という認識は共有されていた。六月には大半の参議を免じて、西郷隆盛と木戸だけを残し、七月には木戸を中心に制度改革の議論が開始された。しかし、木戸が持論である三権の分立と立法府の強化にこだわったため会議は観念的な制度論に終始し、迷走した。

廃藩置県と地方官の誕生

中央における改革が停滞する間隙《かんげき》を衝くように、各藩から積極的な藩政改革の建言が現れる。鳥取藩や熊本藩は藩主の辞職までを含む改革案を提出するなど、その動きは急進的ですらあった。

その背景には、藩政改革の成否に差が出ていたことがあった。政府が藩治職制を発したことで各藩も改革に乗り出してはいたが、伝統的な門閥の影響力はそう簡単には抜くことができない。特に家禄制度の刷新を軸とする財政改革は多くの藩で暗礁に乗り上げており、大久保や木戸といった政府首脳を輩出する鹿児島、山口藩でも同様であった。鳥取藩、熊本藩をはじめとする有力諸藩は、藩政改革を成功させることで実績を強調し、国政での発言権拡大を狙ったのである。

諸藩の攻勢に焦燥感を募らせたのは、中央政府の少壮官僚たちであった。野村靖《のむらやすし》、鳥尾小弥太《とりおこやた》らが鹿児島、山口両藩の主導で廃藩を断行して主導権を確保するよう、両藩の有力者を説いて回った。これは改革に行き悩む木戸を助けるかたちとなり、鹿児島、山口両藩による廃藩置県の準備が極秘裏に進められた。彼らに近い三条実美と岩倉でさえ、計画を知らされたのは二日前のことであった。

七月一四日朝、まず、鹿児島、山口、佐賀、高知藩の知事（高知のみ代理）に、ついで名古屋、熊本、鳥取、徳島藩知事に、最後に在京の全藩知事が呼び出され、三条右大臣から廃藩置県の勅語が伝えられた。ここに二五〇年余り続いた藩はすべて廃され、新たに県が置かれることとなった。同日には、西郷、木戸に加えて佐賀の大隈重信、高知の板垣退助が参議に任ぜられ、鹿児島、山口と合わせた四藩が政変の責任を負い、今後の政権を担う表明がなされた。

廃藩置県による士族の動揺は大きかった。身分は、仕事は、家禄はどうなるのか。彼らは一夜にして安定した立場から突き落とされた。喫緊の関心は、旧藩主が東京に移住したあと、残された自分たちがどう処遇されるかにあった。

政府は府県の統廃合を進めていく。県の数は三〇二を数え、中央集権を前提とすれば非効率極まりない状態であった。統治の効率を上げ、旧藩の支配構造を払拭するためには大規模な再編が必要である。甲斐、播磨といった古代からの国域、国名に基づいた統合が進められ、一一月にはひとまず三府七二県に落ち着いた。県名もなるべく旧藩のものではない名称が用いられた。

各県には県令《けんれい》、権県令《ごんのけんれい》（権令）を頂点とする官僚機構が全国共通で整備された。県令には県官僚（判任官）の進退を自由に決められるなど、きわめて強い権限が与えられた。

では、その県令には誰が選ばれたのか。藩主が去ったのち、残された地方では、どのような人物が新たな統治者となるのかを強い関心を持って見ていた。着任する地方官には、相当な能力と胆力が必要とされる。

政府の中枢にあるのは大久保や木戸ら地方出身者であり、こうした状況をよく理解する彼らは慎重に事を進めた。まず、県令を任命する前に参事級の有能な人材を派遣し、旧藩の幹部の意見を聞きつつ、県政の人事を固めた。旧藩からの連続性を取りつつ、穏便に体制移行を進める方策である。平時と異なり、動乱期であったことで出色の働きを積んだ人材を抜擢しやすかったことも幸いした。この変動は実力主義、実績主義を地方に広めると同時に、青年の立志熱を高める効果を生む。

こうして統治の下地ができたところで、県令、権令、参事が順次任命されていった。ほとんどは他県出身者であり、地縁を持たない官僚が在地の属僚を従えて県政を行う仕組みがつくられる。県令（知事）にその府県の出身者を任命しない非出生地主義は、このときから戦後、知事が公選となるまで地方統治の原則となる。

着任した県令たちは、自らの能力を示すように新しい政策に取り組んでいく。象徴的な政策は学校教育の普及であろう。県令となった人材の多くは開明派の官僚であり、地方の民衆を啓蒙することに強い関心と使命感を抱いていた。それは藩政のもとでの「領民」を県政のもとで「県民」に変えていく手立てでもあった。一八七三年には、地方官の任務は開明にありとする勅諭が発布され、県令たちの取り組みを後押しした。県令たちは民衆を導く「牧民官」を自認して地方行政に当たることとなる。

府県の統廃合が進んでポストが減少すると県令たちも淘汰され、有能な人材が各県で治績を上げた。安場《やすば》保和《やすかず》（熊本県出身、一八三五年生。福島、愛知、福岡県令。北海道庁長官）と深《ふか》野《の》一三《いちぞう》（熊本県出身、一八五二年生。福島県書記官、北海道内務部長。福岡県、愛知県知事等）のように、県令と参事（のちの知事と部長）が一体として異動し人材を継承した例も見られる。彼らは地方行政の専門家集団としてその刷新に活躍した。

三院制と分担管理のはじまり

廃藩置県の実現を受けて、中央政府の改革もようやく実現していく。一八七一（明治四）

年七月二九日、政府は、最高意思決定機関である正院、立法を担う左院、行政を預かる各省長官が集う右院からなる太政官三院制を発足させた（3－1参照）。

三院の頂点に立つのは「天皇臨御して万機を総判」（「太政官職制並ニ事務章程」）する正院である。太政大臣を頂点に、納言（まもなく廃止）と参議からなる議官と、枢密大史以下の書記官によって構成された。太政大臣には三条が就任した。

正院は最高意思決定機関であると同時に総合調整の役割を与えられた。立法、行政、司法にかかわる事案はすべて左右両院から正院に上申され、正院が意思決定を行う。くわえて、左院（立法）から行政実務に関する提起がなされた場合は正院を経て右院に、右院（行政）から立法に関する事案が出された場合には正院を経て左院の議決に付すこととされた。立法と行政の調整を正院が行う設計である。

このため木戸は正院には専門的な知識を持つ補佐機関が必要であると考え、政務調査を専門に行う書記官と秘書局の設置を検討した。しかし、木戸の案は、正院の権力が大きくなりすぎるのではないかとの懸念から実現にいたらなかった。改革への賛意を取り付けるには権力の均衡への配慮が必要だった。

各省の卿（長官）と大輔（次官）は「当務の法を案し及び行政実際の利害を審議する」右院を構成したが、正院にはくわわらないこととなった。大久保が主張した参議・省卿兼任による立法と行政の一体化は退けられたのである。他方、省卿は、それぞれの政策分野についてはもちろん、人事権も含めた広汎な権限を与えられた。「卿は専らその部事を総判する全権を有す。敢《あえ》て他部の権を干犯《かんぱん》する事を許さず」（「諸省卿開拓長官ニ委任ノ条件ヲ示ス」）と、行政分野ごとの分担管理が明記された。

参議との兼任を否定する一方で行政長官としての省卿の権限を拡大したことで、懸念された各省の割拠はかえって進行した。廃藩置県によって全国に政策を展開する下地ができたことからいずれの省も政策志向を強めて予算の獲得に奔走したため、予算調整は困難を極めた。制度設計上まずは右院で、それが困難であれば正院で調整を行うこととなっていたが、当初から難航した。その限界は一八七四年の征韓論争で露呈することとなる。

制度改革のもうひとつの目的は、明治初年以来の課題である人材精選の徹底にあった。三院制の創設にともなう人事は3－1に示したとおりである。正院は三条太政大臣、岩倉右大臣に、鹿児島から西郷、山口から木戸、佐賀から大隈、高知から板垣と、廃藩置県を実施した四藩の責任者が固めた。左院には後藤、江藤と長く制度取調に携わってきた論客を配することで、空理空論を廃した実質的な立法機関とする姿勢が示されている。

各省幹部も、やや性格の特殊な神祇省と宮内省を除けばほぼ四藩の出身者が独占し、他藩出身者だけでなく、諸侯や公家も政権中枢から一掃された。藩閥専制と批判される所以《ゆえん》であるが、新幹部たちはいずれも維新政権の発足以来、実務を通じて政府を支えてきた維新官僚である。高い能力を持つ人材によって政府が組織されたことは、維新政権が近代国家としての体裁を整えはじめたことの表れであった。

人材の入れ替えも進む。立法と行政の区分が明らかになってきたことで、彼らは官僚としての専門性を持ちながら、意思決定を担う政治家へと成長していく。彼らが抜けたあとには、洋行や大学教育で近代諸学を身につけた新進の人材が入ってくる。人材の育成、登用、昇進にダイナミクスが生まれはじめた。

改革は省庁の再編にも及んだ。七月九日には刑部省と弾正台を統合して司法省が創設された。それまで司法一般を管轄とする刑部省と行政監察を担う弾正台のあいだには、しばしば権限争いがあり、さらに廃藩置県によって旧藩のもとにあった地方の裁判権を中央が吸収したため、法体系と裁判の統一が必要となっていた。これは条約改正を進めるうえでも欠かせないことであった。

廃藩置県にともなう全国的な教育政策の立案、実施機関として文部省が発足したことは前章で触れたとおりである。翌一八七二年八月に全国を八大学区に分け、中学区・小学区を設置、学制を発布して教育機関の整備に乗り出していく。

七月二七日には、戸籍や租税を担当していた民部省が廃止され、大蔵省がこれを吸収した。徴税と財政が大蔵省のもとに一体化され、租税、勧業、紙幣、戸籍、駅逓《えきてい》の五司からなる大蔵省は、全国の地方官も管下に収める巨大官庁となった。卿は大久保である。

三院制により、中央政府の機構もほぼ固まった。廃藩置県によって全国一律の施策が可能

地方官

府	県
知事	令
権知事	権令
参事	参事
権参事	権参事

文部省	工部省	宮内省	開拓使
卿	卿	卿	長官
大木喬任（士・佐賀）	（空席）	徳大寺実則（公）	黒田清隆（士・鹿児島）
大輔	大輔	大輔	次官
（空席）	伊藤博文（士・山口）	万里小路博房（公）	（空席）
少輔	少輔	少輔	
（空席）	（空席）	吉井友実（士・鹿児島）	

3－1　**太政官三院制の構造と人事　1871（明治4）年11月**

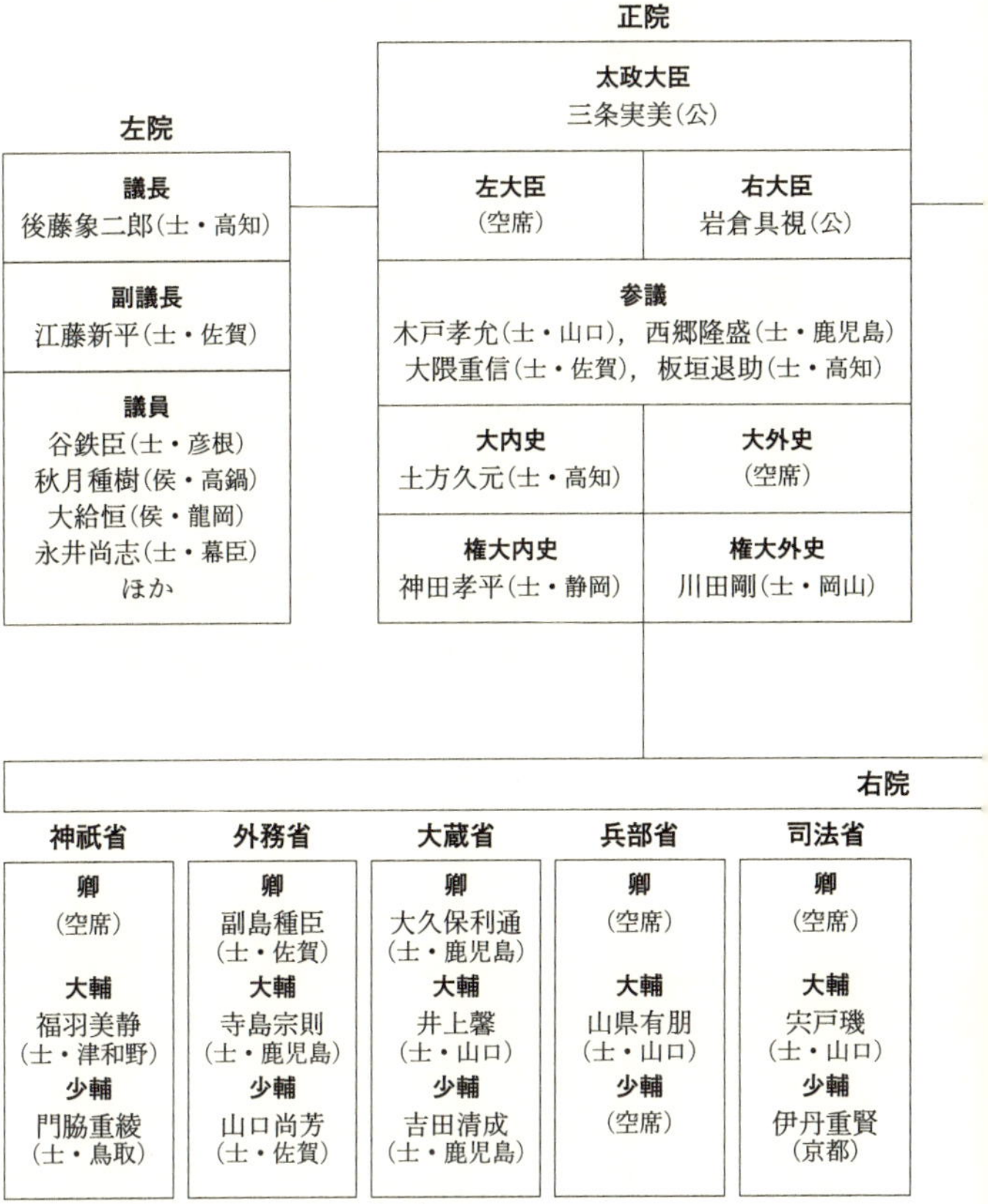

註：公は公家，侯は諸侯，士は士族の略
出所：金井之恭校訂『明治史料 顕要職務補任録』上・下（成章堂，1902年）を基に筆者作成

となったことで、各省は政策分野の拡大に邁進《まいしん》する。膨大な命令が発せられ、いまだ廃藩の動揺が残る各県は混乱した。前出の鳥尾によれば、政府の命令があまりに多く無軌道なため、地方官は自ら取捨選択を行って急変緩和に努めなければならなかった。地方の不満は募っていく。政府は、中央でも地方でも、改革と調整にその実力を試されることとなる。

2　岩倉遣外使節団と制度調査

条約改正と知識の吸収

一八七一（明治四）年一一月一二日、右大臣岩倉具視を大使とする遣外使節団が横浜港からアメリカへ向けて出立した。翌一八七二年五月に安政の五ヵ国条約が改定期を迎えることを見越して、使節団は日本に好意的なアメリカを皮切りに欧州各国を歴訪する。領事裁判権の撤廃を期待する日本側の交渉は不首尾に終わったが、多数の政府首脳が直に西洋の文物や制度に触れたことが、富国強兵に代表される政府の新しい方向性につながったことはよく知られている。

一方で、こうした知識と見聞を得ることが、条約改正に並ぶ使節団の目的として当初から示されていたことはあまり知られていない。いったん、時計の針を二年前に戻してみよう。

一八六九年三月、明治政府は一人のオランダ系アメリカ人を大学南校の教師として長崎から招請した。グイド・フルベッキである。明治政府には大隈を筆頭に大久保、伊藤などフルベッキ門下生が多くあり、その求めに応じての上京であった。貢進生をはじめ、大学南校の学生たちは、フルベッキの幅広い知識に大きな影響を受ける。

フルベッキのもとには学生だけでなく、新政府の政治家たちも多く訪れて政体のあり方や国際法、教育をはじめ西洋文明について教えを請うた。戊辰戦争が終盤を迎え、公議所の開設、版籍奉還、二官六省制への移行など、新政府の機構整備が本格化しつつある時期である。彼らは制度知識を渇望していた。

政府の状況を理解したフルベッキは、西洋文明を日本に導入するためには、書物を通じた表面的なものではなく、日本人が自ら西洋に赴き、自らの目で見て、理解するべきと考えた。上京から二ヵ月後の五月、フルベッキはこの考えを遣外使節団派遣の建言にまとめ、大隈に託した。しかし、発足まもない新政府には多くの政治家を長期に派遣する余裕はなく、すぐにはこの建言は採用されなかった。

条件が整ったのは廃藩置県後である。一八七一年八月、自ら使節となり条約改正交渉に当たることを発議して、三条太政大臣の了解を取り付けたのは大隈であった。目的は条約改正と西洋知識の見聞である。外交の場で頭角を現した大隈であるが、実は海外体験はなかった。実際に欧米を見たいという気持ちは人一倍強かったのだろう。

この動きに対し、大隈の台頭を懸念した大久保らが阻止に動く。参議といえども、大隈は西郷や木戸とは格が違う。なにより、廃藩置県を断行したのは鹿児島と山口である。その一方で、実務能力では大隈が抜きん出ていることも衆目の一致するところであった。大隈周辺には開明派の少壮官僚が集まり、その影響力は無視できないものとなっていた。もしここで大隈が条約改正に成功すれば、政府内の勢力地図は大きく塗り変えられる。

大久保らは、三条を説得して大隈使節団を岩倉使節団に衣替えさせた。岩倉は外務卿(使節任命にあたって右大臣に昇任)であるから、筋の通った変更である。夢破れた大隈は、内政に活路を見出すことになる。

制度調査に当たった官僚たち

装いを新たに発足した使節団であるが、目的は大隈のそれを引き継いでいた。一一月四日付の国書には、第一に条約締約国への国書奉呈、第二に欧米諸国の制度・文物を見聞し日本の近代化に資するものを持ち帰ること、第三に条約改正の下交渉を行うことが明記されている。

特に第二の目的を達成するために、使節団には岩倉から大使副使にくわえて各省から選ばれた官僚たちが多数同行した。調査事項は統治構造、財政会計、産業技術、教育、陸海軍の五点であり、関係する各省は競って有為の人材を送り出した。

通訳などの実務にあたる書記官には、旧幕臣を中心に留学経験のある者が集められた(3

3－2　**岩倉遣外使節団の大使・副使・書記官**

役割	官職	人物（出身）	その後の経歴
特命全権大使	右大臣	岩倉具視（公家）	贈太政大臣
副使	参議	木戸孝允（山口）	文部卿，内閣顧問
	大蔵卿	大久保利通（鹿児島）	内務卿
	工部大輔	伊藤博文（山口）	内閣総理大臣，枢密院議長
	外務少輔	山口尚芳（佐賀）	参事院議官，貴族院議員
一等書記官	外務少丞	田辺太一（幕臣）	元老院議官，貴族院議員
	外務省六等出仕	何礼之（幕臣）	元老院議官，貴族院議員
	大蔵省一等書記官	福地源一郎（幕臣）	東京日日新聞社社長，衆院議員
二等書記官	外務少記	渡辺洪基（福井）	帝国大学総長，貴族院議員
	外務省七等出仕	小松済治（和歌山）	大審院判事，民事局次長
		林董（幕臣）	英国公使，外務大臣
		長野桂次郎（幕臣）	工部省七等出仕，開拓使御用掛
三等書記官	外務省七等出仕	川路寛堂（幕臣）	外国文書課長，女学校校長
（後発）		畠山義成（鹿児島）	東京開成学校長兼外国語学校長
四等書記官	外務大録	安藤太郎（幕臣）	香港領事，外務省通商局長
	文部大助教	池田政懋（佐賀）	天津領事，長崎税関長
（後発）	外務事務取調	吉原重俊（鹿児島）	日本銀行総裁
大使随員	兵庫県権知事	中山信彬（佐賀）	外務権大丞兼二等法政官
	式部助	五辻安仲（公家）	宮内省御用掛，爵位局次官
	外務大記	野村靖（山口）	枢密顧問官，内務・逓信大臣
	神奈川県大参事	内海忠勝（山口）	京都府知事，内務大臣
	権少外史	久米邦武（佐賀）	修史館編修官，帝国大学教授
（後発）	東京府知事	由利公正（福井）	元老院議官，貴族院議員

出典：田中彰『岩倉使節団「米欧回覧実記」』（岩波書店，2002年）の巻末表をもとに，『戦前期日本官僚制の制度・組織・人事』，国立公文書館蔵「任免裁可書」を用いて補足，修正した

―2)。翻訳を通じて専門知識を深めていた彼らは、通訳のみならず、調査でも大きな役割を果たす。開成所教授として星亨《ほしとおる》らに英語を教えていた何礼之《がのりゆき》は、この使節団で木戸の憲法調査に同行し、帰国後もモンテスキューの『法の精神』をはじめ、法典編纂の根拠となる翻訳に力を尽くすことになる。

制度調査の中心となったのは各省から選ばれた理事官である(3―3)。田中光顕《たなかみつあき》、山田《やまだ》顕義《あきよし》、田中不二麿、肥田為良《ひだためよし》(浜五郎《はまごろう》)、佐々木高行の五名とその随員が調査の実働隊となった。彼らの大半は新政府で実務経験を積んだ二〇代後半から三〇代半ばの、若手官僚であった。書物にとどまらず実地を理解するためには、知識に富み、実務を知り、吸収力の高い彼らが適していた。

随員中の出色は井上毅(一八四四年生)だろう。熊本に生まれた井上は藩校で国学を学び、開成学校では洋学を修め、舎長として名を馳せた秀才であった。司法省でも早くから頭角を現し、刑事訴訟法を研究すべく使節団にくわえられていた。

帰国後、井上は同法の制定に力を尽くしたのみならず、統治機構への関心から『王国建国法』をまとめて日本におけるプロイセン憲法の第一人者となり、大久保に重用される。大久保没後はやや不遇の時代があったが、その努力は憲法制定に際して岩倉、伊藤のもとで開花する。

時を同じくして誕生した文部省も、全国的な教育体系の構築という大きな課題を抱えてい

3－3　岩倉遣外使節団の理事官と随員

役割	官職	氏名（出身）	その後の経歴
理事官	大蔵省戸籍頭	田中光顕（高知）	元老院議官，警視総監，宮内大臣
（随行）	租税権頭	安場保和（熊本）	北海道庁長官，貴族院議員
	租税権助	若山儀一（東京）	租税助，農商務大書記官
	大蔵省七等出仕	阿部潜（幕臣）	官途に就かず鉱山を経営
		沖守固（鳥取）	大阪府知事，貴族院議員
	租税権大属	富田命保（幕臣）	
	検査大属	杉山一成（幕臣）	博覧会事務官，内務少書記官
		吉雄永昌（長崎）	製作寮八等出仕
（後発）	租税寮七等出仕	長岡義之（山口）	神戸税関長
理事官	侍従長	東久世通禧（公家）	元老院，貴族院，枢密院各副議長
（随行）	宮内大丞	村田新八（鹿児島）	（西郷下野に伴い帰郷）
理事官	陸軍少将	山田顕義（山口）	元老院議官，陸軍中将，司法大臣
（随行）	兵学大教授	原田一道（幕臣）	陸軍少将，元老院議官，貴族院議員
理事官	文部大丞	田中不二麿（名古屋）	文部大輔，枢密顧問官，司法大臣
（随行）	文部省中教授	長与専斎（大村）	東京医学校長，衛生局長
	文部省七等出仕	中島永元（佐賀）	元老院議官，貴族院議員
	文部中助教	近藤鎮三（幕臣）	文部省御用掛，司法少書記官
		今村和郎（高知）	法制局参事官，行政裁判所評定官
	文部省九等出仕	内村公平（山形）	東京外国語学校長，文部権大書記官
（後発）	三等書記官	新島襄（安中）	同志社
理事官	造船頭	肥田為良（幕臣）	海軍機関総監
（随行）	鉱山助	大島高任（盛岡）	工部大技長，佐渡鉱山局長
（随行）	鉄道中属	瓜生震（福井）	高島炭坑会社長崎支店長
理事官	司法大輔	佐々木高行（高知）	侍補，参議兼工部卿，枢密顧問官
（随行）	司法権中判事	岡内重俊（高知）	元老院議官，貴族院議員
		中野健明（佐賀）	関税局長，主税局長，神奈川県知事
		平賀義質（福岡）	函館裁判所長，検事局判事
	司法権少判事	長野文炳（大阪）	司法省判事，大審院判事
（後発）	司法少丞	河野敏鎌（高知）	農商務卿，内務大臣，司法大臣
	明法助	鶴田皓（佐賀）	刑法・商法編纂委員長，元老院議官
	権中判事	岸良兼養（鹿児島）	大審院検事長兼検事局長，大審院長
	司法中録	井上毅（熊本）	法制局長官，文部大臣
	司法省八等出仕	益田克徳（幕臣）	嚶鳴社，東京海上保険会社支配人
	司法省七等出仕	沼間守一（幕臣）	嚶鳴社，横浜毎日新聞社長
		名村泰蔵（長崎）	大審院長心得
	警保助	川路利良（鹿児島）	大警視，陸軍少将

出典：3－2に同じ

た。文部省は、大丞の田中不二麿（一八四五年生）を筆頭に長与専斎ら五名（のち六名）の専門家を随員として派遣し調査を行った。田中は小御所会議に藩代表として出席した実力者であり、新政府でも枢密大史を務めるなど実務にも通じ、重きをなした人物である。

田中自身も積極的に調査にあたり、アメリカに留学していた新島襄《にいじまじょう》（一八四三年生、同志社を創立）と富田鉄之助《とみたてつのすけ》（一八三五年生、日本銀行総裁）を助手に丹念な制度研究を進めた。その成果は一五冊に及ぶ報告書『理事功程《りじこうてい》』としてまとめられ、教育令の発布、私立学校の認可、音楽教育の導入などに具体化されていった。

若手官僚たちの洋行への憧憬

田中の随員として洋行した長与専斎（一八三八年生）は、医療・衛生の専門官僚としてその近代化に大きな功績を残している。肥前大村藩の漢方医の家に生まれた彼は緒方洪庵の適塾に学び、若くして塾頭となった。その後、長崎に移って医学を修め、文部省が発足する際に江藤文部大輔に招かれて医学教育の改革を託された。

長与は、自らが使節の随員に選ばれるまでの経緯を書き残している。そこから洋行に対する彼らの強い想いを知ることができる。友人から使節団の派遣と制度調査のことを聞いた長与は、その席を立ち、人力車で井上馨のもとに向かった。

井上〔馨〕伯を海運橋の邸に訪ねると、芳川《よしかわ》〔顕正《あきまさ》〕が先に客室にいた。君は大使随行を志願して来たのかと尋ねると、そうだ、君も同じかと聞かれたので、微笑んでうなずいた。井上に依頼したところ、今度のことは伊藤〔博文〕の担当であるから、彼に相談するように言われた〔中略〕。伊藤の帰宅を待って面会を遂げ、その指示で翌朝、九段坂に木戸を尋ねた。彼は、幸いにまだ医師の志願者がいるとは聞いていない、文部省からは田中〔不二麿〕が理事官に命じられるはずだから、彼と大木〔喬任、文部卿〕に会って依頼するのがよい。自分も話しておくけれども早くするのがよいだろうから直ちに赴くようにと言われた。それから二氏を歴訪して、一昼夜の奔走《ほんそう》で〔使節団参加の〕大方は整った。

（長与『松香私史』。一部現代語訳）

これより前、長与は文部省の設置にともない医学教育の変化があまりに急なことに戸惑いを覚えていた。東京にはすでに少壮気鋭の医家が多くあった。彼はここには自らの活躍の余地はないと感じ「進みてなすべきなく退かんも後ろめたく」という状況に立たされていた。

使節団の一人としてドイツとオランダで学んだ長与は、帰国後、東京医学校長、衛生局長として伝染病を抑えるためのインフラを整備するなど、医学、衛生行政の指導的役割を担う。長与にとって、使節団は自らの知識を最先端に押し上げ、国家に有為の人材となる千載一遇の機会であった。

新たに政府にくわわった新進の官僚たちにとって、書物を超えて実地で学ぶことは年来の願いであった。同時にそれは、行政能力が重視されていくなかで、自らの価値を高めるために必要な手段でもあった。

使節団と同じ時期には、のちに政友会の領袖として原敬と並び称される松田正久《まつだまさひさ》（小城藩）、第一次桂内閣で蔵相として政友会との交渉にあたる曽禰荒助《そねあらすけ》（山口藩）も陸軍兵学寮からフランスに派遣され、軍令、兵制の研究にあたっていた。

前章で触れたように、各省は使節団の前後にも盛んに欧米に若手官僚を派遣し、新知識の吸収と人材の育成に努めていた。使節団の派遣は、廃藩置県を契機に本格的な政策機構へと変貌する各省と、そのなかでより優れた人材となり実力をつけていこうとする若手官僚の意欲を実現する機会となったのである。

留学生たちの多様な出自

洋行を願ったのは、なにも新進の官僚たちだけではない。留学によって新たな道を開いていこうという人々が留学生として使節団とともに洋行した（3－4参照）。よく知られているのは津田梅《つだうめ》をはじめとする女子留学生たちであるが、あらためて全容を見ると、同行した留学生の出自は驚くほど多様であり、体制移行期における洋行のすがたがよく現れている。

留学生の中心となったのは旧藩主である。廃藩置県によって知藩事の座を譲って東京に集

3－4　岩倉遣外使節団に同行した留学生

留学先	氏名（出身）	前職	その後の経歴
イギリス	鍋島直大（佐賀）	佐賀藩知事	式部長官，貴族院議員
	田中文良（佐賀）		石川島造船所監査役
	松村文亮（佐賀）		海軍少佐，春日艦長
	百武兼行（佐賀）		外務書記官，農商務権大書記官
	前田利嗣（金沢）	金沢藩知事嗣子	主猟官，貴族院議員
	堀嘉久馬（金沢）	利嗣小姓役	起業社総理
	関沢明清（金沢）		博覧会御用掛，水産伝習所所長
	沢田直温（金沢）	東京府学主帳	朝野新聞，内閣官報局属
	吉川重吉（岩国）	岩国藩知事三男	貴族医院議員
	土屋静軒（岩国）		
	田中貞吉（岩国）		東京郵便電信学校教授
	大村純熈（大村）	大村藩知事	
	松浦恕行（大村）	大村藩大参事	
	湯川頼次郎（大村）		慶應義塾出版局，三菱
	毛利元敏（豊浦）	豊浦藩知事	那須牧場
フランス	前田利同（富山）	富山藩知事	公使館書記官，宮中顧問官
	陸原惟厚（金沢）	金沢藩権大参事	日本鉄道会社庶務課長
	河内宗一（山口）		
	中江兆民（高知）	大学南校大得行生	元老院権少書記官，国憲取調局
	中島精一（金沢）		
ドイツ	錦小路頼言（公家）		
	三浦恭之進（山口）		
	浅間徹之助（山口）	（厚狭毛利家？）	
プロイセン	武者小路実世（公家）		工部省御用掛，参事院議官補
	松崎万長（公家）		内閣臨時建築局工事部長，技師
ロシア	清水谷公考（公家）	元開拓使次官	
	坊城俊章（公家）	元山形県知事	陸軍少佐，貴族院議員
	万里小路正秀（公家）		式部官，ニコライ二世接遇
	平田東助（米沢）	大学大舎長	法制局長官，農商務相・内相
	土肥百次（東京）	（開拓使派遣）	
	来見甲蔵（東京）		
アメリカ	黒田長知（福岡）	福岡藩知事	宮内省御用掛
	金子堅太郎（福岡）	修猷館学生	農商務相・法相，日大総長
	団琢磨（福岡）	修猷館学生	三井合名会社理事長
	江川英武（幕臣）	韮山県権知事	大蔵省権少書記官
	鳥居忠文（壬生）	壬生藩知事，司法中録	ハワイ総領事，枢密顧問官
	森田忠毅（壬生）	（咸臨丸乗組）	韮山にて牧場経営
	日下義雄（会津）	大阪英学校生	駅逓局長，長崎県知事
	吉益阿亮（東京）	（開拓使派遣）	女子英学教授所
	永井繁（幕臣）	（開拓使派遣）	東京女子師範学校教授
	津田梅（幕臣）	（開拓使派遣）	華族女学校教授，女子英学塾
	山川捨松（会津）	（開拓使派遣）	大山巌夫人
	上田悌（幕臣）	（開拓使派遣）	桂川甫純夫人

出典：3－2に同じ

まった彼らの処遇は大きな問題であり、旧臣たちはその前途を気遣ってさまざまな手段を講じた。なかでも注目されたのは洋学であり、その延長線上に洋行があった。

藩主を一人で留学させるわけにはいかない。彼らには必ず旧藩士が随行することとなった。たとえば金沢藩の前田《まえだ》利嗣《としつぐ》には幕末に英国留学を経験した関沢明清《せきざわあききよ》（一八四三年生）らが、壬生藩の鳥居《とりい》忠文《ただふみ》には咸臨丸《かんりんまる》で渡米した経験のある森田《もりた》忠毅《ただき》が随従している。

もっとも彼らは単なる「お供」ではなかった。たとえば関沢は、渡欧中に博覧会御用掛に任じられてウィーン万国博覧会で日本の紹介に努めるかたわら、日本の輸出産業を開拓する調査に従事した。彼が注目したのは水産加工品であった。

ウィーン万博の会場でスウェーデン、ノルウェー館を訪れた関沢は、水産加工品が輸出産業として成功していることに着目し、オーストリア館でサケの人工孵化《ふか》が可能となっていることを知った。一八七六年にはフィラデルフィア万国博覧会に赴き、ここでカナダから出品されたサケの缶詰に出会う。人工孵化の方法と缶詰製造の技術を持ち帰った彼は、水産伝習所を足場に産業化に努め、日本水産業の父と称されるようになる。使節団の幅広さを象徴する例だろう。

公家の子弟の留学も目立つ。プロイセンに渡った松崎万長《まつがさきつむなが》（一八五八年生）は、当初、兵学を学ぶことを命じられていた。高位の公家の子弟を軍人として育てようという施策の一環である。しかし、彼は同地で病気に罹り、軍人としての将来は難しいと診断された。心機一転、建築に転じベルリン工科大学に学んだ松崎は、一一年にわたって留学を続け、日本語が不自由になったといわれるほど学問に没頭した。帰国後は、内閣臨時建築局工事部長として霞が関の官庁集中計画を担い、日本建築学会の前身となる造家学会を創立した。

もちろん、成功した者ばかりではない。幕末に青年公家として頭角を現し、箱館裁判所総督として脚光を浴びた清水谷公考《しみずだにきんなる》（一八四五年生）もこの留学に賭けた一人であった。蝦夷地鎮撫を建言して総督に任ぜられた清水谷は、まもなく到着した榎本武揚率いる旧幕府軍に敗れて青森に敗走する不名誉を味わっていた。榎本の降伏後、開拓使次官となるも二ヵ月で黒田《くろだ》清隆《きよたか》にその座を譲っている。その後は大阪開成学校で洋学を学んでいたところ、榎本らが行っていたプロイセン商人への三〇〇万坪に及ぶ土地貸付を放置していたことが発覚し謹慎処分となっていた。

父は参議、祖父は大納言という家柄であり、勲功も抜きん出ていたため、周囲も彼を再起させようと支援した。こうして清水谷はロシアへの留学を命じられた。開拓使での再起を考えていたのかもしれない。しかし、留学後の彼の事績は特に伝わっていない。四年間の留学から帰国後、家督を継いだもののこれといった官職に就くことなく、一八八三年、三八歳で没した。

維新政府の政治家たちも子弟を留学させた。岩倉大使の嫡男具綱《ともつな》（のち宮中顧問官）や大久保副使の長男彦之進《ひこのしん》（利和《としなか》、のち貴族院議員）、次男伸熊《のぶくま》（牧野伸顕《まきののぶあき》、のち宮相、内大臣）、山県有朋の養嗣子伊三郎《いさぶろう》（のち内務次官、逓相）などである。伸熊は、父も兄も渡航すると聞いて、一人残されるのは空しいと願い出たという。

洋行した者、洋行しなかった者

有力者の子弟たちは願い出れば渡航できる恵まれた環境にあった。それ以外の者たちにとって、この船に乗ることができるかは人生の航路を決める競争であった。なかでも必死にそれを競ったのは、勉学への意欲にあふれる学生たちであった。彼らは盛んな運動の末に限られた枠を勝ち取っていく。

貢進生制度の提案者である平田東助も、留学の機会をひたすらにうかがい続けていた。群を抜く優秀生であった平田は、すでに大学南校で大舎長まで進み、将来を嘱望される存在であった。しかし、小倉処平（飫肥藩）や丹羽龍之助《にわりゅうのすけ》（佐賀藩）といった同僚たちが次々と留学を命じられるなか、平田には一向に声がかからなかった。業を煮やして、大学監督の任にある山口尚芳《やまぐちなおよし》（佐賀藩）に幾度となく留学を希望する旨を申し出ても、面会すら叶わない有様であった。

平田は、それを自らの出自のためであると考えていた。彼は朝敵であった米沢藩の出身である。一八七一年五月、平田は南校を去り、ロシア研究を志して時期を待った。そこに現れたのが使節団派遣の話である。逃すことはできない。

平田は米沢時代に英語の教授を受けた渡辺洪基に岩倉に宛てた対ロシア策を託し、同国への留学を願い出た。渡辺は書記官として使節団にくわわることが決まっており、平田の参加を周旋してくれた。抜群の研鑽を積んできた平田の願いはここでようやく容れられ、留学生指導の任を受けて使節にくわわった。

ベルリンに着いた平田は、同地で学ぶ品川弥二郎《しながわやじろう》と青木周蔵《あおきしゅうぞう》から、ロシアは後進国であり学ぶべきことはないこと、むしろ国家の勃興期にあるドイツで学ぶべきと説かれて、留学先を変更した。ベルリン大学のルドルフ・フォン・グナイストのもとで政治学、国法学、国際法を修めた平田は、一八八五年にハイデルベルク大学から博士の学位を授与されるまで学問を究めた。政治学での学位取得は平田が日本初とされる。帰国後、政府がプロイセン憲法を範として憲法制定に着手したことで、平田は法制官僚中の白眉《はくび》として重用され、のちに山県系官僚の頂点に上りつめる。

洋行した者たちは、不思議なまでに所期の予定と異なる学問に共鳴し、それを持ち帰ってきた。むしろそれこそが洋行の意味なのかもしれない。「東洋のルソー」と称されることになる中江篤介《なかえとくすけ》（兆民《ちょうみん》、一八四七年生）も同様である。国内でのフランス語学習に限界を感じていた中江が留学先から持ち帰ったのは自由民権の思想であった。それは平田の政治学と同様に、日本が自立する道を開く要素となっていく。

なぜ彼らはこれほどまでの足跡を残すことができたのだろうか。それは若手官僚の筆頭にあった大隈があれほどまでに洋行を望んでいたことから推し量ることができるだろう。欧米からの新知識はたしかに重んじられていた。しかし一方で、国内はもちろん、新政府のなかにも改革に対する懐疑的な意見が常に持ち上がっていた。国情が大きく異なる日本で本当に欧米の制度が合うのかという疑問は、懐疑派だけでなく、それを主張する新進の官僚たちにとっても拭《ぬぐ》いきれない不安であった。

それだけに現地を見ることで得られる自信が彼らには必要だった。もちろん、それが説得力を高めたとは限らない。見た者の過剰な自信は、見ていない者の反発をかえって強める結果も生んだ。洋行は多くの人材を育て、改革を推し進めるための知識を数多《あまた》もたらす一方で、国内における対立をこれまで以上に増幅させていく。

3 明治一四年の政変

行政の積極化と正院の機能不全

廃藩置県によって政策志向を強めた各省は、海外視察を盛んに行って政策研究を進め、洋行経験者を多数採用していった。初期の維新官僚たちが正院や右院の構成員となって政治色を強めるなか、新知識を有する新進の行政官僚が各省で地歩を築きはじめた。

大量の専門官僚を必要とする省は、洋行者だけでは需要を満たせず、自ら育成に着手する。

条約改正を念頭に、西洋法を理解する判検事の大量養成をめざす司法省は一八七一（明治四）年に明法寮（司法省法学校の前身）を開校して法曹の国内養成をはじめ、ギュスターヴ・エミール・ボアソナード、ジョルジュ・ブスケといった新任のフランス人教師たちが実践重視の講義を行った。同校の学生には俸給が支給されたうえに卒業後の任官も確実であったため、全国から優秀な青年が殺到した。

洋式軍隊の編制を進める兵部省でも、ドイツから帰国した山県有朋兵部少輔の発議により大阪兵学寮で洋式教育が行われた。一八七三年の徴兵令施行に備えた将校の養成が目的であり、桂太郎（一八四八年生、山口藩、のち陸相、首相）らは同校で学んだのちにドイツ、フランスに留学して研究を深めた。貢進生のように文学から自然科学までを包含した幅広い分野での育成ではなく、政策上の需要から、より専門に特化した官僚の養成が求められたのである。

行政各省が積極的に政策を打ち出すようになったことで、一八七二年度の予算要求は際限なく肥大化した。調整にあたる大蔵省では、卿である大久保が遣外使節として欧米にあったため、留守を託された井上馨大蔵大輔が各省からの要求と対峙した。

井上は、各省に積算の根拠を示すよう求めつつ、正院に調整を委ねた。三院制の設計からすれば至当な判断である。しかし、三条をはじめとする正院は各省の反発を恐れ、一時金を手当てするなど場当たりな対応に終始し、これに反発した井上らが辞意を示すと、正院は再び大蔵省側に振れた。正院による総合調整は一貫性に欠け、まったく機能しなかったのである。

なぜ、このような事態が生じたのだろうか。それを三条の個性に帰すのは早計である。新進の人材登用が進んだことにより、廃藩置県後の維新政府では、卿クラスの政治家のもとに専門官僚が集まって政策集団が形成されつつあった。彼らの主張はそれぞれ専門性に裏付けられた正当な理由があり、調整には政治が必要だったのである。

政治となった場合には別の問題が生じていた。卿クラスの政治家は藩閥各藩を代表する人物であった。そのため、各省の要求を退ける際には、政府はその政治家個人の進退だけでなく、出身藩の帰趨を考慮せざるを得ない。政治家の側も、これを知って辞意表明を政治的なカードとして使った。まだ隠然たる勢力を持つ旧藩と行政が絡みあうことで政治は難しさを増していた。政治性と専門性の両方を持つことで政治勢力と専門官僚の頂点に立った維新官僚出身の政治家たちは、明治政府にとって欠くことのできない器官になっていたのである。

だからこそ、調整と決定は彼らが顔を揃える正院でなければできなかった。そのことは彼らも認識していた。翌一八七三年五月、政府は太政官職制を改正して参議を「内閣の議官」として正院に立法、行政に関する決定権を集中させた。

しかし、それでも正院による調整は機能しなかった。むしろ、財政改革意見書を出した井上らが免官されるなど、混乱は拡大する。行政上の要求という一方の正義が、藩閥内部の勢力抗争と結びつき、問題を複雑にした。佐賀出身の江藤新平率いる司法省が、長州系政治家と大蔵省が関与した疑獄事件を盛んに摘発していたことは、その最たる例であった。

明治六年の政変——総合調整の失敗

政策の必要性を掲げて予算を要求する各省と、財政規律の観点から削減をめざす大蔵省の交渉は、参議を「内閣の議官」としたことで各省対正院の対立へと昇華し、行政上の調整から藩閥間の闘争へと変容した。

事態が混迷を極めるなかで征韓論が俎上《そじょう》に上り、一八七三（明治六）年八月には開戦を視野に入れた西郷の朝鮮派遣が内定する。対外戦争によって国内外の閉塞状況が打破できるのではないかという期待が高まった。

大久保は予算問題に対処すべく、岩倉に先んじて五月に帰国していた。遣外使節の経験から大久保は富国強兵策を練っており、多額の費用を要し諸外国との摩擦を生じかねない征韓論に反対であった。

一〇月、大久保は、かねてから主張してきた参議省卿兼任を軸に、正院と行政各省の総合調整を再構築する意見書を提出する。征韓論に正面から反対することは避け、国内情勢の不安定、歳入歳出の不均衡、輸入超過といった諸問題を解決するために、正院の機能不全を克服しようという主張である。

地方官

府	県
知事	令
権知事	権令
参事	参事
権参事	権参事

司法省	文部省	工部省	宮内省	開拓使
卿	**卿**	**卿**	**卿**	**長官**
大木喬任*（士・佐賀）	（空席）	伊藤博文*（士・山口）	徳大寺実則（公）	黒田清隆*（士・鹿児島）
大輔	**大輔**	**大輔**	**大輔**	**次官**
山田顕義（士・山口）	（空席）	山尾庸三（士・山口）	万里小路博房（公）	（空席）
少輔	**少輔**	**少輔**	**少輔**	
（空席）	田中不二麿（士・名古屋）	（空席）	杉孫七郎（士・山口）	

3－5　**明治六年政変後の太政官の構造と人事　1874（明治7）年8月**

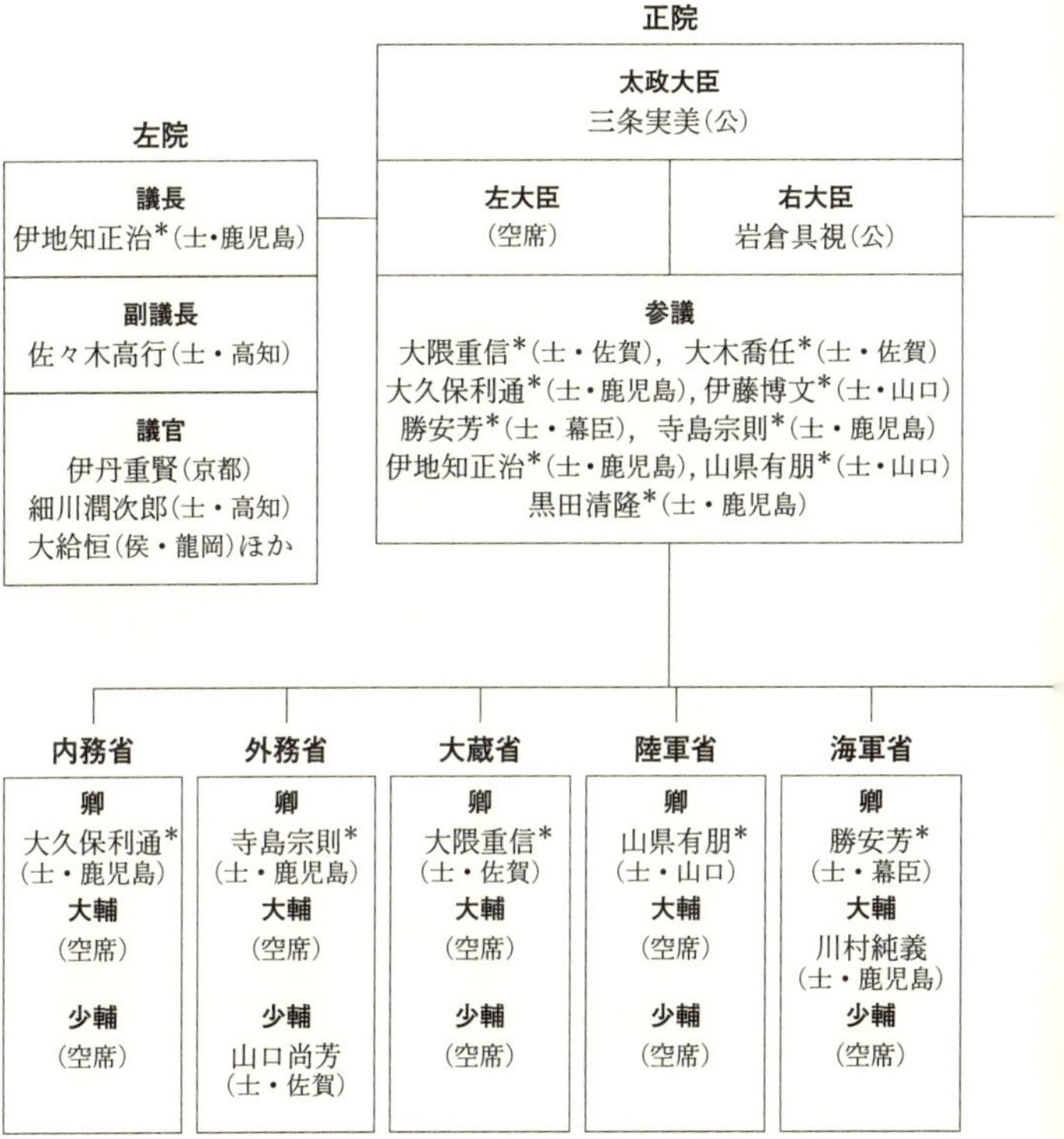

註：1）＊は省卿などと参議の兼任．2）皇は皇族，公は公家，侯は諸侯，士は士族の略
出所：金井之恭校訂『明治史料 顕要職務補任録』上・下（成章堂，1902年）を基に筆者作成

これは留守政府の施策にも適うものだった。そのひとつが先述した参議を「内閣の議官」として正院の権限を強化することであり、もうひとつが江藤司法卿、大木喬任文部卿、後藤象二郎左院議長といった行政側の有力者に参議を兼任させることであった。

問題はむしろ政府の外にあった。地方士族の不満が抑えきれなくなっていたのである。廃藩置県後、士族の身分は不安定となっていたが、なかでも一八七三年に施行された徴兵令は、彼らの職業的特権を奪った。それにもかかわらず、徴兵令に反対する一揆が各地で起こると、政府はこの鎮圧に士族を動員するしかなかった。

この解決を征韓に見出す西郷は、自らの朝鮮派遣に固執した。正院の議論は紛糾し、ついに西郷は三条太政大臣の首を縦に振らせ、閣議は決した。これを受け、大久保は参議を辞任する。この事態に三条は錯乱状態に陥り、閣議の結果を上奏することができなくなり、太政官職制の規定に従って右大臣の岩倉が行うこととなった。岩倉は大久保と図り、閣議決定と岩倉の私見として西郷の派遣反対を合わせて上奏する。もちろん、宮中には岩倉の見解を採用するように手が回っていた。一〇月二四日、閣議の決定に反し、使節派遣延期の裁可が降りた。

決定を天皇に否認された西郷、板垣退助、後藤、江藤、副島種臣（同年一〇月に参議）は参議を辞し、政府上層部は一新されることとなった。明治六年の政変である。極限状態に達した対立は、天皇による閣議決定の否認という、慣例を破る方法で終結した。

政変の結果、山県陸軍卿以外の省卿はすべて参議兼任となり、翌年八月には山県に加え、伊地知正治《いじちまさはる》左院議長、黒田清隆開拓使長官も参議を兼任した（3－5参照）。大久保の年来の意向であった参議省卿兼任により、行政と立法を一体化した体制が発足したのである。

内務省の創設——「省庁のなかの省庁」の誕生と人材の一新

この政変のなかから、近代日本を代表する総合官庁が誕生した。内務省である。地方行政、警察行政、衛生行政、土木行政、社会政策など広汎な政策領域を包含した内務省は内政の基幹となり「省庁のなかの省庁」と称された。

内政を総合的に担う省庁を設置すべきという考えは、一八七二（明治五）年頃に左院で取り上げられたのち、留守政府でも江藤を中心に検討が進められていた。その背景には肥大化した大蔵省の権力を削ごうとする動きがあり、地方行政の統一を求める地方官の声がこれを後押しした。留守政府は地方行政、警察行政などを一元化した内務省の構想を練り上げたが、政情不安のため提起にいたらなかった。

政変後の新体制を担った大久保も、以前から内政を一元的に担う省庁の必要を認めていた。留守政府内に内政省設置論があることを知った大久保は、遣外使節の随員たちにアメリカ、イギリス、フランス、ロシアの内務行政を調査するよう命じ、情報を収集した。この知見をもとに構想がまとめられ、一八七三年一一月、政変後の新体制における柱として内務省が新設された。大蔵省にあった勧業、戸籍、駅逓、土木、地理の各寮に、司法省から警保寮、工部省から測量司を移管して六寮一司の大所帯である。大蔵省の分割、地方行政の統一という所期の目的を遥かに超える大きさであった。

これは征韓派の下野にともなう近衛軍人の大量辞職、徴兵制に対する士族の反発などによって治安の確保が必要となったこと、岩倉使節団が富国強兵を国策として持ち帰ったことから農工商の勧業政策を地方行政と合わせて行う必要が生じたことによる。これに対応して各府県にも庶務、勧業、租税、警保、学務、出納の六課が整備された。内務省は、国政を整え、民力を養い、全国に驥《き》足《そく》を伸ばす総合官庁として誕生した。

発足時の内務省では、大輔、少輔が空席であり、五人の大丞が各寮（局に相当）の長として大久保を支えた。局長級では林友幸《はやしともゆき》（土木頭）が山口藩、課長級では北代正臣《きたしろまさおみ》（庶務課長）が高知藩の出身である以外は藩閥出身者ではなく、旧幕臣と親藩出身者が中枢を占めた。いずれも実務経験に富んだ人材であり、実力主義の人事として注目された。政変によって多くの藩閥官僚が下野したことも、こうした人事を可能にした。

内務省の人事を特徴づけるのは、中央と地方で人材を環流させる仕組みである。発足時の幹部でも河瀬《かわせ》秀治《ひではる》（熊谷県令→勧業頭）、村田《むらた》氏寿《うじひさ》（敦賀県参事→警保頭）、北代（青森権令）、松平正直《まつだいらまさなお》（新潟県参事→主計課長）はいずれも地方官として治績をあげ、その経験を地方制度の整備統一に活用するための登用であった。

松平、新田義雄《にったよしお》（記録課長→香川権令）、武井守正《たけいもりまさ》（用度課長→福井県知事）はこののち再び地方官となり、特に松平は宮城県で一三年、熊本県で五年の長きにわたって知事を務めて殖産興業で実績を挙げ、次官として本省に復帰した。内務省はこのあとも中央と地方の人材環流を行うことで、政策立案の中枢に地方官の経験を供給し続けた。地方との密接な連携と実地での経験を政策に活かす構造が「内務省による統治」を支えていくこととなる。

内務省による改革は、府県の人事にも及ぶ。一八七四年の佐賀の乱鎮圧後、佐賀県庁では大規模な更迭人事が行われ、県令以下、幹部の大半を他府県出身者が占めることとなった。東北の「難治県」として知られた酒田県には、農民運動を契機に鹿児島藩出身の三島通庸《みしまみちつね》が県令に送り込まれ人事の刷新が行われた。

一八七六年八月、政府は満を持して、これまでの五九県を三五県とする大統合を実施した。統合によって地方行財政の規模を適正化することが表向きの理由であったが、より本質的には、旧藩の影響力と反政府の傾向が根強い難治県を廃することが目的であった。内務省が全国統一の地方行政を行うためには、府県をその号令のもとに従わせなければならない。難治県の存在はこれを阻害するものだった。この統合で佐賀県が長崎県に、鶴ヶ岡県が山形県に、鳥取県が島根県に、名東県（のちの徳島県）が高知県に合併されたのはその証左である。

二四県の廃止により地方長官も大幅な淘汰が行われ、小池《こいけ》（渡辺《わたなべ》）国武《くにたけ》（高島藩出身、一八四六年生。高知県令）ら新進の登用を進めたほか、三年を一期として治績を評価する方針が示された。廃藩置県から五年を経て急変緩和は終わりを告げ、内務省を中心とした能力重視の人事が施行されたのである。

大久保らによる一連の改革に通底するのは、意思決定を集約し、実施にあたる優秀な官僚を確保することである。出身にこだわらず全国から有能な人材を登用していくことは、富国強兵策を進めるうえで欠かせない。大久保はイギリスを訪れた際に、議会政治で知られるイギリスを支えているのは優秀で安定した官僚機構であることを理解し、このことに深い感銘を覚えた。突出した政治家だけでなく、堅実な知識、技術を持った官僚が登用され、両者の協働関係を築いていくことが、この改革の本旨であった。

三傑没後の勢力均衡と分担管理

新政府による改革は、旧体制の残る地方にとってあまりに急激なものであり、各地で反感が燻《くすぶ》っていた。明治六年の政変で有力参議が下野すると、彼らの政治的不満と地方の不満が結びつき、佐賀の乱にはじまる士族反乱と民撰議院設立建白に代表される国会開設運動が起こった。一八七七（明治一〇）年、西南戦争が政府の勝利に帰したことで手段は武力から言論へと移り、国会開設を求める自由民権運動が全国で展開していく。

国会開設が必要であることは政府も認めていた。明治初年から議政の充実を主張してきた木戸らの意向を容れ、一八七五年四月に漸次《ぜんじ》立憲政体樹立《りっけんせいたいじゅりつ》の詔《みことのり》が発布され「立法の源を広め」る元老院と、「審判の権を鞏《かた》く」する大審院《だいしんいん》、「民情を通じ公益を図」る地方官会議が新設された。限定的ではあるが三権分立が実現し、地方からの意見を取り入れる公議の構造が再び日の目を見た。

なお、これに合わせて右院と左院は廃止される。二年後には正院も廃止され、左右大臣と参議の会合が「内閣」と称され、機能的な合議と決定が行われていった。体制はひとまず安定した。

体制が再び大きく動揺するのは、六年後の一八八一年のことである。一八七七年に木戸が病没、西郷が戦陣に散り、一八七八年に大久保が凶刃《きょうじん》に倒れたことで、明治政府の陣容は大きく変わっていた。

一八八一年秋の太政官人事は、3－6のようになっていた。大久保が導入した参議と省卿の兼任が前年の二月に解かれたため、参議専任の者、参議・省卿兼任の者、省卿専任の者が入り交じっている。正院内閣における調整の余裕を確保し、政権の安定を重視するなら、必要以上に参議が各省の意向に縛られることは避けるべきというのが兼任制解除の理由であった。

参議と省卿の兼任を解くに当たっては新たな仕組みが施された。兼任制の解除に合わせて太政官に外務、内務、会計、軍事、司法、法制の六部が設置され、参議たちはそれぞれ自らの影響下にある分野を担当した。大蔵卿の佐野常民《さのつねたみ》は同郷の大隈参議、司法卿の田中は前任

地方官	
府	県
知事	令
権知事	権令
参事	参事
権参事	権参事

司法省	文部省	工部省	宮内省	開拓使
卿	卿	卿	卿	長官
田中不二麿（士・名古屋）	福岡孝弟（士・高知）	山尾庸三（士・山口）	徳大寺実則（公）	黒田清隆*（士・鹿児島）
大輔	大輔	大輔	大輔	次官
細川潤次郎（士・高知）	（空席）	吉井友実（士・鹿児島）	杉孫七郎（士・山口）	（空席）
少輔	少輔	少輔	少輔	
岸良兼養（士・鹿児島）	九鬼隆一（士・綾部）	（空席）	山岡高歩（士・幕臣）	

3－6　明治一四年政変直前の太政官の構造と人事
1881（明治14）年10月

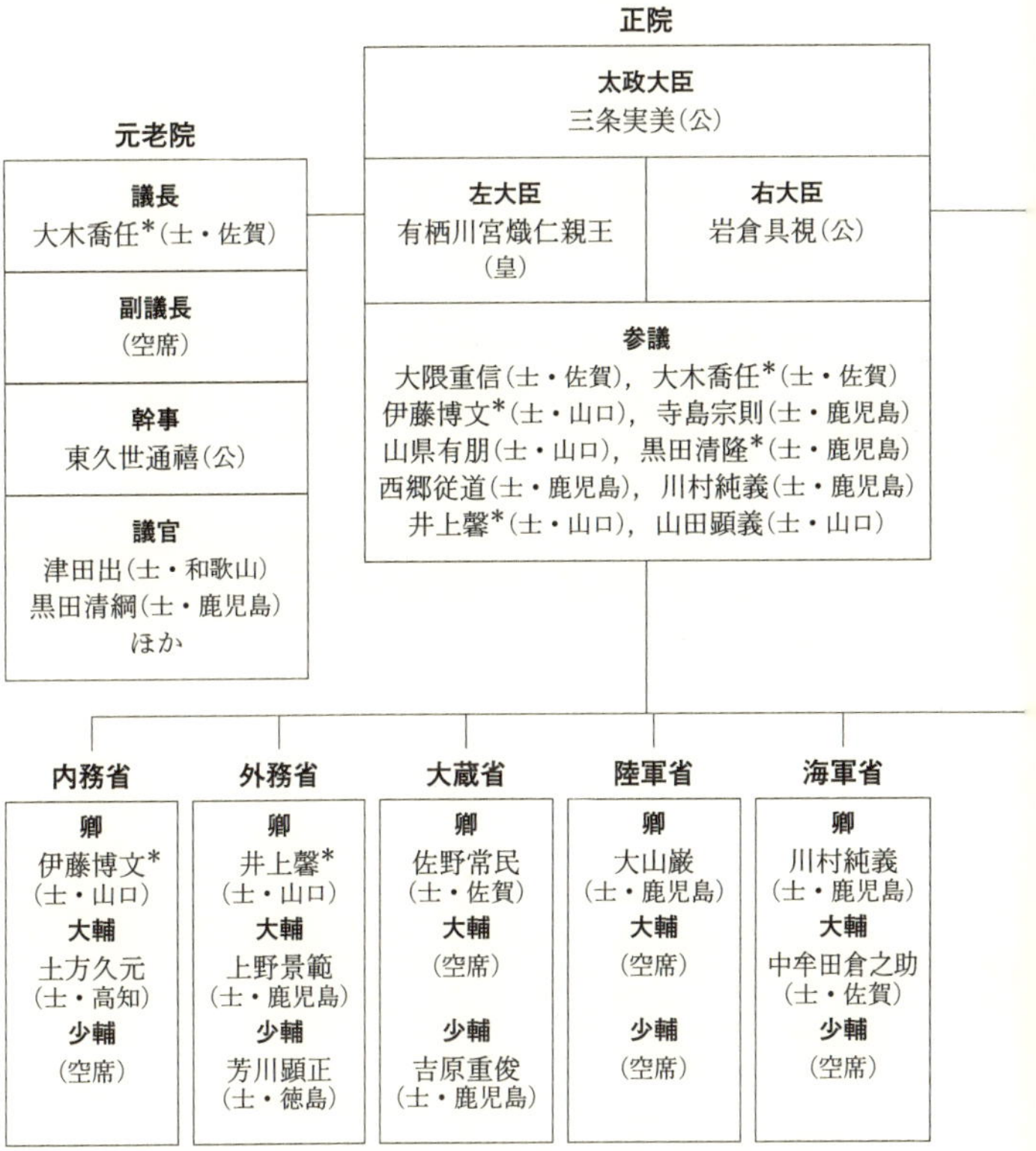

註：1）＊は省卿などと参議の兼任．2）皇は皇族，公は公家，侯は諸侯，士は士族の略
出所：金井之恭校訂『明治史料 顕要職務補任録』上・下（成章堂，1902年）を基に筆者作成

の大木参議の推薦といったように、省卿は担当参議の推薦で任命され、実質的には担当参議による支配が継承された。

この時期の人事で重視されたのは、勢力の均衡と分担管理の徹底であった。とりわけ、福岡孝弟文部卿、河野敏鎌《こうのとがま》農商務卿、土方久元《ひじかたひさもと》内務大輔、細川潤次郎《ほそかわじゅんじろう》司法大輔らの積極的な登用は土佐派への懐柔策であった。

もっとも、彼らは既存の参議とは異なり、いずれも専門から遠い分野に充てられた。司法・法制に造詣の深い福岡は文部に、教育政策に通じた細川は司法に、警察・司法の経歴を持つ河野は農商務といった具合である。彼らが卿となった省では大輔、少輔に同省出身の実務官僚が充てられ、実権を握った。名を与えて実を取るかたちで、政権の安定は確保されていた。

勢力の均衡が重視されたのは、大久保没後の明治政府に突出した政治家がいなかったこと、政府外からの攻勢に対して団結が求められたことがある。三条と岩倉は調整の立場にあり、自ら率先して政策を進めるタイプではない。維新官僚の先頭に立つ大隈と伊藤は専門官僚としては群を抜いているもののまだ若く、その政治力は限られていた。外に条約改正があり、内に民権運動を抱える政府にとって、集団指導体制によって力の均衡をとり、安定的に政府を運営していくことが至上命題であった。

明治一四年の政変——統治構造をめぐる路線対立

この均衡が崩れるきっかけもまた財政問題と政体論であった。大久保没後、政府の財政を担ってきたのは大隈である。大隈は積極財政を展開して各省の求める予算に可能な限り応じていた。明治六年の経験に照らせば、こうした対応も政権を安定的に運営するためには必要であった。

積極財政の継続は、西南戦争の軍費調達のため紙幣が増刷されたこととあいまって深刻なインフレを招き、民権派のみならず、政府内からも批判が高まった。先に見た参議省卿兼任制の中止は、大隈を大蔵卿から外して緊縮財政へ転換を図ろうとした伊藤と井上による窮余の策であった。しかし、これは積極財政を支持する薩派に阻まれ、太政官会計部は大隈と伊藤の担当、大蔵卿には大隈の同郷である佐野が任じられるという妥協にとどまった。

財政への対応は泥縄式となる。大隈は外債募集による資金確保と財政構造改革による支出抑制を図るが、前者は国外から借財をすることへの反対で、後者は積極財政に慣れた各省の反発にあい失敗に終わった。大隈財政は完全に暗礁に乗り上げる。もっともこれは、大隈の失敗というよりも反発を恐れて調整を放棄してきた明治政府の構造的問題が噴出したものであった。

この頃、国会開設運動の高まりをみた政府は、左大臣有栖川宮熾仁親王の名において各参議に国会開設について意見書を提出するよう命じていた。この意見書が財政問題をめぐる対立を政局とすることになる。

口火を切ったのは黒田清隆である。一八八〇（明治一三）年二月、黒田は、積極財政によって新規雇用を創出すれば民権派を抑制でき、国会開設も急ぐ必要がなくなるとして、積極財政への復帰と国会開設の時期尚早を主張した。これに対して、七月には緊縮財政を主張する井上が、積極財政が失敗している現状を批判して、国会の早期開設を打ち出した。ここまでは明治六年政変以来の路線対立の繰り返しである。

だが、事態は政権崩壊の危機へと急展開を見せる。主役となったのは財政の当事者たる大隈である。大隈は太政官会計部を伊藤と共担したのちは、緊縮財政への転換、農商務省の創設、工場の払い下げなど、国会開設に向けた機構改革を着実に進めていた。一二月には伊藤から漸進的な立憲政体樹立を論ずる意見書が出され、大隈、伊藤、井上による緊縮財政と漸進的な国会開設という枠組みが組み上がったと見られていた。ほどなく、大隈は立憲政体方針を協議する責任者に任じられた。

ところが、当の大隈はなかなか意見書を出さずにいた。度重なる催促を受けて、ようやく密奏という非公開のかたちで提出したのは翌一八八一年三月のことである。それは、年内に憲法を制定し、翌年末には国会議員の選挙を行い、二年後には国会を開くこと、新内閣の組織は政策で一致した者が集まる政党を母体に政党内閣制の採用を求める、急進的な国会開設論であった。

現政権の実質的な最高実力者が、周囲が予想もしなかった改革論を示したことで、政府は大きく動揺する。もとより大隈の意図は、指導力のある政権を構築することにあった。国会開設により伊藤、井上ら長州系との協力関係を維持しながら、公債の募集によって財源を確保して再び積極財政に転じれば薩派からも支持を得られるというのが大隈の目論見であった。財政論と国会論というふたつの政治課題と、長州と薩摩というふたつの政治勢力の均衡点を見出すことで閉塞状況を一挙に打破し、自らのもとに指導力のある政権を構築しようとしたのである。

しかし、それだけに反発も大きかった。とりわけ二年後に国会を開設し、政党を基礎とした内閣制を導入するという内容は既存勢力の否定と捉えられるものであり、これまで新旧勢力の調整に腐心してきた岩倉たちにとっても受け入れがたいものであった。くわえて、大隈の周辺には福沢諭吉に連なる新進官僚や知識人があり、彼らが議院内閣制の導入による政権交代を企図していたことから、既存の藩閥政治家たちに、大隈が福沢と組んで政権を独占するのではないかとの警戒心を抱かせた。

彼らの警戒心は巧みに編みあわされ、対立は政変に変わっていった。これを演出したのは井上毅である。岩倉使節団でプロイセン憲法に出会った井上は、イギリスモデルに近い大隈の政党内閣論に対抗するものとしてプロイセンモデルの立憲君主制を位置づけ、その導入に向けた根回しを進めた。岩倉、伊藤を説き伏せて大隈包囲網が形成されると、イギリスモデルを信奉していた井上馨や国会開設時期尚早を唱えていた薩派までもが比較的漸進的なプロイセンモデルの支持にまわった。これで大勢は決した。

一〇月一一日、大隈とその周辺にあった官僚たちは政府を追われた。明治一四年の政変である。翌一二日、一八九〇年の国会開設を宣言した勅諭が発せられ、立憲政体樹立に向けたカウントダウンがはじまった。

議院内閣制の没落

大隈たちの動きはいささか秘密主義に過ぎ、性急であった。本来は立憲制度導入の中心となるはずだった彼らが強い反発にあったことの一因はそこにあった。

そもそも、議院内閣制の支持者が参照したアルフュース・トッドによる *On Parliamentary Government in England*（『英国議院政治論』）は、左大臣である有栖川宮から大隈に立憲制度調査の参考として与えられたものであった。大隈はこれを矢野文雄《やのふみお》（大分県出身、一八五一年生。太政官大書記官兼統計院幹事）や尾崎行雄《おざきゆきお》（神奈川県出身、一八五八年生。統計院権少書記官）といった新進官僚に翻訳させ、彼らの論理の基盤とした。国会開設に積極的であった井上馨も政変まではイギリスモデルを念頭に動いており、イギリスモデルの政党内閣制は既定の路線であった。これが政変によって急進派のレッテルを貼られ、漸進的な装いをまとったプロイセンモデルの立憲君主制に取って代わられたのである。

この交代は近代日本政治に大きな課題を残した。国会を開設すれば、それは徴税議会としての機能を持ち財政をめぐる議論が中心となる。その際に政府が意思を十分に発揮して政策を展開できるかは、ひとえに議会との関係による。在野の民党が政府を「有司専制」と批判する状況で国会が開かれれば、政府は早晩立ちゆかなくなる。

議院内閣制は、政府と議会の対立を克服するための制度である。大隈は多数党の党首が首相となり、立法と行政を掌握した「庶政一源」の政府を樹立することを考えていた。財政を預かる大隈としては、議会の存在があるなかで増税や外債募集を行い、積極政策の財源を確保していくには、議会多数派が政権を握ることが合理的であったのである。もちろん、多数党を組織するのは政府の政治家であり、大隈であった。

これを実現するためには本来丁寧な説明と丹念な根回し、慎重な遂行が必要であった。大隈がなかなか意見書を提出せず、最終的に密奏という手段を取った理由はこの点にあったと考えられる。しかし、その慎重さは秘密主義と映り、かえって仇となった。

議会重視の姿勢を示した大隈意見書であったが、それは民党からも支持されなかった。板垣ら自由党は、先に議会を開設して、議会が憲法を制定すべきと主張していた。これに対して大隈たちは、現政権が憲法を制定し、そのうえで議会を開く手順を予定していた。民党からすれば、この意見書は既存勢力が自らの権限を温存するために出した自家撞着の改革案と映った。政府から見れば急進的に過ぎ、民党から見れば微温的に過ぎる大隈の動きは、そのいずれからも支持を得ることができず退場し、それとともに議院内閣制も政治闘争のはざまで葬り去られることとなったのである。

もっとも、大隈案を葬ってプロイセンモデルの立憲君主制が現状の日本には適合的であると判断した岩倉らも、「後日の余地を為すに若《し》かず」として、イギリスモデルの議会政治に含みを残した。政府と議会の関係という統治構造の根本問題をどう扱うかは、憲法制定とその後の運用に託されることとなる。

政党官と永久官——政権交代を織り込んだ制度設計

国会の早期開設と政党内閣制の導入ばかりが注目される大隈の意見書であるが、実はそれ以外にも、政権の中枢にあり維新官僚として行政にも通じていた大隈ならではの制度設計がちりばめられていた。なかでも、政権と官僚機構の関係について論じた「第三　政党官と永久官を分別する事」は、政権と官僚の関係を考えるうえで示唆に富んでいる。

政党を基礎とする内閣が指導力を持って政権を運営するためには、行政を掌握する必要がある。大隈は、参議、省卿輔から局長までは、議席を有する政党人を充てる政治任用職、つまり「政党官」にすべきと論じた。大臣（参議）・長官（卿）はもちろんのこと、次官（輔）や局長といった行政実務に当たる官僚も政権と進退をともにするべきという考えである。イギリスでは事務次官以下は政権交代の影響を受けないのが原則であり、大隈たちの構想が単なるイギリスの引き写しではないことがわかる。

それは、現状の明治政府のありようを反映したものであった。維新から一四年を経て各省には専門官僚が充実しつつあった。小村や鳩山、古市が留学から戻ったのもこの頃である。維新官僚たちが参議、省卿を占めるようになり、彼らはそれぞれ専門分野を持ち各省と密接につながっていた。省卿を補佐する大輔、少輔には、彼らと関係の深い官僚が選ばれるようになっており、ここは一蓮托生であった。

他方、行政の専門化が進んだことで、局長はより専門性に富んだ人材が配置され、彼らは高い自律性を持って行動した。この結果、本質的な決定権は省卿から局長に移りつつあるのが各省の実態であった。こうした現状から大隈たちは、政党内閣の実を上げるには、局長級までを一体とした政権運営を行う必要があると考えていたのだ。

各省幹部を「政党官」として政権との一体性を高める一方で、彼らは自らの歩んできた専門官僚としての道も忘れていなかった。官僚はその専門知識に従って行政を行い、思うところを進言することに存在意義がある。そのため、局長未満の官僚は終身の「永久官」として身分を保障する代わりに議員との兼職を禁じ、政党や政権交代の影響の外に置くことが主張された。闊達《かったつ》な議論を行うことは五ヵ条の御誓文の趣旨に適い、身分を保障することは行政の連続性を担保するものであった。

大隈意見書が描いた政権構造は首相から大臣、次官、局長までを一体として形成されるものであった。官僚は各省で専門性を発揮し、局長に達するところで政治家としての道を歩むか、専門官僚として生きるかを選択する。こうして供給されてくる人材が、政党で、各省で、政党政治による統治を支える。大隈の描く構造は、きわめて現実的であった。

もっとも、どこまでが政治の領域であり、どこからが行政の領域であるのかという線引きに絶対はない。時代により、人により、政策によりそれは変化する。この政務と事務の線引きは、以後、藩閥政治と政党政治が政権獲得競争を行う主戦場となる。官僚はこれに翻弄されながらも、時に競争の主体として近代日本を動かしていく。

明治一四年の政変は、安定を重視して変化を避けてきた大久保没後の明治政府に訪れた改革の契機であった。議院内閣制とイギリスモデルを掲げた大隈が去り、残された政治家たちはプロイセンモデルという限定のなかで、議会とは一定の距離を置いた新たな統治のあり方を描く課題を負うこととなった。

課題は、行政と立法の関係をどう構築するかにあった。政府は優秀な専門官僚によって構成される強い行政府をつくりあげ、後発してくる立法府と対峙することを考えはじめる。本格的な立憲制度の建設がはじまる。

4　内閣制度の創設――責任政治の模索

参事院――法令審査機関の創設

明治一四年の政変後、政府は参議による六部の担当制を廃して、参議と省卿の兼任を復活させた。重視されたのは、安定のなかで改革を進めることであった。新たに大蔵卿に就任した松方正義のもとデフレ政策が実施され、財政の緊縮と政治の協調による安定のもとで、立憲政体の導入に向けた準備がはじめられた。

一八八一（明治一四）年一〇月、国会開設の勅諭をうけて制度設計の担い手として参事院が新設された。法令の統一を進める観点から、政府、各省、元老院が提出する法案を事前に審査する権利を与えられた同院は今日の内閣法制局に連なる法令審査による総合調整によって改革を進める。視野に入りつつあった条約改正交渉に向けた準備とあいまって、本格的な制度の整備を担う機関が形成された。

人材もここに集中して投じられた。伊藤博文を議長に、井上毅、尾崎三良《おざきさぶろう》（京都府出身、一八四二年生。のち法制局長官）、安場保和（熊本藩出身）、伊東巳代治《いとうみよじ》（長崎県出身、一八五七年生。のち内閣書記官長、農商務相）、大森鍾一《おおもりしょういち》（静岡藩出身、一八五六年生。のち内務総務長官、京都府知事）、清浦奎吾《きようらけいご》（熊本県出身、一八五〇年生。のち法相、内相、首相）、周布公平《すふこうへい》（山口藩出身、一八五一年生。のち神奈川県知事）ら法制に通じた新進の官僚が集められた。洋行経験者だけでなく、日田《ひた》の咸宜園《かんぎえん》で塾頭を務めた清浦など、漢学、国学に通じた官僚たちも集められたことからは、やみくもに西洋流に迎合するのではなく、長短を選択した制度設計を行う意図を読み取ることができる。

参事院はまず、複雑化した行政機構と法令様式の統一に着手した。一一月には、これまで省卿・大輔・少輔の権限規程が各省ごとにバラバラであったものを改め、統一規程として諸省事務章程を制定、公布した。ここで初めて、省卿に輔弼《ほひつ》と執行の責任があることが明文化された。法令の様式についても、法律規則は布告として、各省の条規は布達として発布することが定められた。以後、参事院は法制を通じた総合調整機能を発揮し、改革の頭脳として動いていく。

憲法調査団の出発

国内の基盤整備を進める一方で、一八八二（明治一五）年、政府は伊藤博文を長とする憲法調査団を欧州に派遣する。伊藤のもと、伊東巳代治、河島醇《かわしまあつし》（鹿児島藩出身、一八四七年生。ドイツ留学、大蔵権大書記官、のち衆議院議員、北海道庁長官）、三好退蔵《みよしたいぞう》（秋月藩出身、一八四五年生。司法書記官。のち大審院長）、山崎直胤《やまざきなおたね》（中津藩出身、一八五二年生。フランス留学、太政官大書記官。のち内務省県治局長）、吉田正春《よしだまさはる》（高知藩出身、一八五二年生。外務少書記官）にくわえ、岩倉使節団に参加した平田東助（大蔵少書記官）に白羽の矢が立った。

一般に憲法調査とされる伊藤の渡航であるが、調査項目は実に三一に及ぶ広汎なものであり、「欧州各立憲君治国の憲法に就《つ》き其淵源《そのえんげん》を尋ね、其沿革を考え、其現行の実況を視、利害得失の在る所を研究すべき事」と、憲法にとどまらず広く統治全般を調査し、日本での施行に必要な知識と理解を獲得することが目的とされていた。対象もまたプロイセンにとどまらず、立憲主義を採用する各国に及んだ。プロイセンモデルを軸としつつも、より多様な立憲主義国家の経験を吸収しようという柔軟性に富んだ調査が行われる。

それだけに、伊藤は強い焦燥感を持っていた。前年冬には板垣らが自由党を創立し、伊藤が欧州に出発した翌月には大隈たちが立憲改進党を結成している。大隈たちは東京専門学校（のちの早稲田大学）を創立し、人材養成にも着手した。議会が開かれれば、それらの人材が大挙して立候補し議場で活躍することは想像に難くない。伊藤たちは、それまでに彼らの批判を受け止められる政府をつくりあげなければならない。重圧を一身に背負った伊藤は、渡欧前、酒に溺れたという。

それは、彼が専門官僚から政治家となっていたことの証左でもあった。改進党の大隈―福沢―小《お》野《の》梓《あずさ》、自由党系の板垣―植木《うえき》枝《え》盛《もり》、中江兆民、政府内の岩倉―井上毅という三つの立憲政体論に対しながら、それらを凌駕する知見を身につけなければ帰国できない。想像しがたい重圧ではあるが、再び現地で深い洞察を身につければ、政治家として比類ない地位が約束される絶好の機会でもあった。井上毅ではなく、自らが見出した伊東巳代治を同行したことも、そうした伊藤の気概を伝えている。

国家建設と官僚育成――解釈学から実学へ

伊藤はドイツ（三ヵ月）、オーストリア（三ヵ月）、再びドイツ（三ヵ月）、イギリス（二ヵ月）、ロシア（一ヵ月）と、欧州を縦横に駆け巡った。この間、ベルギーには山崎直胤を、フランスでは西園寺公望をして別途調査に当たらせている。

伊藤の師となったのは、かつて平田が学んだベルリン大学のグナイストとその弟子であるアルバート・モッセ、ウィーン大学のローレンツ・フォン・シュタインである。ロンドンではハーバート・スペンサーの講義も聴いたという。

調査項目は、内閣の組織、職権、責任、内閣と議院の関係など包括的なものから、議員選挙法、法律と規則の分界、各省の組織および権限など具体的なものにまで及んでいた。伊藤は特にシュタインから強く影響を受け、立憲制の趣旨を君主、議会、行政の均衡に求める国家有機体論を学んだ。

シュタインは、国民の政治参加により国家の意思形成を図る憲政の樹立と、その意思を実現するために必要な行政の確立を説いた。そのために彼が強調したのは、専門官僚の育成を体系的に行うことと、統治の学問として国家学を樹立することであった。ドイツの大学では解釈学が幅を利かせて実学がなく、その結果、解釈にばかりこだわる受動的な官僚が生産され続けているという問題意識がシュタインにはあった。

社会との関係を理解し、社会のなかで公益を実現することが政策である。そのためには国家学を創造し、それをもとに能動的に活動する官僚を生み出さなければならない。後発国として立憲政体を導入することの利点は、先発国の欠陥を踏まえた制度設計をできることにある。日本はプロイセンの失敗を乗り越えなければならない。シュタインの講義は熱を帯びた。

この問題は官僚の採用とも深くかかわってくる。徴士制度で人材を集め、大学南校で人材の育成に力を入れてきた明治政府であったが、諸藩からの勢力が定着するにつれて旧知縁故の人脈を頼った情実人事が横行し、無能な官僚が大量に政府に寄生していた。非効率で不公正な人事は批判の的となり、民権派は試験任用制の導入を主張していた。

シュタインと伊藤は官僚制度について、どのような議論をしたのだろうか。シュタインは行政権について論じるなかで、高官については君主が自らの股肱《ここう》の臣を登用できる権利を残しつつ、事務官は一定の教育を受け、試験に合格した者を用いるべきと説いた。ここから勅任官（自由任用）、奏任官（試験任用）という近代日本官僚制の原型が編み出されていく。

一八八三（明治一六）年八月、伊藤は、内閣制度、省庁機構、官吏制度を軸とした統治機構の整備方針を固めて帰国する。そこには焦燥感に苛《さいな》まれていたかつての伊藤の姿はなく、欧州諸国の立憲政治の実情を見聞した事実とシュタインとの議論から得た見識で、民権派も政府内保守派も論破する自信をつけた彼がいた。

ドイツ学は国内各所で隆盛を迎えた。東京大学では文学部と理学部でドイツ語が必修とされ、ドイツから招かれたカール・ラートゲンが文学部で行政学、政治学の講義をはじめた。

政府でも、すでに招聘されていたヘルマン・ロェスラーに加えて、カール・ルードルフらプロイセン官僚が政府顧問として来日し、諮問に応じて法案作成などに貢献した。

本格化した制度整備を支えたのは井上毅、伊東巳代治、岩倉具定《いわくらともさだ》、荒川邦蔵《あらかわくにぞう》（山口藩出身、一八五二年生。のち内務省県治局長）、渡辺廉吉《わたなべれんきち》（長岡藩出身、一八五二年生）、山脇玄《やまわきげん》（金沢藩出身、一八四九年生。のち行政裁判所長官）、牧野伸顕、金子堅太郎ら洋行経験者を主とする専門官僚たちであった。彼らは一八八四年三月に新設された制度取調局《せいどとりしらべきょく》に集められ、伊藤局長のもとで全力を傾注して立憲政体をつくりあげていく。荒川、渡辺、山脇は大学東校・南校からドイツ、オーストリアに留学、牧野、金子は岩倉使節団に随行してアメリカに留学したのち、国内で法制の実務官僚として力をつけた人材である。明治初期における多様な人材養成が実を結び、制度設計も彼らの知見を活かすかたちで行われた。

内閣制度へ――責任政治の実現へ

立憲政体を担う統治機構としてまず具体化されたのは内閣制度である。太政大臣、左大臣、右大臣のもとに参議が置かれる太政官内閣は、立憲君主制には適合的ではなかった。君主を補佐する大臣たちが政務に疎《うと》く、実際の政務を担う参議は直接に君主に助言できない矛盾した構造であったからである。これでは責任政治を行うことはできない。右大臣として閣内の調整に尽力してきた岩倉具視が一八八三（明治一六）年に没すると、改革の必要性はより切迫したものとなった。

一八八五年一二月二二日、政府は太政官制を廃し、総理大臣を長とする内閣制度を発足させた。これによって総理大臣と各省の長官からなる国務大臣が、天皇の親臨のもとで国政を運営する責任政治体制が形成されることになる。

内閣の頂点に立つ総理大臣には、総合調整を行うためにきわめて大きな権限が与えられた。内閣の首班として天皇への奏上を行い、国政の方向を定めて行政全体を統督する、いわゆる大宰相主義である。その規定が「内閣職権」と称されたことも、その権限の強さを物語っている。

総理大臣の統督権は形式上のものではなかった。なにより、すべての法令に総理大臣の副署が必要とされ、総理大臣の承認を得ずに法令を発することは事実上できなくなった。太政大臣、左右大臣が調整や執行に有効な権限を持っていなかったことに較べて、その差は絶大である。

そもそも太政大臣は歴史的に名誉職としての色彩が濃く、維新以後、この職を務めた三条もこの伝統を受け継いでいた。その意味において内閣職権に規定された「大政の方向を指示し行政各部を統督」するという総理大臣権能は、古代から続いた日本政治の伝統を塗り替えるものであり、立憲政体の発足に相応しいものであった。そして、総理大臣には制度の起草者である伊藤博文が就任した。

他方で、各省の大臣は省卿から留任が多数を占め、異動は海軍、農商務、文部、逓信にとどめられた（3－7参照）。海相の西郷従道《さいごうつぐみち》は農商務卿からの横滑りであるから、新任は文部の森有礼《もりありのり》、農商務の谷干城《たにたてき》、逓信の榎本武揚の三名である。次官（制度改革前は大輔）も同様の措置が取られ、司法大輔の岩村通俊《いわむらみちとし》が北海道庁長官に転じた以外は、各省の筆頭官僚が次官となった。

目的は明らかである。制度改革を進め、来るべき国会での審議に対応するためには、やみくもに異動を行わず、政務に精通した大臣と政府委員を育てなければならない。伊藤が憲法調査から帰国した一八八三年から第一次山県有朋内閣が退陣する九一年五月まで、内務は山県（七年半）、大蔵は松方（一〇年一〇ヵ月、延べ一五年半）、陸軍は大山（一一年三ヵ月、延べ一五年四ヵ月）、海軍は西郷（内相への異動をはさんで一〇年二ヵ月）、司法は山田（七年半）と、いずれも一人の大臣が長期にわたって在任した。

以後、軍部大臣を別にすれば、戦前に五年以上同一の大臣職にあった者はない。この五大臣のもと、各省の治世は安定し、改革は順調に進んだ。それだけに、彼らはそれぞれの省に深く浸透し、官僚閥が形成される端緒ともなる。

変化の波にさらされたのは宮中であった。長く太政大臣の職にあった三条は宮中の事務専任の内大臣となり、宮内卿は内閣制度発足に先立って徳大寺実則から伊藤に交代していた。天皇の内閣親臨、宮中・府中の別によって、宮中勢力の政治に対する影響力は抑えられた。

これも責任政治の実現に向けた布石であった。

閣僚たちだけでは、責任政治を実現することはできない。内閣が自ら調査立案の能力を持ち能動的に調整を行うためには、補佐機構の充実が欠かせなかった。太政官内閣にも書記官室があったが、会議の運営・記録・文書管理を担当する事務的な機能にとどまっていた。

このため政府は内閣制度の発足に合わせて法制局を創設する。太政官にあった参事院と、内閣にあった制度取調局を統合して内閣のもとに置き、各省が提出する法案に対して法令統一の立場から審査を行うのである。内閣が主体となる重要政策については、法制局が調査と立案に当たった。

法令審査には、立憲政体の制度設計に携わってきた優秀な参事官たちが当たった。平田東助、山脇玄、牧野伸顕、曽禰荒助（フランス留学、のち大蔵大臣、韓国統監）と留学組の新進官僚が顔を揃えた。彼らが行う法令審査は、各省にとって議会にも劣らない関門となった。

その後、一八八九年に参事官兼任となった斯波淳六郎《しばじゅんろくろう》を皮切りに、穂積八束《ほづみやつか》、美濃部達吉《みのべたつきち》、一木喜徳郎《いっききとくろう》ら帝国大学法科大学教授が法制局の参事官を兼任し、実務面での支援にくわえて法制局の権威を高めることに貢献した。法制局はその後も官僚のなかから優秀な人材を引き抜いて権威を確保していく。

法制局長官は閣内外に強い発言力を有し、法制整備を武器として時に政治的な調整も行った。調査と立案にくわえ、法令審査の能力を有したことで、閣議が総合調整の場として機能

地方官

府	県
知事	令
権知事	権令
参事	参事
権参事	権参事

宮中

内大臣	**宮内大臣**
三条実美（公）	（兼）伊藤博文
侍従長	**宮内次官**
徳大寺実則（公）	吉井友実（士・鹿児島）

司法省	文部省	農商務省	逓信省
大臣	**大臣**	**大臣**	**大臣**
山田顕義*（士・山口）	森有礼*（士・鹿児島）	谷干城*（士・高知）	榎本武揚*（士・幕臣）
次官	**次官**	**次官**	**次官**
三好退蔵（士・秋月）	辻新次（士・松本）	吉田清成（士・鹿児島）	野村靖（士・山口）

3－7　**内閣制度発足直後の構造と人事　1886（明治19）年3月**

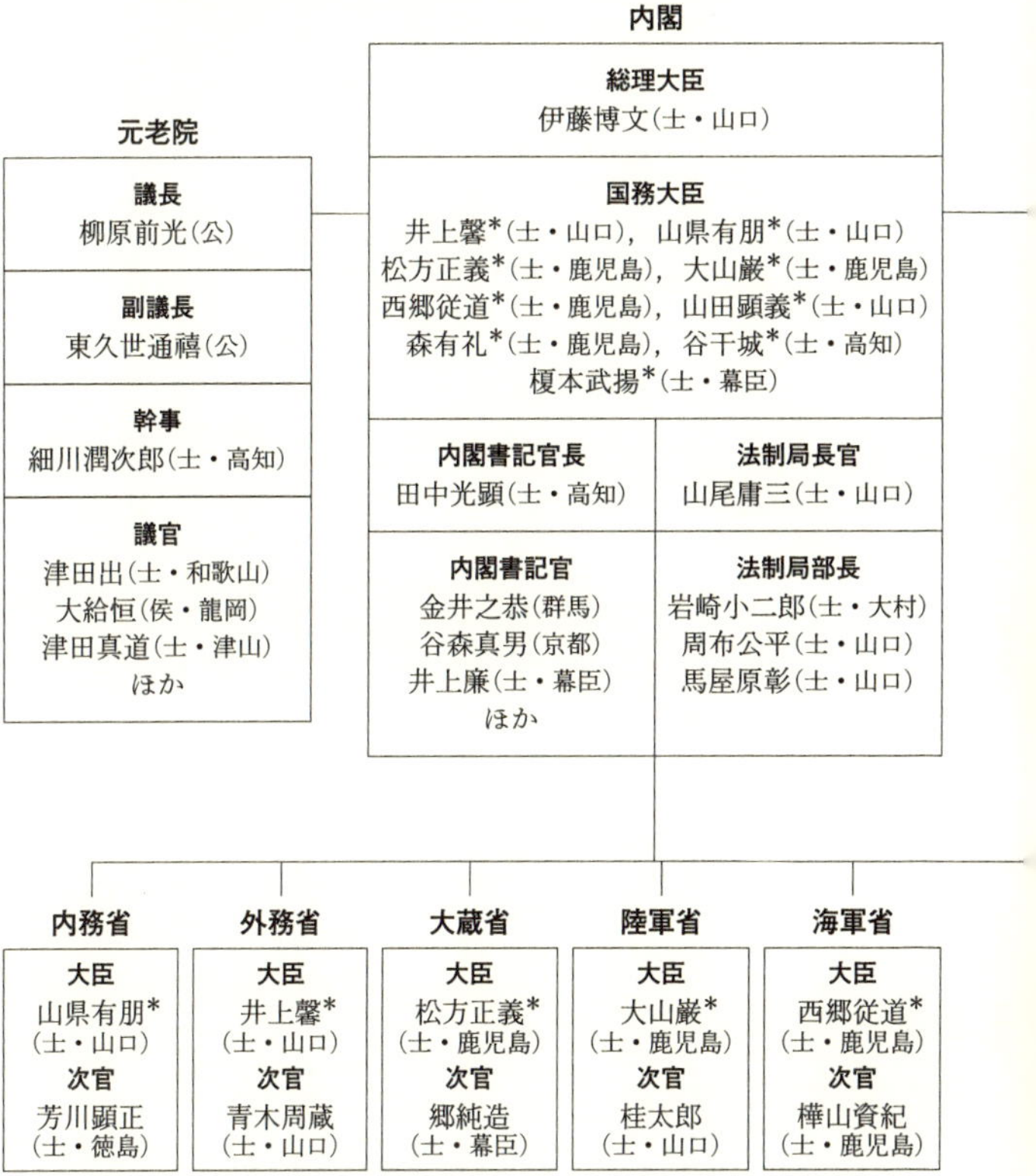

註：1）＊は国務大臣と各省大臣の兼任．2）皇は皇族，公は公家，侯は諸侯，士は士族の略

出所：金井之恭校訂『明治史料 顕要職務補任録』上・下（成章堂，1902年）を基に筆者作成

する体制が整った。

大次官の誕生――政務代理と事務統括

内閣制度に続いて官僚機構が整備された。伊藤は内閣制度を創設すると同時に、官僚機構整備の基準となる「官紀五章」を各省に示した。一八八六（明治一九）年一月には臨時官制審査委員会が設置され、井上毅、伊藤博文、金子堅太郎らを中心に同年夏までに近代日本官僚制の枠組みがつくられた。その五つとは、「官守を明にする事（各省の官制、つまり国家行政組織を統一する際の標準を示すこと）」「選叙《せんじょ》の事」「繁文《はんぶん》を省く事」「冗費を節する事」「規律を厳にする事」であった。同年二月には、次官、局長、課長、参事官、書記官という現在に通じる官職と、大臣官房、総務局、各局という部局の基本構成を定めた各省官制（勅令第二号）が公布された。

ここで次官の役割は大きいものとなった。各省官制は次官に二つの異なる性格を与えて、内閣と各省を結びつける設計を行っている。第一に、省内における大臣の代理人としての役割である。大臣の職掌のうち閣議への出席と省令の発布以外は次官に委任することが認められた。なかでも公文書への代理署名が認められたことは大きい。大臣と次官は一体として権限と責任を持つものと考えられるようになったからである。

第二に、事務の統括者としての位置づけである。各省次官は必ず総務局長を兼任することが定められている。総務局は文書課、往復課、記録課、報告課を有し「省務の全部を統括」する省庁の中枢であり、総務局長は大臣のもとで「省務の全部を整理する」ことを職務としていた。

この二つの性格を合わせ持つことで、政務における代理人である次官に、事務の統括を行う権限が与えられた。かつて大隈重信が主張した政務と事務の区別を退け、総務局長を兼ねる大次官によって、内閣と各省が結びつけられたのである。この結果、閣議の地ならしとして次官会議が重要な位置を得ていくこととなる。

公文式——法令体系の確立

行政組織を統一するだけでは、統治機構の整備は道半ばである。御一新ののち、政府は必要に応じてさまざまな法令、通達を出してきた。二〇年の月日を経て、それらは相互に絡み合い、専門官僚ですら実態をつかめないほど複雑になっていた。くわえて、地方ではその土地の実状に合わせた慣習が積み上がっていた。この結果、法令が出されるごとに疑問が百出し、地方から各省へ、各省から太政官に問い合わせが殺到し、法令の解釈が定まるまで一年を要す有様となっていた。これでは改革は進むべくもない。

国立国会図書館が提供する『日本法令索引〔明治前期編〕』によれば、太政官後期には毎年二〇〇〇件ほどの法令が発布されている。問い合わせに対応する各省の負担は想像に絶する。

法令体系の未整備を人員で賄う非効率が生じており、抜本的な改善が必要となっていた。

一八八六（明治一九）年二月、勅令の第一号として政府文書の形式を統一する公文式《こうぶんしき》が発布され、元老院（のち帝国議会）の議論を経る法律、政府が定める勅令、総理大臣の発する閣令、各省大臣による省令、規則という体系が確立された。布告の方法も官報に統一されたほか、問い合わせを少なくするため法令に説明が付されることとなった。いずれも法による支配を安定的で効率的なものとする施策である。

＊　＊　＊

明治政府は、明治六年の政変、明治一四年の政変を超えて、整備された行政機構と涵養《かんよう》された議会に立脚する立憲政体の構築を行った。制度の器は整った。

あとは中身を支える人材をどう育成し、採用し、活用していくかである。民権運動が高揚するなか、どのようにして国家学を構築し、全国の人材を政府に集めていくかが次の課題となった。大日本帝国憲法の制定、帝国議会の開設という制度設計のゴールと憲政運用のスタートを前に、その担い手を育むための施策が注目を浴びていく。

第四章　帝国憲法制定前後――高等教育の確立

1　学士官僚の誕生

第一九条の理念

内閣制度、公文式、各省官制の制定により行政機構を固めた政府は、一八九〇（明治二三）年七月に第一回衆議院議員総選挙を実施し、一一月、明治憲法の施行と合わせて帝国議会を開会した。近代日本は立憲国家としての歴史を刻みはじめる。

行政を整備し、そのうえで立法を構築するという伊藤博文とシュタインの戦略を実現するためには行政を担う専門官僚の育成が欠かせない。高い専門性と広い見識を持つ人材を獲得するのはもちろん、より大きな視点に立てば、官界の門戸を開くことによって行政を通じた国民の政治参加に道を開くことが重要であった。明治憲法は次のように規定している。

第一九条　日本臣民は法律命令の定むる所の資格に応じ、均しく文武官に任ぜられ及其他の公務に就くことを得

この条文は、身分や家格に縛られてきた時代の人々にとって、大きな意味を持つものであった。憲法の起草にあたった伊藤は、出自や門閥にかかわらず文武官（官僚、軍人）になることができるこの条文を「維新改革の美果」（『憲法義解』）と高唱し、伊東巳代治は官職の世襲が行政と人材育成に及ぼしてきた積年の弊害を除くものと評して「人材登用の門を開き、憲法は特にここにこれを確保」（『大日本帝国憲法衍義』）したことを書き残している。

学問を積めば、身分や出自にかかわらず官僚や軍人になることができる。官界の門戸開放は、五ヵ条の御誓文が掲げた「各其志を遂げ人心をして倦まざらしめん事を要す」と、福沢諭吉らが唱えた学問による立志立国を具体化した、維新の精神を象徴するものとなる。

政府を避ける大学生たち

改革の起点は、前章で触れた官紀五章の「選叙の事」、すなわち官僚の精選に置くことができる。情実任用の横行によって政府には不要の人材があふれ、非効率が生じていた。他方で、全国各地にいるはずの「成学の士」が見出されることなく行き場を失っていることが懸

念された。人材登用の制度を整備し、不要な人材を放逐し、有用な人材を集める途《みち》を開くことが求められていた。

帝国議会の開設が視野に入ってきたことで、政府による人材登用には別の意味も生まれてきた。それは民党との対抗関係のなかで、有能な青年たちを民党ではなく政府の側に引き寄せることである。民党には明治一四年の政変の際に大隈重信と進退をともにした若手の人材が多くあり、彼らを触媒に、優秀な青年たちが民党に吸い寄せられていた。

とりわけ、管轄下にあるはずの大学生たちが民党に参加しはじめたことは、政府を慌てさせた。貢進生の頃から学生たちは議論好きであったが、民権運動の影響からそれが演説熱に転じ、政談演説が盛んに行われるようになっていた。ここに明治一四年の政変が起こり、学生にも人気の高い大隈が追放されたことで、彼らの演説は政府批判に傾いた。

大隈たちはこの流れを見逃さず、小野梓を窓口に大学生に浸透していく。一八八二（明治一五）年に法学と政治学を専攻した一一名のうち、高田早苗《たかたさなえ》（東京府出身、以下同）、天野為《あまのため》之《ゆき》（長崎）、山田一郎《やまだいちろう》（広島）、岡山兼吉（東京）、砂川雄峻《すながわかつとし》（兵庫）、山田喜之助《やまだきのすけ》（大阪）の六名と、彼らの同志で文学部を中退した市島謙吉《いちしまけんきち》（新潟）が立憲改進党と東京専門学校の創設に参加する。当時、東京大学で政治学を担当していたアーネスト・フェノロサは、卒業式の演説で彼らの行為を裏切りとみなして強くなじったという。

これだけの人数が安定的な進路を選ばずに前途の見えない民党にくわわったのは、大隈たちの運動の魅力もさることながら、学生たちが藩閥中心の政府に大きな不信感を抱いていたからであった。彼らの動きをみて、政府は専門教育を受けた者に対しては、それに見合う職分と待遇で迎える必要があることを認識する。

もっとも、貢進生の進路からも明らかなように、明治初期の大学は新知識を身につけるアカデミアであり、学生たちは自らの関心の赴くままに学問を究めて学者となり、法学を身につけて弁護士（代言人）となり、蚕業《さんぎょう》の知識を得て勃興する実業界で身を立てていった。法学や政治学を学んだ者であっても、官僚は多様な進路のひとつに過ぎなかった。高田たちの一年前に法学部を首席で卒業した加藤高明（愛知県出身、一八六〇年生、八一年卒、のち首相）も、官僚とならず三菱を選んでいる。彼が外務省に転じるのは陸奥宗光と出会った六年後のことである。

自由にあふれた知の空間で過ごした学生たちが、藩閥が勢力を握る政府に入ることを選ばなかったのも道理である。この頃、鹿児島や山口など藩閥出身の学生が軒並み官僚となったのに対して、非藩閥出身で官僚となる者は少なかった。官途に就いた者もほとんどが藩閥の影響の薄い司法省を選んでいる。藩閥に支配された政府では非藩閥出身者の肩身は狭く、自由が利かない。こうした負の印象を払拭するためには、門戸を開くと同時に、選ばれた者だけが進むことのできる道として、官途を魅力的に見せる工夫が必要であった。

そのためには高等教育の地位を確立し、ここで専門能力を磨いた者だけが官途に就き、高い待遇と権限を持つことができる仕組みがなければならない。官紀五章は、専門教育を受けたものに対して試験を行い、年齢・性行・健全・才能を基準にして試験を実施する方針を掲げた。

帝国大学の創立——官僚養成機関の誕生

当時、官僚となるための専門教育は陸軍が士官学校で、海軍が兵学校で、司法省は法学校、技官は工部大学校といった具合に、各省がそれぞれに官立学校を開設して、別個に行っていた。この状態では専門性は身につけられるが、国家全体を見渡す視野を身につけることはできない。国家学の創設を唱える伊藤たちは改革の必要性を感じていた。

そのため打ち出されたのが、官僚の養成を主眼とする総合大学の設置である。官紀五章公布の翌日から、井上毅を中心に調整が行われ、一八八六（明治一九）年三月、公文式、各省官制に次ぐ勅令第三号として帝国大学令が公布され、旧東京大学に司法省法学校、工部大学校を合併した帝国大学が創立された。一八九〇年には東京農林学校を加え、法・医・工・文・理・農の六つの分科大学と大学院からなる総合大学が誕生した。

いうまでもなく、帝国大学は伊藤－シュタインが構想した国家学を育て、伝える場であった。このため、伊藤は組閣に際して森有礼を文相に抜擢していた。憲政調査の終盤、伊藤はロンドンで調査をまとめる過程で英国公使であった森に出会い、彼が外交官としての経験から説く国家教育論に共感した。森は思想が洋化主義に傾倒しすぎているとして保守派からの批判が強かったが、伊藤は森を文部省御用掛として召喚し、教育改革への布石を打っていた。

帝国大学は森文相のもと、文部省の管轄下に置かれる。くわえて総長には教育行政の経験のない渡辺洪基が東京府知事から転じ、世間を驚かせた。特に法科大学長は総長の兼任とされ、帝国大学、とりわけ法律学科と政治学科からなる法科大学は国家学を講じて行政官を養成する機関であることが示された。

帝国大学令がその目的として研究、教授にくわえて練習を挙げていることも象徴的である。法律学科では憲法からはじめて法理学まで、政治学科では国法学からはじめて財政学まで、行政官となる人材に法学、政治学、経済学を中心とした社会科学を構造的に習得させる段階的なカリキュラムが組まれた。

教授陣には留学経験のある日本人が揃いつつあった。法科大学では穂積陳重が初代教頭(のち学長)、鳩山和夫が教授(のち教頭)、工科大学では古市公威が初代学長を務めるなど、かつて貢進生として大学南校に集められた逸材が頂点に立ち、新大学の制度設計と後進の育成にあたった。彼らを留学させて外国人教授と入れ替えていくという政府の目論見は成功をみた。

大学教育の門戸拡大——定員の急増

最大の変化は大学の門戸を一挙に広げたことであろう。それまでの東京大学では、法学部、文学部の卒業生が年一〇名弱、全学部を合わせても五〇名程度とごく少人数に定員が限られていた。これに対し、帝国大学は一学年あたり八倍となる四〇〇名まで定員を増やし、なかでも法科大学に一五〇人を充てた。高等教育のありようは一変する。

もっとも、そのためには前提となる高等中学校（のちの高等学校）の整備が欠かせない。学資の問題もある。これまで大学に進んだ青年の多くは政府や府県、旧藩主から手当を得た士族の給費生であった。だが財政上の問題や廃藩置県の影響からこうした支援は細り、一八八五（明治一八）年には給費は全学生の一〇％にしか行き渡らなくなっていた。大学の財政も逼迫《ひっぱく》していた。

状況を認識して動いたのは渡辺総長であった。彼は卒業生の採用を予定している官庁や企業に対して、奨学金や寄附を求めた。有為の人材を得るための投資を募って歩いたのである。今日に残るいくつかの奨学金は官庁や企業の期待と、渡辺の熱意が生んだものであった。彼自身、かつては若くして福井から江戸に出て洋学を学んだ青年であった。学問による人材育成への想いは、人一倍強いものがあった。

大学は地方の青年にとって、大きな目標となっていく。地方の有力者たちも学校を整備し、旧藩などを母体に育英会を組織して、優秀な青年に学資を与えて進学させていった。支援の対象は士族にとどまらず、平民の青年にも広がった。才能をもって聞こえる生徒には個人で支援する者が現れ、時には婿に迎えて家を継がせることも見られるようになった。能力主義が浸透しはじめたのである。

なぜ地方の有力者たちは青年を大学へと送り出していったのだろうか。もちろん、彼らは篤志家であり、郷里から出た人材が活躍の場を広げていくのは誇りであった。それにくわえて、大学の門戸が開かれ官僚となる道が示されたことは、これまでごく限られた人々しか享受できなかった高等教育を受け、官僚として国政に参加できることを意味した。自由民権運動が立法を通じた政治参加の途であるように、官界の門戸が開かれたことは、行政を通じた政治参加の拡大であった。

試補制度の導入――官僚の採用

行政側の受け入れ体制も整備されていく。一八八七(明治二〇)年七月、官僚の採用について初めて体系的に定めた「文官試験試補及見習規則」(以下、試補規則)が公布された。

この規則は、伊藤－シュタインモデルに則《のっと》り、大学で専門教育を施し、政府が試験を行ったのち、試用期間を経て正式に採用されることを定めていた。高等官(キャリア採用)志望者は、高等試験を経て試補に、普通文官(ノンキャリア採用)志望者は普通試験を経て見習に採用され、三年の試用期間を経てそれぞれ奏任官、判任官に任じられる。ただし、すでに専門教育を通じて能力が確認されているという考えから、帝国大学卒業生(法科、文科)はいずれの試験も免除、私立法学校卒業生も普通試験は免除とされた。

専門教育、試験、試用を組み合わせた入念な養成と登用の体系である。民権派が強かった当時の新聞各紙も能力主義を徹底した制度として高く評価した。

この制度は、単に官界の入口を規定しただけでなく、二つの効果をもたらして立憲政治下の官僚制を機能させることとなった。

第一に、官界の新陳代謝である。明治初期、膨張する行政需要のなかで無軌道に採用された官僚たちの多くは、複雑となった近代行政国家では役に立たなくなっていた。内閣制度導入の際に主張された「行政の合理化」の主眼は、主としてこうした老朽《ろうきゅう》官吏の淘汰にあった。必要な能力の基準を示すことで、彼らを退場させ、新しい知識を持った官僚への入れ替えが進んでいった。一九〇〇年代にはほぼすべての高等官を大学卒業生が占めることとなった。

第二に、行政の連続性が担保されることとなった。大学卒業か試験合格という資格がなければ行政に入れない構造となったことで、官僚となれる人物は限定され、政権交代にともなう大規模な更迭を避ける仕組みが作られた。

これはアメリカの猟官制の弊害を知った伊藤が発意したものである。議会の開設によって政権交代が起こるようになれば、日本でも猟官制の恐れが生じる。なかでも行政の経験がない者が官職をほしいままにすることになれば、伊藤－シュタインモデルによる行政優位の構造を崩壊させることになりかねない。その弊害は明治一四年の政変以前の政府の経験として、伊藤たちが身をもって味わっていた。

試補試験の実施

では、試験はどのように行われたのだろうか。一八八八（明治二一）年に実施された第一回高等試験を例に見てみよう。

試験は、新設された文官試験局が担当した。局長は帝国大学総長である渡辺が兼任した。五月、同局は内閣を通じて各省に採用予定人数を照会し、七月一日に試験要綱を発表した。試験日は一〇月一日から、採用枠は司法官試補九三名、行政官試補二六名（内閣五、外務三、内務八、大蔵三、司法五、農商務二）である。要綱は官報で公告されたほか、高等試験の対象である明治法律学校（現、明治大学）、英吉利法律学校（翌年、東京法学院と改称、現、中央大学）、専修学校（現、専修大学）などの私立法学校や、普通試験の対象である高等中学校に通知された。

要綱の発表を受けて、志願者は履歴書と卒業証書などを揃えて出願する。初年度の試験出願者は四一名（行政官志望一九名、司法官志望二二名）であり、族籍で見ると華族一名、士族二五名、平民一五名と、士族が過半数であるものの、平民もいることがわかる。

第一関門となる筆記試験は、一〇月一日（月曜日）から八日まで、日曜日をはさんで七日間にわたって行われた。民法、訴訟法、刑法、治罪法（刑事手続）、商法、憲法、行政学、財政学、理財学、国際法の一〇科目が用意され、受験生は志望先が指定する科目を受験する。試験日の朝、受験生は八時三〇分に赤坂葵町《あおいちょう》に設けられた試験場に集められた。試験時間は九時から一二時までの三時間である。持込は不可であったが、試験室に置かれた法令全書や官報などの使用は認められた。

問題は日本語で出題され、理論の習得、現行法の理解、実務への応用能力があるか、それが早く正確であることを試験すると定められていた。たとえば行政学では、「英国内閣及各省組織の要領如何」「英国地方制度の要領如何」「英国においていかなる官吏は議員となり、いかなる官吏はなることを得ざるや」というように、内閣組織、地方制度、議会関係と政府が直面していた課題が取り上げられている。

各科目は一〇〇点満点で、採点は試験委員が自らあたった。全科目の平均で六〇点以上が合格とされたが、五〇点以下の科目が一つでもあると不合格となる。第一回高等試験の最高平均点は福島県士族の大内丑之助《おおうちうしのすけ》（のち判事、法制局参事官、関東都督府外事総長）の七五・一点であった。大内はのちにドイツに留学、後藤新平に重用されて台湾での旧慣調査や満鉄での調査事業で活躍する。

第一回の筆記試験を受験した三六名（司法官志望一九名、行政官志望一七名、辞退五名）中、司法官では一五名が合格したのに対し、行政官は全員が不合格となり、口述試験に進むことができなかった。行政官は思いのほか狭き門となった。

口述試験は一〇月二二日（月曜日）から二六日（金曜日）の五日間に分けて実施された。筆記試験と同様にその日の受験者が控室に集められ、順に面接室に通される。部屋に入ると文官試験局長をはじめとする全試験委員が並び、その前に着席すると彼らから次々と質問が繰り出される。これが三〇分から一時間続いて試験は終了となる。そして、各試験委員の採点を平均して合否が決定する。

およそ一ヵ月後の一一月二〇日、最終合格者が官報で発表された。合格者は九名（士族六名、平民三名）、すべて司法官である。もっともこの頃はまだ省間の異動が盛んであり、司法官として採用されたといっても農商務省を経て岐阜県知事となった鹿子木小五郎《かのこぎこごろう》、警保局長を経て法制局長官となった有松英義《ありまつひでよし》のように行政官に転じて活躍した者もある。なお、見習を採用する普通文官試験は三五八名（うち士族一五〇、平民二〇八）が受験し、三五名（士族一三名、平民二二名）が合格している。

司法官試補九三名、行政官試補二六名という定員に対して、司法官のみ九名という合格数はあまりに少ない。もっとも、合格率で見れば当時行われていた他の国家試験に比べて低くはない。量の確保、すなわち定員の充足を考えず、質の確保が重視された採用であった。

質を重視する試験が可能だった背景には、試補は帝国大学（法科、文科）の卒業生に、普通文官は認可された私立学校と高等中学校の卒業生などに試験免除が認められていたことがある。彼らは試験とは別枠の面接のみで入省することができた。

この方法により試補には五八名（行政官志望二〇名、司法官志望三八名）が出願して全員が採用、見習には八四名が出願し二九名が採用されている。定員はこちらで充足されていた。初回ということもあったのか、試験免除による学士からの採用者には林田亀太郎《はやしだかめたろう》（内閣）、一木喜徳郎（内務）、平沼騏一郎《ひらぬまきいちろう》（司法）、小松謙次郎《こまつけんじろう》（同）、横田秀雄《よこたひでお》（同）など、のちの官界を支える人材が並んでいる。

試験受験者たちの思い

政府に人材を集める道はつくられた。では、青年たちはなぜ官僚となることをめざし、どうやってこの道を開いていこうとしたのだろうか。

まず、試験受験者（私立法学校などの卒業生）について見ていこう。この頃、私立法学校の卒業生数は年一五〇〇名余りに達していた。その多くは判事や弁護士となっていたが、試補規則ができたことで、学生は司法官、行政官の道もめざすようになった。

明治法律学校の出身で判事試補となった塩入太輔《しおいりたすけ》が『高等普通文官代言試験及第秘法』（一八八七年）という指南書を著している。この種の書籍は一九〇〇年代には数多く出回るようになるが、本書はその嚆矢《こうし》といってよい。経験を踏まえた塩入の叙述からは、試補試験期の受験生の様子をうかがうことができる。

合格答案を書く方法について塩入は、六分の学問、二分の筆、二分の僥倖《ぎょうこう》が必要と説く。

特に試補試験には明確な正解がないことを強調し、問題の順序を遵守し、簡明を心がけ、反《はん》駁《ばく》せず、例示も極力避けて、論理の明解な解答を書くべきとする。法令を統一する公文式が施行されたのは、わずか一年前のことであり、いまだ解釈が定まらない法律、政治、経済の問題に向き合う学生たちは、採点に対する不安に苛まれていた。

教科書も整っていなかった。塩入は、憲法では伊藤による『憲法義解』に加えて、ウォルター・バジョット（岡本英太郎訳『英国憲法之真相』）、ヨハン・カスパルト・ブルンチェリ（平田東助訳『国家論』）、ジョン・スチュアート・ミル（鈴木義宗訳『代議政体論』）、行政法ではグナイスト（江木衷訳『英国行政法講義』）、シュタイン（元老院刊『行政学』）などを必読書として挙げているが、これらを独学で読み通すことは難しかった。試補試験の導入後、私立法学校は帝国大学の教員や官僚による講義を相次いで開講するが、それは試験に合格するために通説を求める学生たちの声を反映したものである。

口述試験について塩入は、応用能力はもちろん、高等官としての人物と適性が鑑定されると述べる。そのため、面接には胆力をもって臨むこと、試験官に対する敬意を払うこと、明快に答弁を行うことが薦められている。

はっきりした解答がなく、定員も倍率も定かではない初期の試補試験はなんとも複雑怪奇であった。「進士の道愈々《いよいよ》開けて益々《ますます》難し」（『法政誌叢』一一二号）といった嘆息もいまに伝わる。しかし、彼らにとって試補試験は藩閥に縁がなければ入れなかった官界にわずかに開いた希望の一穴である。塩入は、いまは貧しい書生であっても学識を身につければ官僚となることができるとはなんとも愉快なことではないかと受験生を鼓舞する。それは思いを遂げた彼自身の心の声であった。

私立法学校の卒業生も、普通文官であれば面接のみで採用される権利を持っていた。しかし、それは彼らのめざす道ではない。家族や親類を懸命に説き伏せ、多額の学費を借り出してようやく上京してきた彼らである。そこで試験に合格せず故郷に帰るという選択肢もなかった。

私立法学校卒業生の多くは、なんとかして立身出世の道を開くべく試補試験、判検事試験、代言人試験をすべて併願していた。そのいずれになるのか、何をするのかは二の次であり、まず合格を勝ち取り、東京に活躍の場を得ることが彼らにとっては至上命題であった。

学生の進路難と官僚への道

試補規則によって官僚となる道が開けたことを、帝国大学の学生たちは歓迎した。特にそれは法律学を学ぶ学生より、政治学を学ぶ学生にとって僥倖であった。法学を学ぶ学生には法曹の道があったが、政治学を学ぶ学生には確固たる進路が用意されていなかった。ただひたすらに学び、進学してきた学生たちは、ここでいきなり自由を与えられ、進路に迷うこととなる。

試補規則が制定される前年、行政法を講じるカール・ラートゲンの助手であった金井延《かないのぶる》（のち法科大学教授）が、学生たちと向き合うなかで考えたことを「政治学生将来の方向如何」という一文にまとめている。そこには学者の道は狭く、官僚となるには縁故がなく、進路に行き悩む政治学科生の姿が描かれている。

民権運動が盛り上がりを見せるなかで学生たちがこぞって政党に参加した背景には、政治熱の高まりと同時に進路難があった。試験を免除にして大学を卒業した学士たちに官僚となる道を敷いたことは、人材を集めたい政府と進路に行き悩む学生の需給を一致させる有効な解決策だったのである。

政府はより積極的に学生を行政に惹きつけようと大学に入っていった。憲法起草者のひとりで首相秘書官を務める金子堅太郎を送り込み、一八八七（明治二〇）年から三年間、日本行政法の講義を行った。

中央・地方政府の組織権限、行政官の権利・義務など、金子自ら「本邦行政の大体及実況を窺《うかが》い知るに足る」（『金子堅太郎自叙伝』）とする現実に即した講義は、学説を重んじる教授たちのとは異なる新鮮さも手伝って学生の関心を呼び、政治学科の学生たちがほぼ全員行政官を希望し、定員を超えるという成果をもたらした。

給与と待遇も改善されている。これまで大学卒業生は判任官として任用されていたため、彼らの俸給は月二〇円程度にとどまっていた。これに対して試補は奏任官待遇であり、初任時の年俸で四五〇円から六〇〇円が給された。倍増といってよい。大銀行の初任給が月三五円という時代に、この待遇は格別であり、行政への関心が涵養されたことと相まって、多くの学士たちが官僚の道を選ぶようになった。専門教育を受けた、学士官僚の誕生である。

2　専門官僚への道――藩閥支配を超えて

採用の様子――講師と教授

実際に試補制度によって官僚となった学生たちを見てみよう。一八八八（明治二一）年の法科大学卒業生は実に全員が官途に就いた。内田康哉《うちだこうさい》（熊本県出身、外務省、のちに外相。以下同）、林権助《はやしごんすけ》（福島県、外務省、駐英大使）、林田亀太郎（熊本県、法制局、衆議院書記官長）など錚々《そうそう》たる顔ぶれである。なかでも出色は一木喜徳郎（静岡県、内務省、内務次官、文相、内相、枢密顧問官）であろう。

一木は一八六七（慶応三）年、掛川に生まれ、父岡田良一郎《おかだりょういちろう》が主宰する冀北《きほく》学舎に学んだ。文相となる岡田良平《おかだりょうへい》は実兄である。東京に出た一木は大学予備門を経て東京大学文学部に入学、大学令発布にともない法科大学に編入した。

法科大学では先述した金子の講義が待っていた。金子の世界観と現実に即した学問に惹かれた一木は、金子に勧められるまま内務省を志望する。金子の紹介で同省に末松謙澄《すえまつけんちょう》県治局長（伊藤博文の女婿）を訪問した一木は、より多くの学生を大学に迎えるために必要な高等中学の増設経費の支弁策を問われたという。各地域の負担によるべきという解答は偶然にも政府案と一致しており、採用となった。

自身は、施行されたばかりの試補制度を奨励する意味で採用されたと回顧するが、彼は同年卒業生の首席であり、待遇も格別であった。その後の累進は、そうした評価の正しさを裏付けている。一木はのちに帝国大学教授も兼務することで、金子のあとを受けて大学と政府の橋渡し役となった。

昭和の政党内閣期に首相となった若槻礼次郎《わかつきれいじろう》（島根県出身、一八六六年生、九二年仏法卒、試補採用）は、一八九二年に大学を卒業し、農商務省への採用を希望していた。積極的な人材登用の気風があること、他省より昇進が早いことが選択の理由であった。しかし、若槻はやや動き出しが遅かったようで、就職活動をはじめたときには、すでに金子（当時、農商務相）が大学とのあいだで採用者を内定しており、希望は叶わなかった。こののち若槻は内務省にも逓信省にも断られ、先輩の斡旋でようやく滑り込んだのが大蔵省であった。その若槻がのちに次官となり、蔵相、さらには首相となることを予想した者はいなかっただろう。

水野錬太郎《みずのれんたろう》（秋田県出身、一八六八年生、九二年英法卒、試補採用）の経歴はやや異色である。在学中から高い才能を発揮して首席となった水野は、穂積陳重教授の推薦で第一銀行に入行した。その待遇は新卒としては破格のものであったという。これは実業界に有為の人材を求めた渋沢栄一（穂積の岳父）の要請によるものであった。

しかし彼に銀行の仕事は向かなかったようで、四年勤めたのち、一八九三年には梅謙次郎《うめけんじろう》教授の紹介で農商務省に、さらに翌年には内務省に転じた。水野は内務省の中枢で昇進を重ね、同省を代表する官僚となる。

彼らの動きを見ると、大学と各省のあいだに講師派遣を通じたパイプが形成され、彼らが学生の人物を確かめて採用を進めていることがわかる。内務省で累進し、原敬内閣で内相となる床次竹二郎《とこなみたけじろう》（鹿児島県出身、一八六七年生、九〇年政治学科卒、試補採用）などは、同郷の田尻稲次郎《たじりいなじろう》銀行局長の講義に感化され、大蔵省からキャリアをはじめている。

同時に大学教授による推薦や調整もはじまっている。藩閥による情実人事は、専門教育を受けた大学卒業生から採用する方式に転じることになる。ここでは専門性が重視される一方で、知識だけに偏重せず人物を確認する方法が確保されていることは注目される。

自負心——藩閥官僚への引退勧告

こうして帝国大学からの行政、立法に通じた人材の供給が制度化された。かつて政治学科の学生の前途を憂えていた金井は、四年のドイツ留学から帰国し法科大学の教授となっていた。彼も新制度を前に「学生の前途は実に『タボウなり』、一に曰く多望、一に曰く多忙」「これより進んで大学に入らむと欲するものは、少しも躊躇することなく政治学科に入れ」

（「政治経済学生の前途」）と意気盛んとなった。法科の時代が到来したのである。

実力主義と専門教育に基づく採用が制度化したことは、藩閥官僚とは異なる学士官僚としての自意識を芽生えさせた。縁故や情実ではなく、自ら学び、資格を勝ち取ったことにより、官僚として生きる道は藩閥への従属を超えて、立憲国家の樹立への参加として捉えられるようになる。

学士官僚たちは自らの学識に強い自負を持っていた。試補から農商務省に進み局長まで務めたある学生は、在学中に「明治時代官吏ノ過去及将来」と題する論文を発表している。それは、新しい法学政治学の教育を受けた者でなければ新しい行政需要にはついていくことができないと断じ、専門教育を受けていない従来の官僚たちに引退を勧告する強烈なものであった。

行政の専門化と法体系の西洋化を前に、専門教育を受けた学士官僚は意気軒昂であった。こうした強い自負を持つ学士官僚たちは、情実によって採用された藩閥官僚たちとは一線を画する自律的な官僚像を描き、新たな道を歩み出していく。

学士以前の専門官僚1——原敬と後藤新平

こののち、官界は徐々に専門教育を受けた学士官僚で満たされ、法律をはじめとする彼らの共通言語によって行政が展開されるようになる。しかし、それ以前にも大学とは異なる道で専門性を身につけ、階段を上がっていった官僚たちがいた。洋行経験を買われた旧幕臣たちや、遣外使節団などに随行して学んだ青年たちなどである。一八八〇年前後になると、より多様な経路をたどって官僚となり、実務に携わるなかで才能を開花させる人材が現れてくる。

たとえば、原敬である。政党政治家として知られ、「初の本格的政党内閣」を組織した印象が強いためであろう、彼が一五年もの間、官僚として腕を磨いたことはあまり知られていない。

原敬（左）と妻貞子

一八五六（安政三）年、原は盛岡藩士の次男に生まれた。生家は家老を出したこともある名家であったが、戊辰戦争に敗れたことで盛岡藩は賊軍の地となった。原は藩校で漢学と英学を学んでいたが、この苦境のなか、故地を旅立ち学問の旅に出た。

フランス人神父に帯同して新潟に赴き、東京に戻っては箕作秋坪《みつくりしゅうへい》の塾で英学に触れるなど、遊学とも放浪ともつかぬ日々を送る彼が初めて体系的に学んだのはフランス法であった。一八七六（明治九）年、司法省法学校一〇四人中二番の好成績で入学した原はここで初めて腰を据えて学問に臨んだ。

しかし、転変は続く。二年半後、原は校長の不興を買って退校処分となった。その後、『郵便報知新聞』に入社して政論で名を馳せたものの、明治一四年の政変後に政府を追われた大隈系が同社に押し寄せると、これを嫌って一年強で退社、政府系の『大東日報』に転じた。だが今度は社が潰れるという憂き目に遭う。

後藤新平（左）と妻和子

転変著しい原にとって、初めて長い経歴となったのが官途であった。一八八二年、『大東日報』が潰れると、その経営に関係していた井上馨が原を外務省に引き取った。御用掛公信局勤務というから、フランス語を翻訳するのが主な任務だったようである。

翌一八八三年一一月、清仏戦争に際して天津領事に任じられたことが好機となる。赴任直後に勃発した甲申事変に柔軟に対応し、伊藤博文を全権とする天津条約の締結に活躍して頭角を現した原は一八八五年にパリに栄転してヨーロッパの政治外交を実地で体感する。

二年の滞在を経て一八八七年に帰国した原は井上馨や陸奥宗光に重用され、外交官試験の整備をはじめ外務省改革に手腕を発揮して外務次官まで累進した。立憲政友会に参加して政党政治家の道を歩みはじめるのはその五年後のことである。日本の政党政治を実現した政治家は、まさに叩き上げの実務官僚であった。

原の経歴は、医学で身を立て、植民地官僚として成功し、ついには内相、外相となった後《ご》藤新平《とうしんぺい》のそれと似ている。原誕生の翌年、盛岡の南に位置する水沢に生まれた後藤は、同地に大参事として赴任した若き日の安場保和に見出されて須賀川医学校に進んで医学を学び、安場が愛知県令に転じると愛知医学校に赴任して実務経験を積んだ。

長与専斎のもとで衛生行政の整備に尽力した後藤は、行政への理解を深め、その経験を買われて台湾総督府民政長官となる。ここで植民地官僚として成功を収め、専門知識あふれる政治家として活躍の場を得ていく。

原と後藤に通じるのは、賊軍の地に生まれた逆境から、黎明期の専門教育に触れる機会を持ったことである。官途に就いたときの彼らの地位は旧幕臣の知識人や大学を出た学士たちのように高くはなかった。だが、専門知識を持つ者が少ないなか、豊富な実務経験を積んで才能を発揮していった。彼らの能力は、いくらかの専門性とそれを活用する実務によって磨かれた実践知によるものであった。

学士以前の専門官僚2——清浦奎吾

明治維新後の時代を背景に、立身出世にはわずかでも洋学を学んだ者が有利であった。洋行経験者が官僚として優遇されたのは見てきたとおりである。しかし、多くの青年はその機会に恵まれず、以前と同じように漢学と国学を学んでいた。また、ある程度の年齢に達するまでは洋学を教えるべきではないとの考えもあった。洋学の総本山であった大学南校でさえ、幼いときは漢学や国学を学ぶことが重要であるとして、一六歳以下の入学を禁止している。

しかし、藩閥が幅を利かせ、洋行帰りがもてはやされるなか、漢学で身を立てていくことは容易ではなかった。国内屈指の私塾である日田《ひた》咸宜園《かんぎえん》で令名を馳せた清浦奎吾の歩みはそのことを教えてくれる。

一八五〇(嘉永三)年、熊本山鹿《やまが》郡鹿本にある本願寺派の寺院に生まれた清浦は、咸宜園で舎長まで務める秀才であった。

王政復古ののち、清浦は熊本城下に私塾を開いていたが、一八七二(明治五)年、意を決して上京する。彼を奮起させたのは、東京から届く咸宜園同窓生たちの活躍であった。清浦は日田で縁のあった野村盛秀《のむらもりひで》を訪ねた。野村は初代埼玉県令となっていた。

野村は清浦に県の教育制度整備を託し、埼玉県大教授に任じた。官名こそいかめしいものの、実態は一四等出仕という下級県吏である。しかし、清浦は待遇を難ぜず教育基盤の整備に邁進し、近県にも存在を知られる実務官僚となった。

一八七六年八月、清浦は司法省治罪法取調局勤務を命じられて上京する。彼を中央に呼び寄せたのは咸宜園でともに学んだ横田《よこた》国臣《くにおみ》(のち大審院長)であった。当時、司法省はフランス人顧問のボアソナードのもとで法令整備のただなかにあり有能な人材を集めていた。国内法を制定するためには、洋学だけでなく、漢学、国学に通じた人材が必要であった。ボアソナードという優秀な指導者を得て、清浦は法学を実地で学ぶ機会を得る。刑法の専門家となった彼は太政官法制局、参事院へと転じ、制度整備の中心で研鑽を積んでいく。

自らの専門を確立したことで、活躍の場は広がった。一八八三年末には警察制度の整備を急ぐ内務省に迎えられ、翌年には警保局長に就任した。故郷を発って一二年目のことである。士族から警邏《けいら》に転じた者の多い警察には制度設計に長じた人材がおらず、刑法、治罪法に通じた清浦に白羽の矢が立ったのだ。

もっとも、それは類のない努力の結果であった。故郷の鹿本（現、山鹿市）に寄贈された彼の蔵書には各国の警察制度に関する和洋書が多く残っているが、それらは清浦のものと思われる書き込みで埋めつくされている。山県系官僚として知られる彼は、のちに枢密院議長となった折に「私は藩閥なく、門閥なく、又学閥もなければ姻戚閥もない。何ら頼るべきところの頼みの綱というものは一筋もなかったので、脛一本腕一本、我力で叩き上げなければならぬという境遇であった」（『伯爵清浦奎吾伝』）と回顧している。それは閥の力ではなく実力で道を開いた彼の数少ない自賛のことばであった。

清浦奎吾

原、後藤は賊軍の地に生まれ、清浦も特に藩閥の庇護を受けた形跡はない。少なくとも戊辰戦争が終わったとき、彼らは権力の側にはいなかった。しかし、それゆえに彼らは学び、周囲が認めざるを得ないまでにそれぞれの道を極めていった。

藩閥勢力の弱点は、権力は握っても自派の人材に限りがあることだった。彼らは賢明にも自らの権力のもとに全国の優秀な人材を集めた。井上や陸奥が原を、安場と長与が後藤を、野村と山県が清浦を見出したのは偶然ではなく、広く人材を求めた明治政府の必然であった。原は鹿児島出身の中井弘の娘貞子を、後藤は安場の娘和子を娶《めと》っているが、有能な者を一族に迎えることは古くから行われてきた家を守る術であった。すなわち閨閥《けいばつ》の力で出世することよりも、彼らの力で閨閥を栄えさせる。それだけ彼らの力が評価されたことの証左であった。このちも官僚が有能な下僚に娘を嫁がせることは常であったし、それは政治的資源を集め、人の輪をつなげて層にする、繁栄の方策であった。

3 高等文官試験——試験採用制度の導入

試補制度から試験制度へ

一八八八（明治二一）年にはじまった試補制度は、順調に学士官僚を供給していった。一八九三年までの六年間で一二六名（内務三四名、大蔵二七名、会計検査院一六名、農商務一三名、法制局一三名など）の学士が試補として官僚の道を歩みはじめた。

他方、私立法学校の卒業生を主な対象とした試補試験は、三年実施されたのち一八九一年に中止となる。採用数の大半を占める司法官試験が分離、独立したことにくわえ、各省庁からの行政官試補の試験採用枠が一八八九年に一四名、九〇年に六名と減少し、九一年についにゼロとなったためである。もちろん、各省が試補を不要としていたわけではない。省庁の希望により随時に学士（帝国大学卒業生）を採用することが認められたため、試験が実施される毎年一〇月には試補の定員が満たされていた。

試験制度の導入を歓迎していた民党は、これを制度の理念を没却した措置であると強く批判した。何より彼らは、憲法一九条が掲げた官界の門戸開放という明治維新の精神が踏みにじられていることを難じた。他方、各省からも、試補制度が定めていた三年の試用期間は長すぎると不評であった。これは試験を免除されていた帝国大学出身者にも適用されていたものである。伊藤博文が描いた官僚制の理想は、実施から三年にして早くも現実との妥協を迫られることになった。

学士官僚そのものにも批判があった。彼らは専門知識に乏しく先例に固執する藩閥官僚を見下し、藩閥官僚は学士官僚の主張は学理に偏っていて実務にはそぐわないと退けていた。両者のあいだに不協和音が生じていた。このため藩閥官僚たちは、一度退職となった元官吏の再任用を認めるよう内閣に働きかけ、実現する。専門知識によって行政の能率化と高度化を実現しようとした試補制度は、旧勢力の反発によって切り崩されつつあった。

これに巻き返しを図ろうとしたのは民党である。民党は帝国議会を舞台に、官界のさらなる門戸開放を政府に迫った。理論的支柱となったのは、かつて『日本官吏任用論』(金港堂、一八八一年)を著した大津淳一郎《おおつじゅんいちろう》である。立憲改進党系の代議士として議席を得た彼は、第一回帝国議会で質問に立ち、官僚制の改良を強く主張した。

しかし、政府委員の答弁は、大津たちを唖然《あぜん》とさせるものであった。官僚制度は天皇大権(官制大権)に属するものであるから、議会で論じることは適さないというのである。議会での議論は天皇大権という壁を前に封じられてしまった。

高等文官試験の導入――専門性と同質性

官僚制の門戸を開放し、風通しのよい知にあふれた組織にしなければならない。その思いを民党と共有したのは、試補制度を考案した伊藤博文であった。

停滞は政局のなかで打破される。一八九三(明治二六)年、第二次伊藤内閣のもとで開かれた第四回帝国議会は、清国との緊張を背景に海軍拡張を要求する政府とこれに反対する民党が激しく対立し、解散か総辞職かという局面にあった。民党の批判は官僚制にも及び、自由党の河野広中《こうのひろなか》は「教育は曲学阿世の徒を養って藩閥の命脈《めいみゃく》を永くする道具に過ぎませぬ」「概して申しますれば官界は私党の養成所となりました」と、高い理想から整備された官僚制が、藩閥の私的利益を守る機関になってしまったと痛罵《つうば》した。

政府と民党の対立は明治天皇がいわゆる建艦詔勅（宮廷費を削ることで政府と議会の協力を求めた）を発したことで解決に向かうが、その際、政府は民党に行政改革の実施を約束し、衆議院に特別委員会を設置して改革の内容を議論することとなった。

伊藤はこの機を逃さなかった。藩閥勢力の抵抗を排して官僚制改革を完遂するためには、官制大権を持つ天皇が支持し議会が改革を望んでいるまたとない好機である。伊藤は幕僚たちとともに不退転の決意で抜本的な改革に乗り出す。

改革の方針は、調整と交渉といった政治的な役割を担う政務官と行政実務を扱う事務官を区別すること、情実人事を廃して広く人材を求めることであった。前者は事務官を政治の領域から切り離すことで専門性を活かせる環境をつくり、後者は専門能力のある人材で各省を満たすことを企図している。

かくして一八九三（明治二六）年一〇月に、試験任用制度を軸とする文官任用令が成立した。この制度は官界の門戸開放という民党側の主張と、高い専門性を求める伊藤たちの理想を合わせるものとなった。高等官僚となることを望む者は帝国大学、私立法学校の別なく高等文官試験（制度上は「文官高等試験」が正式であるが、一般的には高等文官試験、高文と呼びならわされた）を受けることとされた。試補制度は廃止、帝国大学総長の兼任であった文官試験局長官も法制局長官の兼任に改められ、帝国大学に限らず広く人材を求める姿勢が示されたのである。

他方、行政の需要に柔軟に対応する仕組みも盛り込まれた。長すぎると批判のあった試用期間を廃止しすぐに本官に採用できるようにしたことにくわえ、試験合格をもって官僚となる資格とみなし、何らかの理由で官僚を辞めた者でも、政府に必要があれば再任用できることとされた。この制度が資格任用と呼ばれる所以である。これにより政策上の都合で官僚の増減を行うことが容易となった。

情実を廃して能率を上げるという伊藤たちの構想は、文官任用令の制定によってほぼ実現をみた。門戸開放と能力主義が採用されたことで、新聞各紙も予想外の大改革としてこれを歓迎する。

時を同じくして、外交官と領事官については試験制度を別立てとし、他省への転任を禁ずることで専門性を高める措置がとられた。改正の任にあたったのは原敬である。試験の内容は高等文官とほぼ同じであったが、外国での任に耐えるための体格検査と、外交に必要な外交史が試験科目にくわえられている。

試験任用によって入口を厳格化したことで、官僚は専門性と同質性の高い集団となった。このことは、一部権力による情実を廃し、能率を高めたという点で高く評価される。

しかし、それは同時に官界の孤立を意味した。中途採用や民間からの登用は太平洋戦争期を例外として行われなくなり、官界は少なくとも人事のうえでは外界とは切り離された組織になった。情実人事を断つという積年の課題を達成したものの、専門性と引き替えに多様性は失われた。試験任用制の導入とともに今日まで引き継がれている日本官僚制の特質が生まれたときでもあった。

第一回試験をめぐる混乱

一八九四（明治二七）年に行われた第一回の試験では若干の混乱があった。制度が変化したことで受験生が混乱したといったほうが適切かもしれない。

試験任用の導入は世論からも行政からも歓迎された。ただ、帝国大学の学生たちだけは大きく動揺し、反発した。無試験で試補に採用される前提で学生生活を続けていた彼らにとって、今回の改正、なかでも試補制度の廃止は、政変のなかで私立法学校を背景に持つ民党に政府が屈したきわめて不公平な改悪と映ったからだ。入学時から約束されていた将来にかかわる権利を反故にされたのだから、彼らの怒りも当然であった。

もっとも、政府の側も配慮をしなかったわけではない。帝国大学の学生は私立法学校からの受験者に課せられる予備試験（論文審査）が免除されていた。しかし、本試験を受けさせられることに変わりはない。失敗の恐れもあるし、何より私立法学校の学生と同じ土俵で勝負させられることは彼らのプライドが許さなかった。帝国大学の学生たちは無試験採用の復活を要求し、一致団結して文官試験をボイコットする。最大の受験者群が一斉に反旗を翻したことで、試験制度はその最初から危機に直面した。

しかし、「内に多少の不平を醸《かも》すも、天下の公議正論を味方とするに如《し》かず」（「秘書類纂」）と腹を決めていた政府は要求に耳を貸すことなく試験を実施した。すでに統治を志す人材は法科大学に集まっており、彼らが思いを遂げるための道は官途に限られていた。一年目に動揺があったとしても、制度を貫徹すれば彼らは否応なく政府に入ってくると政府は見ていたのだ。試験制度への切り替えは、大学に人材を吸い上げる経路ができあがった、絶妙のタイミングで行われたものであった。

ボイコットした学生たちの動きは、そのことをよく示している。杉山四五郎《すぎやましごろう》（のち内務次官）ら六名が同年中に、倉知鉄吉《くらちてつきち》（のち外務次官）ら三名が翌年に普通文官（大学卒業生は無試験）として入省し、順次試験に臨んで高等文官への道に進んだ。各省が有力な戦力となる彼らを見過ごすわけもなく、ある種の経過措置が取られたのである。

では、私立法学校の卒業生はどうだったのだろうか。先述したように、彼らには本試験前に予備試験が課されていた。このこともあってか、初年度は様子がわからず尻込みする者が多かった。一八九一年に中止されてから四年ぶりの試験実施である。無理もない。

結果、受験者は二八名、合格者は東京法学院（現、中央大学）から四名、和仏法律学校（現、法政大学）、明治法学校（現、明治大学）からそれぞれ一名の計六名にとどまった。任官したものは五名であり、首席を勝ち取った上林敬次郎《かんばやしけいじろう》（京都府出身、一八六七年生、和仏法律学校卒）はすでに『日本郡制註解』などを著して名を知られた人物であった。彼は法制局、大蔵省を経て朝鮮に渡り、咸鏡北道《かんきょうほくどう》知事、李王職《りおうしょく》次官まで累進した。なお外交官及領事官試験でも新卒生のボイコットがあったが、ドイツ帰りの船越光之丞《ふなこしみつのじょう》（広島県出身、一八六七年生、男爵）と帝大卒業生三名が合格している。

一八九五年の第二回試験は混乱もなく、無事に実施された。合格者三七名のうち、帝国大学卒業の法学士は二五名、私立学校卒業生は一二名である。一般に私学出身の官僚はごくわずかと思われがちだが、このの ち戦前を通じて採用者の一割は私学出身者であった（6―2参照）。

五ヵ条の御誓文が掲げた「各其志を遂げ人心をして倦まざらしめん事」の精神は、憲法一九条と文官任用令によって現実のものとなった。官界の主力が藩閥官僚から学士官僚へと交代したことは、官僚のあり方、とりわけ政党と官僚の関係を大きく変化させ、政党政治を実現する大きな要素となっていく。

私立法学校からの挑戦

ここに、ある官僚の日記がある。かつての持ち主は岡田宇之助《おかだうのすけ》という。一八七二（明治五）年に兵庫県に生まれた岡田は、尋常小学校の代用教員をしながら学問を続けて東京法学院に入学した。卒業後、一八九七年の高等文官試験に合格し、長野県事務官、愛媛県内務部長を経て、茨城県、佐賀県知事まで累進した、私立法学校出身の内務官僚である。彼の日記には高等文官試験受験から採用にいたるまでの心情が率直に綴られている。ここから、当時官界をめざした青年の心理をひもといてみたい。

一八九六年の秋、岡田は、昼は寄席に通い、夜は酒に溺れる日々を送っていた。夏に東京法学院を首席で卒業して前途洋々たる法曹の道が開けていた彼の人生は、九月に行われた判検事登用試験に失敗したことで暗転する。おそらく喜ばしくはない結果を酒に頼りながら待っていたのである。

一〇月、彼の下宿に予期していたとおり、不合格の知らせが届いた。「脆《もろ》くも敗北の恥辱を取りたる結果は今日の不面目を表わしぬ。将驕《おご》り卒惰《おこた》るものは敗る。思えば卒業試問の大勝は今日の失敗を来すの因たりしか」と、首席を占めたことで生まれた驕りを呪うしかなかった。

とはいえ、他に行くあてもない。遊興のあいだに日々を過ごしていた岡田は、ある日、女《おんな》義太夫《ぎだゆう》に通いはじめる。若い女性が勇ましい節回しで演じる女義太夫は学生たちの人気を集めていた。そこで突如、岡田は目覚める。「いやしくも垢《はじ》を含み辱《はじ》を忍び嘗胆臥薪《しょうたんがしん》大《おおい》に刻苦する所あらば、今日の不面目を転じて他日の栄達となさんこと、必ずしも難しとせん。勝敗は戦の常のみ。豈《あに》一敗の為ににわかに涙表すべけんや」。義太夫のなかに再起の物語があったのだろうか、一躍奮起した彼は、これまでにない勢いで翌年の試験に向き合うようになる。

法律家をめざす岡田は、毎日、上野の東京図書館（翌年から帝国図書館）に通い、試験勉強に没頭した。しかし、さすがにそれだけでは疲れたのだろう、気晴らしをかねて寄るようになった政談演説会で彼は政治への興味をかき立てられていく。なかでも一二月一〇日に法律学校親睦会で開かれた行政改革演説会は、当時、第二次松方正義内閣の外相兼行政整理委員長を務める大隈重信が弁舌を振るい、岡田の心を動かした。日清戦後経営の躍動感が一青年の目に政治を魅力的なものとして映し出した。

政治に関心を深めると、岡田は一人で机に向かうことに飽き足らず、知人との勉強会を開いて議論を好むようになる。相手となったのは東京法学校時代の同窓である河野《こうの》秀男《ひでお》（のち会計検査院長）や、旧知の帝国大学生、岡本英太郎《おかもとえいたろう》（のち農商務次官）らであった。岡本は塩入が参考書に挙げたバジョット『英国憲政之真相』を訳した秀才である。岡田は岡本の下宿で帝国大学生たちと議論した帰途、「論理破裂聞くべきものなし。今にして益々大学連の為すなきを知る」と、帝国大学生への対抗心をあたためながら、自信をつかんでいった。

岡田宇之助

一八九七年七月、試験委員一八名の氏名が公告された。帝国大学教授からは穂積八束、土方寧《ひじかたやすし》、金井延、寺尾亨《てらおとおる》、戸水《とみず》寛人《ひろんど》、一木喜徳郎らが名を連ねていた。岡田はさっそく彼らの著作を集めて対策をはじめた。

東京法学院の卒業生である岡田は、まず予備試験（論文審査）を通過する必要があった。苦心した結果、締切前日の八月五日夜にようやく筆を執って一気呵成《いっきかせい》に仕上げ、翌日、願書とともに提出した。彼がどの科目を選んだかは明らかでないが、この年、憲法では立法権の性質と立法手続が、行政法では警察権と所有権の関係が出題されている。九月一〇日、無事に論文試験の合格通知が届いた。

本試験に挑む

本試験は一〇月一日（金曜日）からはじまった。初日には迅速作文試験と称する筆記試験が行われた。朝七時半に衆議院に出頭した受験生は一四四名であった。九時四五分に試験ははじまり、一〇時半に終了、退室した。

憲法は違憲立法審査権が、行政法は警察権の目的が出題された。翌一〇月二日、三日の週末は自宅で憲法、行政法、刑法の研究をしたが、岡田は判検事登用試験も併願していたため、四日（月曜日）から八日（金曜日）までの五日間は司法省で判検事試験を受験した。

一〇月六日の夜、筆記試験の通知があった。迅速作文試験合格の報せである。請求された願書、選択科目の届出を行い、翌週の試験に備えることとなる。

一〇月一五日（金曜日）、いよいよ本番となる筆記試験がはじまった。岡田はここでひとつの述懐を記している。

本日午後より衆議院に於いて文官高等試験の筆記試験施行せらる。午前十一時過ぎより出頭す。予備試験を通過したるもの及学士を合せて一四六人あり。而《しか》して学士は五八人なる由聞きたれは私立学校派は八八人なるへし。洋装美髭《びし》の紳士　夥《おびただ》しきは属官其他に奉職せる学士先生達なるべし。〔中略〕

嗚呼十数年学窓に費消し帝国最高の教育府を卒業せる堂々たる学士連一堂の下に試験を受け鹿を中原《ちゅうげん》に争う。豈《あに》快心の事ならずや。

無試験採用の特権はなくなったものの、帝国大学卒業生である学士の多くは六月に大学を卒業するとすぐに普通文官として各省に採用されていた。しかも、彼らの多くは特段の業務を与えられることなく、まずは試験合格のための勉強をする猶予を与えられていた。そうした「洋装美髭の紳士」たちと席を並べるところまで来たことで、岡田はこの一年の血がにじむような努力の軌跡を振り返ったのであろう。

一〇月一五日は行政法、翌一六日（土曜日）は午前が刑法、午後が民法、新嘗祭の休日を挟んで一八日（月曜日）に国際法、経済学、一九日（火曜日）に刑事訴訟法（選択科目）、憲法を受験して筆記試験は終了した。

憲法の出題は「予算と法律との効力の異同を弁ずべし。議会の協賛と大臣の副署とは、法律の成立に対し其効果を異にするか」という政府と議会対立を反映した時事的なものであった。憲法の試験からの帰途、岡田は人生の転機となった女義太夫に立ち寄り、一酌ののち帰宅した。下宿に戻ると神戸に住む兄から一籠の松茸が届いており、岡田の疲れを慰めた。

こののち、先に発表されるはずの判検事試験筆記試験の結果がなかなか出ず、官報を確認するために新聞縦覧所に通う日が続いた。一一月九日、ようやく出た結果は判検事試験、高等文官試験ともに合格であった。岡田は急ぎ、神戸の実家に合格を知らせる電報を打った。

高等文官試験の口述試験は、週が明けた一一月一五日（月曜日）からはじまった。会場は筆記と同様に衆議院であり、朝七時半から昼まで行われた。筆記試験の合格者は八六名（帝国大学三一名、私立五五名）と伝えられた。前年の最終合格者は五〇名であったから、ここから上位六割に入れば採用される見通しである。

口述試験も科目ごとに行われる。初日は経済学（試験委員は金井延、小池靖一《こいけせいいち》他一名。以下同）、二日目は行政法（穂積八束、中根重一《なかねしげかず》、木内重四郎《きうちじゅうしろう》）であった。両日ともに、終了後すぐに司法省に向かい、判検事の口述試験に臨んだ。三日目は民法（土方寧、戸水寛人他一名）、四日目は刑法（松室致《まつむろいたす》、前田孝階《まえだこうかい》、石渡敏一《いしわたびんいち》）であった。岡田はここまでほぼ順調に応答をこなしていたようである。

落とし穴は五日目にあった。得意としていたはずの憲法で試験委員を務める一木喜徳郎からの質問攻めに十分な応答ができず「本日は一木教授の為めに痛く苦められたれば登第《とうだい》の程も覚束なし。実に残念に堪えず」と不合格を覚悟した。翌六日目の国際法（三崎亀之助《みさきかめのすけ》、藤《ふじ》田隆三郎《たりゅうざぶろう》、寺尾亨）では三崎の質問に快心の手応えを得たが、それでも「昨日の不首尾は如何ともするなきなり」と心は晴れない。週明けの一一月二二日（月曜日）、七日目となる刑事訴訟法（松室致、石渡敏一他一名）で口述試験は終了した。この日、岡田のもとには判検事試験に第二位で合格との連絡が届いた。岡田は司法官となる決心を固めた。

司法官か行政官か

しかし、意外にも岡田は高等文官試験にも合格した。東京法学院からの知人である河野にも合格の報が届き、ともに喜びを分かちあった。一一月二七日、合格の報を手にしたまま、岡田は予定されていた司法省での配属面談に向かった。

一一月三〇日、法制局で高等文官試験の合格証授与式が行われた。これに臨んだ岡田は、自らが合格者五四名中一〇番であったことを知り、深い満足を覚えるとともに、進路に迷いはじめる。しかし、すでに司法省での配属面談も終わっている。このまま判検事となるのが定めであろう。そう考えているうちに、一二月九日、司法省から試補検事代理・大津区裁判所詰の辞令が届いた。

このまま着任と思われていたところ、岡田は突然、内務省から呼び出される。相手は国際法の口述試験の試験官であった三崎亀之助県治局長である。一二月一一日に岡田が訪問すると、三崎は司法官を辞職して内務省に出仕するよう勧めてきた。本省で一、二年事務を練習すれば必ず各県の参事官（部課長級）になれるという。岡田はその待遇に感激し、承諾の方向で考える旨を伝えた。内務省は私立法学校出身でも出世の機会があるという言説があり、期待は膨らんだ。

東京法学院の一年下級であり、同様の選択を迫られていた永井金次郎《ながいきんじろう》（のち樺太庁長官）も判検事試験第一位、高等文官試験第九位で、司法省、内務省双方から採用を持ちかけられていた。一二月一三日、二人は連れだって旧知の奥田義人《おくだよしひと》農商務次官に相談した。東京法学院で教鞭を執り、彼らと親しくしていた奥田は、行政の内部事情を話すと同時に、自ら三崎に面会して様子を探ることを約束してくれた。

一二月一五日に奥田を再訪すると、内務省には秩序があり危険が少なく前途有望であり、奉職の憂いはないとのことばを得た。不安を払拭できた二人は三崎邸を訪問して採用希望を伝え、その足で司法省に辞表を提出した。

一二月二五日、岡田は内務省に初登庁する。辞令は内務属・北海道局兼県治局勤務であった。当日は先輩内務属の佐柳藤太《さやなぎとうた》（東京法学院出身、のち千葉県知事）、西村陸奥夫《にしむらむつお》（東京専門学校出身、のち佐賀県知事）の案内で挨拶回りをし、翌週二七日に一日勤務をして御用納めを迎えた。同日夜には佐柳と西村の送別会が催された。彼らはそれぞれ年明けから兵庫県と栃木県に参事官として赴任が決まっていた。岡田にとって彼らは数年後の自分のすがたと映ったことだろう。翌二八日、岡田は二年ぶりに帰省して故郷に錦を飾ることとなる。

岡田は、一年目の失敗から雪辱を期して猛勉強をし、判検事試験と高等文官試験に同時合格という成果を得た。優秀な成績で合格した岡田と永井が内務省、司法省双方で引き合いとなったこと、すでに省庁中の省庁である内務省にも私立法学校出身の官僚が入りはじめ、実力次第で道が開けていたことは、能力主義による官界の門戸開放が着実に進んでいたことを示している。

立憲政治の流れに照らしてみれば、岡田が行政官志望に転じた背景には行政の発達と議会政治の進展があった。彼を内務省に誘った三崎も東京大学法学部から外交官となったのちに自由党に転じ、第二次伊藤内閣に入閣した板垣退助内相のもと、政治任用で局長となった政党政治家であった。この頃になると三崎のように政治家と官僚、立法と行政を横断する経歴を持った人材が現れ、各省の改革を推進していった。官界は政党の存在によって、装いを改めつつあった。

藩閥出身者が負った重荷

非藩閥で私立法学校出身の岡田にとって、官僚への道はまさに闘争の連続であった。しかし、藩閥出身者にとってもこの道は険しいものであった。先達から期待され、周囲から注目される彼らにとって、藩閥出身であることはむしろ重すぎる看板であった。

第二回試験に合格した上山満之進《かみやまみつのしん》（一八六九年生、九五年英法卒、内務省。のち熊本県知事、農商務次官、台湾総督）は一八六九（明治二）年に山口藩に生まれた。山口では一八八六年に第一（東京）、第三（大阪、のち京都）に次ぐ三番目の高等中学校を自力で創設して子弟の育成に努めていた。同校を首席で卒業した上山は、将来の長州閥を担う期待の星であった。

一八九五年七月に帝国大学を卒業した上山は、すぐに内務省に採用され県治局勤務の普通文官となった。まず彼が命じられたのは、先にも触れたように、出勤せずに高等文官試験に向けた勉強に努めることであった。

岡田たちから見れば羨望の極みの待遇だが、それはかえって上山に相当の重圧を与えていた。これだけの待遇を与えられて不合格となっては、彼のみならず長州の面目にかかわる。受験後、公式発表に先だって、先輩官僚から合格の内報を得た上山は、その日の日記に「固《もと》より一身の杞憂を試験の為めに支配せられずと雖《いえど》も、またいささか心を安ずる所なくんばあらず」と、ようやく緊張から解かれた気持ちを書き留めている。

一八九八年に合格した田中次郎《たなかじろう》（一八七三年生、九八年英法卒。のち通信局長）は佐賀に生まれ、第五高等学校を経て帝国大学に入学し、英法科で学んでいた。七月に英法科七番の成績で卒業すると逓信省に入省した。同省が若手の留学に積極的だったためという。

田中も上山と同じく、入省と同時に試験準備に入った。彼は同窓の下村宏《しもむらひろし》（のち台湾総督府総務長官、情報院総裁）らと大磯の長生館に合宿を張って勉強に取り組んでいる。学士であっても、二年前の試験では神野勝之助《かみのかつのすけ》（のち大蔵次官）、前年には江木翼《えぎたすく》（のち法相）といった名だたる秀才が不合格となっており、油断はできない。そうした不名誉を背負わないためにも、田中は、試験に落第すれば役所を辞める覚悟で試験に臨んだ。彼ら藩閥出身の学士には、権力に近いがゆえの重圧と不安があった。それだけ、試験は公正に行われていたともいえるだろう。

試験を通過して実力で官僚の地位を勝ち取るということは、彼らにとって大きな自信となり、専門官僚としての自負となった。一九〇〇年代半ばの日露戦争後には局長以下の事務官のほぼ全員が試験合格者で占められるようになり、以後の行政は彼らによって担われた。全次官が試験合格者で占められるのは、政党政治の時代が到来した一九一四（大正三）年、第二次大隈内閣のときのことである。

4　学士官僚たちの肖像

二八会——学士官僚の第一走者

近代日本の官僚を語るうえで興味深い集団がある。その名を二八会という。藩閥のように地縁に依ったものではなく、山県閥のように人事や婚姻で結ばれたものでもない。大学の同窓生、明治二八（一八九五）年卒業生たちのグループである。だからといって学閥に特有の

浜口雄幸内閣誕生を記念して行われた二八会の祝賀会（1929年10月25日）
中央の椅子に座る３人は，左から幣原喜重郎外相，浜口雄幸首相，小野塚喜平次東大総長

排他性は感じさせない。しかし、ほとんどすべての会員が政治的に近い道を歩んでいく。思想、理想、立場の近いゆるやかな連帯である。

彼らは試験制度を経た学士官僚の一期生であった。一八九四（明治二七）年の卒業生が第一回試験をボイコットしたためである。それだけに彼らは各省で歓迎された。有能な人材が揃ったこともあり、彼らは互いに切磋琢磨し、助け合い、関係を深めていった。

英法からは、前出の上山のほか、土方久《ひじかたひさ》徴《あきら》（のち日銀総裁）、清野長太郎《せいのちょうたろう》（復興局長官）、河村金五《かわむらきんご》郎《ろう》（宮内次官）、田所美治《たどころよしはる》（文部次官）、萩原守一《はぎわらもりいち》（外務省通商局長、早世）、幣原喜重《しではらきじゅう》郎《ろう》（駐米大使、首相）、俵孫一《たわらまごいち》（内閣拓殖局長、商工相）らが出た。

仏法では西久《にしく》保《ぼ》弘道《ひろみち》（警視総監）、独法か

らは久保田政周《くぼたきよちか》（内務次官）、豊島直通《とよしまなおみち》（大審院刑事部長）、小田切磐太郎《おだぎりいわたろう》（沖縄県知事）らが知られる。

政治学科には小野塚喜平次《おのづかきへいじ》（東京帝国大学総長）、浜口雄幸《はまぐちおさち》（大蔵次官、首相）、下岡忠治《しもおかちゅうじ》（内務次官、朝鮮総督府政務総監）、高野岩三郎《たかのいわさぶろう》（東京帝国大学経済学部教授）、勝田主計《しょうだかずえ》（大蔵次官、蔵相）、伊沢多喜男《いさわたきお》（警視総監）、菅原通敬《すがわらみちよし》（大蔵次官）がいた。いずれも近代日本の官僚を代表する、錚々たる顔ぶれである。

彼らの多くは官僚として累進したのちに憲政会、立憲民政党系として政官界に地歩を築いた。同党総裁・首相となった浜口を筆頭に、幣原は協調外交の主唱者として憲政会・民政党内閣で外相を務め、下岡と俵は官界から転じて憲政会所属の衆議院議員・党幹部として活躍した。貴族院では伊沢、西久保らが民政党系の会派である同成会を結成して同党を支援した。例外としては政友会から衆議院議員になった小田切と、大正後期から政友会に接近した勝田が挙げられる程度である。会員の大半は民政党系として振る舞うか、親和的であった。

主な理由は二八年組の浜口が桂新党、立憲同志会（のちの憲政会）に参加し、その主力として活躍したことにある。しかし、単に学窓を同じくする者たちが浜口を軸に互助的に動いただけではなく、彼らのあいだには学生時代から共有されていた憲政像があった。それはイギリス流の議会政治への憧憬である。

浜口雄幸と小野塚喜平次

二八年組の首席を争ったのは、小野塚と浜口であった。第一高等中学校（東京、以下、一高）の頂点であった小野塚と、第三高等中学校（京都、以下、三高）の首席であった浜口は、法科大学で出会うと意気投合し、互いの下宿を往き来しあって議論を重ねた。小野塚は「ドイツ法学の独壇場の観」がある法科大学のなかで、ミルやスペンサーなどイギリス系の思想に傾倒し、比較国法学を担当する末岡精一《すえおかせいいち》の立憲主義、進歩主義に共鳴していた。

首席となった小野塚には、伊藤博文から秘書官に、山県有朋からは参事官にと誘いがあったが、いずれも受けなかった。官僚となることにはあまり興味がなく、むしろ彼の関心は政治にあった。大学院時代も政党を基礎として政治を行うために選挙に打って出ることを考えていたほどである。議会政治への思いは小野塚のなかに深く根を下ろしていた。

議会政治への関心では浜口も劣らない。彼は卒業論文で英国議会制度の淵源《えんげん》を論じ、高等文官試験でも、憲法の試験官であった一木と政体論をめぐって論争に及んだという。その後、小野塚と浜口は、学界、政界と歩む道こそ分かれたものの、憲政会が普通選挙の論陣を張った際には小野塚が理論的背景を提供し、浜口が首相となった際には、小野塚が東京帝国大学総長として学界からその治世を支える関係となった。

二人の首席争いは、それぞれの出身高校から「一高対三高」と称された。東京にある一高の卒業生と京都にある三高の卒業生は、常に互いをライバル視することで力を伸ばしていった。彼らが法科大学に入学した一八九一（明治二四）年には、山口、金沢、熊本の高等中学からも第一回の卒業生が入学しており、彼らも意気軒昂、この競争にくわわっていった。貢進生が出身藩の名誉を背負って競ったように、彼らは出身校の看板を背に競争していくことになる。

浜口ら三高生は、帝国大学に進む前年の一八九〇年に雑誌『青年志叢《せいねんしそう》』（のち『壬辰会《じんしんかい》雑誌』）を刊行している。現在、京都大学に保存される同誌には浜口や下岡、伊沢らの論文が多く収められている。発刊の辞には、「誠に吾人青年は維新創業者の相続人なり、日本文明の継承者なり、之を先輩に承けて之を子孫に伝へむと欲す」と、新しい時代を担う青雲の志があふれている。浜口たちはこうした雑誌や演説会を舞台に研鑽を積み、力をつけていった。

時代も彼らの登場を歓迎していた。持病のため進学が遅れたことで偶然にも二八年組となった菅原通敬（宮城県出身、一八六九年生）は次のように記している。

自分は大学制度の中で、いちばん長い経路を歩かせられ、三年も余分に学校に置かれたが、之果たして是か非か、このために自分は法学士として最初の高文を受けることが出来た。一、二年早く大学を出ていたら、高文受験は出来なかったかも知れない。のみならず、我々の卒業したのは日清戦争が終結した年で、国運隆々として勃興するときに際会した。自分は卒業が遅れたために、戦後勃興の風雲に乗ずる機会を得たのであって、思えば誠に人生万事塞翁が馬である。

（「最初の高文試験」『菅原通敬伝』）

一九一四（大正三）年に立憲同志会を与党として成立した第二次大隈内閣では、河村宮内、下岡内務、浜口大蔵、上山農商務と四名が次官として顔を揃え、伊沢も警視総監となり、二八会は東京府知事を務める久保田政周の公邸に集って祝宴を開き、「大臣学長頭取を出すは敢て遠きにあらざるべし」（「二八会記事」）と気焔を上げた。専門教育を修め、試験を経て官途に進み競い合った彼らが官界の頂点に達するまでの歩みは、政党政治を求める憲政の歩みと軌を一にしたものだったのである。

勃興期の高等学校生――勝田主計の場合

では、彼らはどんな学生時代を過ごしていたのだろうか。二八年組のひとりである勝田主計が学生時代の日記を遺している。彼の日記からは日清戦争後の勃興期に官界に入っていた青年たちの視野の広がりを見ることができる。

一八六九（明治二）年九月、松山藩士の五男に生まれた勝田は、愛媛第一中学校から一高を経て法科大学に進学した。卒業後は大蔵省に入って次官まで累進し、寺内正毅《てらうちまさたけ》内閣、清浦奎吾内閣で蔵相、田中義一《たなかぎいち》内閣で文相を務めた。秋山真之《あきやまさねゆき》、正岡子規《まさおかしき》とは幼なじみであり、子規を俳句の師となる大原其戎《おおはらきじゅう》に引き合わせたのは勝田であったといわれている。自身も明庵、宰洲の号を持つ俳人である。

一八八六年に上京し一高に入った勝田の生活は、同郷の仲間が集う寄宿舎を中心とするものであった。寄宿舎は、一高や帝国大学にほど近い本郷真砂町にあった坪内逍遥《つぼうちしょうよう》邸を増改築したものであり、旧主家である久松家が藩の子弟を育成するために創立した育英財団、常磐会が運営していた。

勝田はここを基盤に、子規をはじめ、同郷の仲間たちと学窓の日々を過ごした。寄宿舎の監督を務めた内藤素行《ないとうもとゆき》が彼らをよくまとめた。内藤は松山藩から昌平坂学問所に学び、松山藩権少参事から文部省に転じて参事官となった教養人である。夕食後には内藤を囲んで茶話会が開かれ、文学から政治まで豊かな議論が行われた。

勝田主計

勝田は子規の推薦で常磐会の給費生となっており、寮費とは別に毎月七円（法科大学進学後は一〇円）の生活費を給付され、岐阜にあった兄からも毎月二円の仕送りがあった。白米一〇キロが七〇銭ほどという時代に毎月九円が自由になったわけだから、ゆとりのある学生生活である。もっとも、のちに大蔵官僚となるだけのことはあり、毎月の収支は自ら綿密に記録、管理していた。

これだけの生活費を持ちながら、勝田は当時の学生たちが足繁く通った寄席や義太夫にはほとんど行かなかった。学生たちがあり余る体力を発散した行軍（あてどもない遠足）にも「思うところあり」として参加していない。

そのかわりに彼が力を注いだのはスポーツだった。高等中学校のはじめにはボートと野球に没頭している。生来、体が弱かったことから、運動を心がけたのだろう、一八九〇年正月の日記には「この冬期休業にはベースボールを専修し、技も大に進むと同時に身体も強壮となりし」と記している。大学に進んでからは帰宅後の撃剣を欠かさなかった。身体のみならず、心身の鍛錬である。

野球の仲間はもちろん子規たち同郷の友人であった。彼らは、夏期休業で松山に帰省すると練兵場で野球をしたり、高浜で海水浴をしたりと、郷里に新しいものを伝える役割を担った。秋山らとともに創設した「同郷会」でも、帰省のたびに後輩たちに向けて講演会を開いて後輩の感化に努めた。

寄宿舎では中国古典や英国文学史を読み漁って人文社会分野に傾倒し、一高の同僚である小野塚や俵と往来して感想を交わしている。一方で、他の学生たちと同じように民友社の『国民之友』や『国民新聞』を購読し、帝国大学で行われる講演会にも頻繁に出入りして、政治への興味を深めていった。

政治への関心を決定的なものとしたのは、一八九〇年に開会した第一回帝国議会である。同郷の代議士である鈴木《すずき》重遠《しげとお》の案内で議会を見学した勝田は、なかでも論戦の盛んな予算審議に惹かれて傍聴を重ねた。政府、議会、徴税、国民という関係にのめり込んだ勝田は、一高の最終学年に進んだ折に早くも自らの道を租税研究に定めた。彼が通う講演会も田尻稲次郎、添田《そえだ》寿一《じゅいち》ら大蔵官僚、渋沢栄一ら財界人によるものに変わっていった。

税財政への関心のもとには、経済全般への興味があった。彼はほぼ毎月、神田にあった観工場に通っている。多くの商店が軒を並べた集合商業施設で、百貨店、ショッピングセンターの前身とされる観工場で商品を眺めて、帰途、コーヒーやワインを飲んで寄宿舎に戻るのが彼の愉しみであった。日清戦争前後の東京のなかで、勝田は商品を前に賑わう人々を見て経済の隆盛を感じ、文献を通じて研究を重ねることで国家財政へと視野を広げていった。彼はそこに講談や義太夫を超える楽しみを見出していたのである。

上京と進学――地方から東京へ

大学にいたる教育体系も一八八六（明治一九）年の学校令発布を契機に整備が進み、各地に小中学校が開設されていった。小学校、中学校、高等学校から大学という道が示されたことで、地方の少年たちはいつの日か東京へ遊学して、学問を修めて立身出世を遂げる夢を抱くようになった。

彼らの向学心を支えたのは地域の有力者たちであった。松山の常磐会に見たように旧藩有力者を主唱者として育英組織が各地でつくられ、士族であっても、平民であっても有望な青年であれば学問と進学の機会が与えられていく。
なかでも山口県は上山のくだりで触れたように、早期に自力で高等中学校を立ち上げていた。上山は同校の第一期卒業生の首席の座を得たものの生家の経済状況が悪く、「余が家産益々減じ、余が志望を達せんことはいよいよ困難なるに至れり」という状況であった。折しも山口高等中学一期生卒業を受けて郷里の人々が防長教育会を創設したため、上山はその奨学金を得て一高に進むことができた。

進学熱の高まりを受けて、少年向けの雑誌には高等中学校や兵学校への案内が掲載されるようになった。一八八八年には、早くも高等中学受験の参考書『高等中学校入学試業例題解答』(敬業社)が刊行される。同書は日本史、世界史(万国史)、アメリカ史、世界地理、物理、化学、博物学、植物学、動物学などを網羅し、専門の学士が校閲した信頼できる参考書であることを売り文句とした。

一八九〇年からは『東京遊学案内』(少年園)が、一九〇一年には女子学生向けの『女子東京遊学案内』(積文堂)が毎年刊行されるようになる。中学生向けの日記帳(金港堂、東京書籍出版など)でも、「東京学校案内」が定番の付録となった。そこには各校のカリキュラムや試験問題のほか、学資の獲得、保証人、病気への対処、政治熱など具体的な注意が記されている。地方の少年たちは、こうした書物を読みながらまだ見ぬ東都に想いを馳せた。
これらの書物が一貫して示したのは、学問による立身出世の道である。一八九二年に刊行された城南逸士『少年立志之友』(鍾美堂)には、木戸孝允、西郷隆盛といった元勲たちとともに、鳩山和夫や伊沢修二ら貢進生の事蹟が挙げられ、少年たちに学問の必要性を説いた。地方の青年たちにとって、全国から上京して学問に励んで出世を遂げた貢進生たちのすがたは、自らの将来像と映った。地方の青年に向けて刊行された『青年と立身出世』(渡辺修二郎著、大学館刊、一九〇〇年)には、貢進生の経歴一覧が掲げられている。

一八八〇年代半ばには、いまでいう「勉強」の概念が定着したといわれ、小学校歌集に収められた「仰げば尊し」にも「身を立て名を挙げ、やよ励めよ」の歌詞が付されている。進学熱は立身熱と結びつけて語られるものとなった。

学問と結婚——優秀な跡取りを求めて

学問による道は、異なる経路でも開けていった。家柄だけでなく学校での評価が意味を持つ時代が来たことで、優秀な学生には養子縁組や婿入りの話が頻繁に持ち上がるようになったのである。跡継ぎを持たない地方の名士たちは、将来有望な養子や婿を得るために学校での評判を集めてまわった。地元の中学校にいるあいだに目星をつけ、高校、大学に進む際に学資の支援を申し出て、家へ迎えるのである。

見ず知らずの二人を一〇代のうちに結婚させてしまうなど、なんとも性急な話に思えるが、立身出世をめざす学生にとってみれば、それも決して悪い話ではなかった。学問の道に励む

浜口雄幸（右）と妻夏子，娘悌子

者には江戸時代でいえば部屋住みの次男、三男が多かった。生家を継がない彼らは、学問によって身を立てようとしたわけだが、学資が続く家ばかりではない。名士の家の婿となれば、この問題は一挙に解決される。

たとえば浜口雄幸である。彼は高知郊外の五《ご》台山《だいさん》にある水口家の三男に生まれた。父は山林官として出仕し、一四歳年長の長男は水口家を継いで高知県に奉職、六歳年長の次男はのちに高知第三中学校長を務め県内屈指の教育者として活躍した。漢学を中心に恵まれた環境のなかで過ごした雄幸は抜群の成績で高知中学校に進学する。

中学校では、当初こそ大人しい性格で目立たなかったものの、五台山から中学まで一里半を休まず通い、三年次には修身、英語、歴史、植物、書道、体育で満点、物理以外は九〇点を超える好成績を修めて五年に飛び級した。彼の飛び抜けた優秀さが近隣に知られるのに時間はかからなかった。

雄幸に白羽の矢を立てたのは、五台山から北東に五〇キロほど離れた安芸郡田野村の郷士浜口義立《はまぐちよしなり》である。浜口家は一八代を数える旧家であったが息子二人が夭折しており、跡継ぎがなかった。一人娘は小学校を優等で卒業して高知女子師範に通う才女であり、彼女に立派な婿を迎えるのが義立の願いであった。

何とかよい息子をと探す手は田野村にとどまらず高知市内に伸びていった。そこで中学でも抜群に優秀であり、人物も沈着、武芸にも秀でるという雄幸少年の評判を耳にする。義立は周囲から口説いてついに縁組を承知させた。中学卒業と同時に雄幸は浜口家の婿となり、同家は将来の総理大臣を家に迎えることとなった。

雄幸はその後、大阪の第三高等中学校、東京の法科大学と、浜口家から学資を受けて学び続け、大蔵省に入った。高等文官試験に合格した雄幸が山形、松江での勤務を経て本省の書記官に戻った一八九七年、義立は生涯を閉じている。安堵しての旅立ちであった。

大学生と高校生——雑誌を通じた交流

学問と出世の入口に立った大学生のすがたは、地方で学ぶ高校生にとって、自らの将来を重ねる憧れとなった。勝田の例で見たように、大学生たちは、夏に帰省すると野球や演説など東京で身につけた流行を広め、大学での日々を語り、高校生たちはこれに耳を傾けた。彼らのつながりは深く、中学校や高等学校で生徒がストライキに踏み切ると、心配した大学生が調停のために帰郷するほどであった。

もうひとつ、彼らと郷里の少年たちを結びつけたのが雑誌であった。雑誌といっても一般的なそれではなく、先に挙げた三高の『青年志叢』のような中学校、高等学校の校友会誌である。大学生たちはここに新知識の薫りを詰め込んだ文章を寄せ、後輩たちの夢を膨らませた。

誌上では、後輩たちの問いに答える一種の進路相談も行われている。仙台の第二高等学校（以下、二高）校友会が発行した『尚志会雑誌《しょうしかい》』一三号（一八九五年）には、将来のことを考えた場合、法律と政治のどちらを専攻とすべきかという質問が寄せられている。これに答えたのは、二高の卒業生にして法科大学英法科に在籍する井上準之助《いのうえじゅんのすけ》（のち日本銀行総裁、蔵相）であった。

井上は我田引水となることを断りながら、第一信で政治学、経済学（当時は政治学科に含まれていた）は法律学に比べて漠然としているとして法学を薦め、第二信ではより具体的に、学者となるには法律も政治も難しく、官僚となるには事務官では法学、局長以上になると政治学や経済学の知識が必要になること、いずれの場合も民間に進めば相当の地位まで昇ることができると丹念に説いている。

一八九九（明治三二）年に京都帝国大学法科大学が開設されると、翌年には同誌上で東京帝国大学（帝国大学から改称）と京都帝国大学の学生による勧誘合戦が繰り広げられた。とりわけ後発となった京都の学生は「教授は大抵洋行帰りの若手腕利きのみなれば、敢えて東京大学に譲らず」「京都大学の教授は大学専務の者のみなれば生徒を思うこと頗《すこぶ》る熱く、親切なり」と盛んに宣伝した。

もっとも、京大生も出題者や学説の関係から高等文官試験では不利となることは認めざるを得ず、「要するに当学の筆記のみにては殊《こと》に憲法の如《ごと》きにおいても文官試験に応じて通過は困難なるべく（説大に異なればなり）、これが受験をもって唯一の目的とせば、むしろ東京大学に遊ぶの安全なるに如《し》かずかと存じ候」と率直に記している。

大学生のやりようを高校生がまねるのはいつの時代にも通じるようで、この頃には特に演説が取り入れられ、国会が開設されると模擬国会が広まっていった。二高では一八九三年に第一回が実施されたのち、三年の中断を経て、一九〇二年からは毎年開催され、生徒たちの腕試しの場となった。審議される法案は学生から募集された。当初は「帝国大学卒業生徴兵免役に関する法律案」「東北大学設置案」と身近なものであったのが、次第に「宗教法案」「衆議院選挙法中改正」「ローマ字を国字とする建議案」など、現実政治を反映したものに変わっていった。彼らの関心の変化がうかがえる。

参加者の役割も、当初は議長と各大臣、議員だけであったものが、各政府委員、書記官長、自由党・進歩党・帝国党幹部（院内総理、総務委員）と、それらしく陣立てがされていった。英法科の学生が自由党幹部を務め、独法科の学生が帝国党の幹部を務めるなど、なかなか洒落も利いていたが、議論はきわめて真面目であった。ここで育った世代が、続く大正デモクラシーの時代を行政面から支えることとなる。

かくして大学の専門教育が整備され、官僚の試験任用制度が整い、地方では学問と官途を通じて立身出世をめざす青年が育っていった。伊藤や大隈が制度を構築する創造の世代であったとすれば、制度化されたなかで着実に能力を発揮する運用の世代が現れてきていた。

* * *

日本という国家が日清・日露戦争を通じて大きな存在となり、それに合わせて政府の役割が肥大化するなか、政治に参加する人材として、行政を担う人材として、そしてなにより全国民が志を遂げるという五ヵ条の御誓文の精神の象徴として、彼らは国家の中心で活躍の場をつかんでいくことになる。

第五章　憲政の時代——一八九〇年代〜一九一〇年代

一八八九（明治二二）年の明治憲法の制定、翌九〇年の帝国議会の開設によって、日本政治は制度の基本設計に取り組んだ立憲の時期を終え、制度を運用する憲政の時代に歩を進めた。明治維新からおよそ四半世紀を経ての到達であった。新たな出発点に立った日本政治は、維新期の活気を取り戻すかのように実績を重ねていく。その積み重ねは一九一八（大正七）年に「本格的政党内閣」と称される原敬政友会内閣を誕生させる。

政党政治、責任内閣の実現までのなか、従来からの藩閥政治家がいれば、力をつけてきた政党政治家もいる。そして明治憲法が規定した権力の分散によって、軍人政治家や官僚政治家も誕生していた。この観点から見れば、政党政治を生み出したのは、政党政治家と官僚政治家、さらには現役官僚たちとのあいだで繰り広げられた競争と創造であった。

そこには政治主導への強烈な衝動と挫折があり、それを継いだ政治家と官僚の協働があった。この章では、政局を背景に据えつつ、政策と制度の運用から政党政治にいたる過程を読み解いてみたい。

1　隈板内閣の挑戦──初の政党内閣と官僚

藩閥政権の限界──責任のたらい回し構造

責任と権限を合わせ持つ立憲制度の中核として誕生した内閣制度は、帝国議会の開設を目前にして、大きな方向転換を迫られていた。大宰相主義の立場を取る内閣職権から、閣僚平等主義を取る内閣官制への変更である。

きっかけは、伊藤の後を継いだ黒田清隆内閣が条約改正をめぐる深刻な閣内対立によって瓦解したことであり、維新以来の共同体である藩閥政権と首相の強い指導力に齟齬《そご》が見られることから、首相の権限を見直す必要が唱えられた。

くわえて、内閣職権は、国務大臣を首相の統制のもとに置くことを定めており、憲法五五条にある国務大臣の単独輔弼と抵触する恐れもあった。このため、政府は黒田内閣の崩壊を機に、首相による統制権を外して全大臣を同格とし、内閣を行政長官の合議体に改めた。内閣は首相を首班としながらも、統一に必要な権限を欠く組織となる。

他方で、内閣官制とともに各大臣が提出した「奏議《そうぎ》」には閣内一致の原則が示されており、内閣は行政各部の独立と閣内の一致という両立困難な課題を負うこととなった。調整の不調がすぐに総辞職につながる構造である。首相の地位は権限なくして責任ばかりを問われる面倒な役回りとなり、内閣が崩壊するたびに、誰が首相となるかではなく、誰ができるかという責任の押し付け合いが繰り広げられた。

第三次伊藤博文内閣までの七代の首相は、藩閥内における薩摩と長州の勢力均衡を前提に、彼らが交互に首班を出す法則が貫かれている。それは明治維新を成し遂げた同志の結束を保つ方策であると同時に、首相の地位がこの結束を崩してまで取りにいく魅力を持たないことの帰結であった。政権を独占しつつも責任をたらい回しにする構造が生まれていたのである。

それでも、民力休養を求める民党との対立構図が明確なあいだは、民党という共通敵を前に、彼らは団結することができた。ところが、一八九四（明治二七）年の日清戦争を契機に藩閥と政党の連携が進んだことが状況を変化させる。議会の運営が順調になる一方で、政党人が入閣したことで政権の命運が民党の意向に左右されるようになったからである。

一八九八年一月、大隈重信率いる進歩党と提携した第二次松方正義内閣が、日清戦後経営の財源を地租増徴に求めたとたん、進歩党の反対に遭って総辞職に追い込まれたことは象徴的であった。後継内閣を託された伊藤は、自由・進歩両党から閣僚を得て窮地を乗り切ろうとしたものの、選挙を間近に控えた民党は伊藤に協力せず、伊藤が衆議院を解散すると、民党は増税反対で大同団結して憲政党を結成した。総裁は大隈と板垣退助である。

藩閥内では憲法を中止して議会外で増税を決めようとする意見が勢いを得たが、伊藤はより先を見ていた。政府と政党が協力しなければ憲政は機能しない。そう考えた伊藤は藩閥内での首班交代の例を破り、憲政党の総裁である大隈、板垣の両名に組閣の大命を降下するよう明治天皇に申し出た。かくして一八九八年六月三〇日、大隈を首相兼外相、板垣を内相として、わが国初の政党内閣となる第一次大隈内閣、いわゆる隈板《わいはん》内閣が成立した。

初の政党内閣と官僚たち

政党内閣の成立は、長く藩閥のもとで過ごしてきた官僚たちに大きな衝撃を与えた。「遂に明治政府は落城して政党内閣となりたる」とは山県有朋の弁であるが、自由民権運動以来、全国各地で民党と対峙してきた藩閥官僚にとってはまさに敗戦であり、屈辱であった。

政党内閣に仕えることを潔しとせず官を辞した者も多い。高官ほどその傾向が強く、辞職は各省の次官から府県知事まで広汎に及んだ。もっとも彼らはこの内閣が長続きするとは見ておらず、時期がくれば藩閥内閣が復活し、返り咲くことができるという目算を持っていた。

他方で、彼らとはまったく異なる観点から政党内閣の誕生を新たな統治のはじまりと捉える官僚たちがいた。大学出身の学士官僚である。

第一銀行、農商務省を経て内務省の中枢にあった水野錬太郎もその一人である。藩閥官僚たちが民権運動期の先鋭的な民党像に囚われていたのに対して、水野は第二次伊藤内閣に入閣した板垣内相に秘書官として仕え、自由党幹部と交わるなかで彼らへの評価を改めていた。

そして、民衆との接点を持たない官僚だけでは、国民に支持された立憲政治に辿りつくことはできないと考えるようになっていた。

水野の思索の背景には、大学での学問がある。英法科に学んだ水野は、イギリス流の二大政党政治を憲政のあるべきすがたと捉えており、初期議会期における政府と議会の対立に飽き、両者の協力が進むことを望んでいた。彼の目には初の政党内閣が誕生したことで、これまでの対立が協働に変わるのではないかという希望が見えていた。

現職のまま政党に参加する官僚も現れた。大蔵省で主計局長を務める添田寿一（福岡県出身、一八八四年東京大学卒）である。添田は、鹿児島出身の田尻稲次郎次官が辞職したことを受けて隈板内閣から次官への昇任を打診された。藩閥に殉じて拒むこともできたが、添田はこれを受けただけでなく、自ら憲政党に入党した。現職官僚の入党という事態は藩閥をはじめ各方面に衝撃を与える。添田は次官の地位に目がくらんだと容赦のない批判が浴びせられた。

しかし、この人事は添田個人の意向というより、憲政党と大蔵省の交渉の結果であった。隈板内閣の成立に際し、大蔵省は幹部全員が辞職する方向で動きはじめた。これに対し、蔵相となった松田正久（旧自由党）は、大蔵官僚との協力関係のもとで課題となっている歳入不足を克服するため、全幹部を慰留した。大蔵省幹部は対応を協議し、筆頭局長である添田の次官昇任を求め、松田がこれを受諾したのである。これにより両者の関係が構築され、大蔵省は政党内閣との協力のもと、間接税の大規模増税を実現する。

では、なぜ添田は入党までしたのか。それは、次官を政権の一部と考える大隈たちが添田に入党を求めたためである。田尻も、他省の次官たちもこれを拒んだ。しかし、添田は受けた。自らが憲政党に入ることで大蔵省の省益が守れればと考えた面もあったのだろう。

だが、彼は大蔵省の省益を超え、隈板内閣の成立を国政転換の好機と捉えていた。政党が政権を担う経験をすれば、批判一辺倒の無責任状態から脱却し、現実に即した政策論争を行う主体に育てることができる。そうなれば、行政と立法の衝突を避け、頻繁な内閣更迭と国務の停滞を打破することができると期待を寄せたのである。

従来、学士官僚は、完成された秩序のなかで育ったことで、動乱を経験した維新官僚と違い、事務能力は優れているが創業の精神に乏しいと評されてきた。しかし、立憲主義を統治の方法として捉えた藩閥官僚に対して、近代国家の理念として捉えることのできた彼らは、藩閥か民党かという対立の図式を超えて、行政と立法が協働する未来を描き、その創立に携わろうとしていた。彼らにとって政党内閣の誕生は、来るべき時代の到来と映った。

この転換を演出したのは伊藤博文である。伊藤は天皇に後継推薦をしたのちに大隈と板垣を招き、官僚との協調を丹念に説いた。政権を取った政党の側から官僚に歩みより、政党政治の理解者を増やしていくことが必要であった。政党内閣への移行は、専門官僚の創出につづく、憲政を適正化するための一手であった。

行政と立法の協働を夢想する学士官僚たちにとって、眼前の敵は行政の専門化を妨げている旧体制、すなわち藩閥勢力であった。試補制度の導入から一〇年を経て、すでに局長以下は学士官僚が占めるようになっていた。しかし、次官など最上層はいまだ藩閥官僚によって占められ、彼らのなかには学士官僚の専門性を嫌う者もあった。

藩閥との関係で昇進に差が出るという見方もあった。学士官僚は全国から集められていたが、出身により昇進に差別があるというのである。

山形県出身の内務官僚森正隆《もりまさたか》（一八六六年生、仏法卒、試補採用）は、同じ東北出身の水野に対して「我々藩閥なき奥羽人の如き、如何程《いかほど》働きても常に功は彼に奪われ、過ちはわれに負う気味あるのみならず、人材の登用も実は弱いものいじめに過ぎざる儀と存じ候」（『論策と随筆』）と不満を漏らしている。彼ら非藩閥の官僚にとって、政党内閣の誕生は藩閥官僚を廃し、不遇を脱する好機でもあった。

試験制度の発足、帝国大学の創立から一〇年を経て官僚組織はその組成を更新し、変化に臨む準備ができていた。学士官僚たちは、多感な中学時代に民権運動に触れ、議会政治への憧れを抱いて法学や政治学を学んだ。彼らに行政への参加という道を開いたことで、政府内部の意識は大きく変化し、政党政治に対応できる土壌が育まれたのである。

猟官運動か適材適所か

藩閥勢力の反発とは対照的に、世論は初の政党内閣の誕生を歓迎した。政党系の新聞はもちろん、中立系の新聞もこれを憲政の進歩と評価した。関心は政党内閣がどのような政治を行うのかに集まった。

山県をはじめとする藩閥政治家たちは、議院内閣制を認めるかたちに憲法が改定され、政府が議会に支配されることを恐れた。ベルギー流の立憲議院制度が導入されれば、同時代のスペインやギリシャのようにポピュリズムが蔓延《まんえん》し、人気取りの政策が横行した結果、取り返しのつかない事態が生じるのではないかという危惧である。

もっとも明治憲法は欽定憲法であり、改定の発議は天皇が行うこととなっている。明治天皇は伊藤の推薦によって大隈たちに組閣を命じたものの、彼らを信頼していたわけではなく、むしろ懐疑的に見ていた。親和的ではない天皇を動かすことは難しい。そうであるなら、より直截《ちょくせつ》に政党によって行政を呑み込むほうが現実的と見た。制度を変えずとも、運用によって政党政治を実現することができるという判断である。

藩閥内閣でも、政党内閣でも主権者である天皇から組閣の大命を受けたという前提は変わらない。彼らが強調できるのは、藩閥内閣のように内部対立によって頻繁に辞職する「無責任内閣」とは違い、政見の一致した政党による責任内閣を組織できることであった。

彼らは、まずこの内閣が政党内閣であることを外形で明示すべく、党籍を有したまま大臣となった。これまでは官吏服務規律が不偏不党であることを定めていることに従い、官職に就く者は党籍を脱していた。隈板内閣はこの考え方を退け、憲政党からの入閣者、就官者は全員が党籍を保持したまま就くこととして、政党員が内閣を組織することを強調した。

次は官僚との関係である。大隈首相は政務官と事務官を区別すること、事務官は内閣の方針に反対しない限り身分を保障すると声明した。政務官は、明治一四年の政変で大隈が提案した政治任用の「政党官」を、事務官は行政の継続性を重視した「永久官」を継承している。政務と事務を区別することで、政治主導で政策を決定していく姿勢と、行政事務官との協調を明示する宣言であった。

問題は、政治任用の範囲と人事である。明治一四年の意見書に従えば、各省の次官と主要局長が政務官となる。前述したとおり、増大する官僚の待遇とポストを確保するため、ほとんどの局長が勅任官に格上げされていた。勅任官は任用の自由を確保するため資格による制限がなく、内閣は思うままに人事を行うことができた。

この規定は政党内閣にとって自由な人事を行うことのできる有効な制度となるはずであった。しかし、実際にはこの自由さが仇となる。これまで官職に縁のなかった政党人たちが先を争って猟官運動を行ったからだ。隈板内閣は、大臣と各省をつなぐ次官には政党人を充てるものの、局長級は可能な限り現職を留任させる方向で動いていた。行政との協調は、伊藤から大隈たちに行われた助言の最たるものであり、内閣にとっても既定の方針であった。

内閣の思惑とは裏腹に党員の猟官運動は過熱する。自らの就官を望んで運動する代議士、代議士の就官を目論む地元の支持者、破産した親族の任官を求める代議士などが上京し、党本部に押し寄せた。官職を得るために入党する者も相継いだ。のちに南極観測で知られる白《しら》瀬《せ》矗《のぶ》（当時、後備陸軍軍人）も、冒頭に「憲政党員」と大書した履歴書を大隈に送り、北海道の支庁長への就官を求めている。

初めての本格的な政権交代で生じた狂乱的な猟官運動に、寄合所帯である憲政党は組織として対応することができなかった。そのため党員たちは、直接に自派の大臣に交渉をはじめた。大臣たちはこの対応に追われ、政権は組閣直後の重要な時期に停滞を余儀なくされる。

最終的に隈板内閣は、各省の次官をはじめ六〇近い官職に政党人を就けた。責任内閣の理想を掲げながら猟官運動によって大量の身内を登用する様を見て、世論は批判に転じた。藩閥政府からの一新を期待した官僚たちも、これでは利権者が交代したに過ぎないと嘆息を禁じ得なかった。

建設的な側面と利権的側面

しかし、内閣はそこまで無軌道ではなかった。この大規模な人事のなかには、責任内閣の樹立に向けた建設的な部分と、党員の要求に応じた利権的な側面が共存しているからだ。まず、前者から見てみよう。

隈板内閣が責任内閣樹立の要と見たのは次官である。彼らは次官は政党官であるとし、現職官僚の留任を前提にして彼らに入党を求めた。しかし、現職の次官はいずれも有力な藩閥官僚である。様子見でいた次官たちも、この要請を前に辞職の道を選んだ。ここにいたり大隈らは大臣と次官をすべて政党人で満たし、その会議体を政権の核とする統治機構を描く。セクショナリズムを打破する各省横断の政策決定会議を樹立しようというのである。筆頭局長が次官に昇任、入党した大蔵省を含めて、陸海軍以外はすべての大臣、次官に憲政党員を配した。

これにくわえて、外務、大蔵、文部、農商務、逓信省の勅任参事官にも憲政党員が就任した。参事官は法令事項を担う各省の頭脳であり、有能な学士が名を連ねていた。彼らの会合—参事官会議は、省議のように公式なものではないにもかかわらず、各省で実質的な政策決定を担っている。この頂点となる勅任参事官に政党の有能な人材を送り込めば、政党と各省の関係を築き、人を介して理解を深めることで政党内閣に協力的な勢力を生み出すことができる。各省を把握するうえで重要な人事であった。大隈らは、内閣においては大臣次官会議を、各省にあっては参事官会議を押さえることで、責任内閣を樹立するために必要な意思決定の構造を組み上げたのである。

利権的な側面が強く見られるのは局長と地方官の人事である。まず、党勢拡大のために内務省県治局長（のちの地方局長）、警保局長、警視総監、各県知事・警部長といった、これまで政党の活動を阻《はば》んできた組織を掌握した。政治活動の自由度を上げ、党の基盤を拡大する意図が見える。内相を押さえた旧自由党員が多く就任している。また、大蔵省監督局長、内務省土木局長、同北海道局長、農商務省農務局長、水産局長、山林局長、逓信省鉄道局長と、許認可権限を持つ官職も憲政党員で占められた。

この時代、開発のフロンティアは北海道である。ここには黒田清隆長官以来、鹿児島出身の人材が多く入って開発事業に携わり、利権も一手に握っていた。隈板内閣は旧自由党の重鎮である杉田定一《すぎたていいち》を長官として道庁幹部や支庁長から藩閥関係者を一掃し、後任に多数の旧自由党員を充てた。

以後、北海道では旧自由党、旧進歩党を問わず、大量の憲政党員が開拓や鉄道の利権に群がる。政党は藩閥政府を落城させたことを機に、利権の獲得に走ったのである。

統治機構改革——内閣機能強化

猟官と利権獲得に走る政党人のすがたは、政党内閣への期待を著しく減じさせた。傷ついた期待を回復すべく、責任内閣としての実績を挙げていくしかない。

看板となるのは統治機構の改革である。大隈らは、各省次官を委員とする臨時政務調査会を内閣に設置し、各大臣にも臨席を求めて抜本的な改革を行うことを表明する。陸海軍省を除く全員を政党員で固めた委員会の設置は、世論からも注目を集め、隈板内閣は組閣当初の動揺を超えて改革の段階に入ったと見られるようになった。

七月一三日に設置された調査会は、九月四日までに実に六〇に及ぶ議案を審議した。文書事務の簡略化といった一般的な整理事項から、局課の統廃合、郡制廃止、政治任用職、さらには民党と敵対してきた警視庁や司法省の廃止、そして文官任用令の全面改正まで、広汎かつ抜本的な議論が行われた。

議論の核心は、いかにして統一性を持って政策決定のできる統治機構を構築するかにあった。めざしたのは、セクショナリズムを容認する分担管理原則と、内閣の統一を阻害する国務大臣の単独輔弼（明治憲法五五条）の克服である。そのためには、各省が持つ事務能力と専門性は維持しながら、調整と決定の権能を内閣に集中することであった。

まず内閣機能の強化が不可欠である。隈板内閣は大隈の側近であり人物、識見ともに優れた武富時敏《たけとみときとし》（旧進歩党）を内閣書記官長に据えて、総合調整の場として首相官邸を位置づけた。それまでは有力大臣の官舎や私邸で行われることの多かった決定の空間を、首相官邸に固定することで内閣の求心力を高めたのである。法制局では行政経験の豊富な神鞭知常（旧進歩党）を長官に充てたうえで、法制局参事官の増員を決めた。彼らは法令審査を通じた総合調整にくわえて、内閣の頭脳として機能する。

補佐機構が整備されれば、あとは総合調整の場ができればよい。首相に実質的な調整の権限がなく、憲法が国務大臣の単独輔弼を規定している状況では、閣議にかかる前に事務レベルでの調整が行われていることが望ましい。

このため調査会は、閣議に先だつ事前協議機関として内閣参事官会議の設置を提案した。各省の次官と勅任参事官を内閣参事官に任じ、閣議の前日に彼らを内閣に集めて調整を行い、調整がついたものを翌日の閣議に上げる。次官と勅任参事官は各省の実務を理解しつつ、内閣に属することでセクショナリズムを打破する。それでも調整がつかない場合は大臣が控えている。緩やかな調整も、あいまいな戦略も、強い政治主導による決定のいずれも可能な周到な構造設計である。

これに合わせて、各省の参事官会議は解体し、政治任用職である勅任参事官一名以外は事務官に配置換えとされた。意思決定の機能を大臣、次官、勅任参事官に限定することで、政治の領域である「政務」と、行政実務を担う「事務」を峻別《しゅんべつ》する考えである。

これは明治一四年の政変で示された政党官と永久官という任命形態に基づく枠組みを、政務と事務という機能から再整理したものであった。専門官僚が立案し、決定と調整は内閣に委ねる、機能分化に向けた改革をめざしたのである。

調査会で論じられた積極的な統治機構改革は、実はいずれも旧進歩党系から提案されたものであった。明治一四年の政変で政府を追われた彼らは、憲法制定以前の「元官僚」である。政策通をもって自任する彼らは、かねてからの持論である議院内閣制を実現するために統治機構の改革への強い執念を持っていた。

一方、板垣ら旧自由党系の目標は政党政治の実現や統治機構の改革ではなく、地方官と警察を通じたさらなる党基盤の拡大にあった。彼らは、進歩党系が打ち出した積極的な改革案に強く反発した。内閣の寿命が長くないことを見越した板垣たちが藩閥寄りの立場を取って次に備えはじめたのである。

両派の疎隔は、八月に行われた衆議院議員総選挙で決定的な対立へと昇華する。合同からわずか二ヵ月での総選挙に地方組織は混乱し、候補者調整は困難を極めた。その結果、各地で双方の候補が衝突して協調は足下から崩れ、一一月、内閣は総辞職する。政党政治への道は、政党内閣がわずか五ヵ月で自壊したためにひとたび閉ざされ、藩閥内閣が息を吹き返すこととなる。

2　政権交代と官僚の党派化

藩閥官僚の復権——第二次山県内閣と憲政党

一八九八（明治三一）年一一月、隈板内閣の崩壊の後を受けたのは山県有朋であった。事業ごとにスタッフを組織する伊藤と違い、山県の周辺には常に彼に従う官僚と軍人があり、彼らは山県閥と称される政治集団を形成していた。二度目の今回の組閣に際しても、桂太郎陸相、青木周蔵外相、清浦奎吾法相ら山県閥と、松方正義蔵相ら薩派が均衡を取って配され、従来型の藩閥内閣が組織された。

とはいえ、山県といえども議会勢力の協力なくして政権運営はできない。山県は実益志向の高い憲政党（旧自由党系）の支持を取り付けて、懸案の地租増徴を実現する。憲政党は見返りに選挙取締の責任者である小倉久《おぐらひさし》警保局長（憲政党）の留任を取り付け、翌年の府県会議員選挙に臨んだ。その結果、同党は大半の府県で憲政本党を圧倒し過半数を確保する。

山県内閣は、隈板内閣下で登用された政党人を駆逐して官僚の失地回復に努めることも忘れていなかった。大蔵次官の田尻稲次郎など多くの藩閥官僚が復帰したことにくわえ、文官任用令を改正して、次官以下ほぼすべての官職を資格任用とした。さらに明治天皇の意向として、内閣官制、各省官制、文官任用令など、官制大権にかかわる事項を改正する場合には枢密院の審議を経ることとした。容易には官僚制度に手をくわえることができないよう、予防線を張ったのである。

だが、改正は憲政党に相談なく行われたため、彼らの強い反発を招いた。そのため、山県内閣は政務・事務両面を担ってきた次官の職掌を分け、政務の部分を官房長に、事務の部分を総務長官（のちの事務次官に相当）に担わせることとした。このうち、官房長は任用資格を設けない政治任用職として政党人を登用する含みを残し、憲政党を懐柔した。

とはいえ、その職掌は今日の官房長とは大きく異なる。山県自身が「秘書官より少々位のよきもの」（「徳大寺実則日記」）と評したように、意思決定にはかかわらず、議会対応など官僚にとって面倒な仕事を押しつけた猟官希望者向けのポストであった。

横断型政党の登場——政官複合体としての政友会

憲政党は政権との密接な関係が続いたことで与党慣れし、議会中心主義を捨てて政権への積極的な参画に舵を切る。一九〇〇（明治三三）年、新党創立を模索していた伊藤博文が政党、官僚、財界を包括する横断型政党の組織を呼びかけると、憲政党はこれに積極的に応じ、その基盤を提供した。

一九〇〇年九月一五日、立憲政友会が創立される。伊藤からの呼びかけは、無所属の代議士はもちろんのこと、府県会議員、市長、市会議員など地方政治関係者、商工会議所幹部、会社社長、多額納税者、銀行頭取、弁護士など各府県の名望家に広く行われたが、結果として憲政党が伊藤とその周辺にあった官僚たちを迎えるかたちとなった。

政友会に参加した顔ぶれを見てみよう。創立委員に名前を連ねたのは、渡辺国武（高知県令、蔵相）、西園寺公望（駐墺公使、外相、侯爵）、金子堅太郎（制度取調局御用掛、農商務相、男爵）、末松謙澄（県治局長、逓相）、渡辺洪基（帝国大学総長）、鶴原定吉《つるはらさだきち》（上海領事、日銀理事）らであり、仮総務委員として、都筑馨六《つづきけいろく》（外務次官）、原敬（外務次官、幹事長兼任）が、会員として鮫島武之助《さめしまたけのすけ》（内閣書記官長）、田健治郎《でんけんじろう》（逓信次官）らが加わった。伊藤系と言われた官僚政治家が顔を揃えた重厚な陣容である。同年一〇月に伊藤が第四次内閣を組閣すると、彼らは与党政友会の中核として政権を担った。

もっとも、彼らの多くは定着せず、伊藤が枢密院議長となって総裁を辞任すると、政友会を離れていった。彼らのほとんどはすでに大臣・貴族院勅選議員として安定的な地位を持っていた。他方で政党には政党の歴史があり、党歴に応じたヒエラルキーが成立していた。安定した政治的地位を持つ彼らには党に残る利益も、党で奮闘する理由もなかった。

彼らよりやや若い世代に都筑、鶴原、田、そしてのちに政党内閣を実現する原がいた。都筑は伊藤が枢密院入りする際に内閣書記官長として従い、鶴原は大阪市長に転じ、田は党幹部を批判して除名された。ここに原だけが残ることとなった。

農商務省で、外務省で、井上馨や陸奥宗光に見出されて力を発揮した原であるが、その歩みは順調なものではなかった。井上との関係は微妙であり、頼みとした陸奥は早世した。その後、官を辞して大阪で機をうかがっていた原は、政友会の創立に政治生命を賭ける覚悟で応じた。

当初、原は金子や伊東のように官僚政治家の道を思い描いていた。第四次伊藤内閣が発足したとき、原は大臣の地位を望み、それが果たせないとみるや貴族院の議席を求めた。のちの平民宰相は、むしろ官僚として勅選議員に選ばれ、安定的な地位を得ることにこだわっていたのである。しかし原は勅選に漏れた。

政党人としての原の歩みは、ここからはじまったといっても過言ではない。それまでの原は伊藤系の遅れてきた官僚政治家であった。勅選に漏れたのち、一九〇〇年一二月に星亨のあとを受けて逓相の椅子を得たものの、内閣が半年で崩壊したため、原はまたも安定的な地位を失う。活路を政党に定めた原は、一九〇二年八月の第七回衆議院議員総選挙に岩手一区（盛岡市）から出馬する。ここで元市長との熾烈な選挙戦を勝ち抜いた原は、本格的な政党政治家として歩みはじめる。

世代交代と次官内閣

政権の帰趨に話を戻す。政友会を与党として盤石に見えた第四次伊藤内閣は、寄合所帯ゆえの閣内対立に悩まされ、緊縮財政を主張する渡辺国武が積極政策を求める旧憲政党員と対立し、一九〇一（明治三四）年六月、わずか九ヵ月で総辞職を余儀なくされた。

後継に立ったのは、伊藤、山県よりもうひと世代下の桂太郎である。政権継続の願いを断たれた政友会との協力が欠かせない次期内閣を担えるのは桂を置いてほかになかった。陸軍次官として、大臣として議会にパイプを持つことが桂の政治資源であり、山県と憲政党を結びつけたのも桂であった。日英同盟の締結、日露戦争の開戦という状況を前に、両者はこれまでになく関係を深めていく。

第一次桂内閣の組織は、官僚制の歴史的展開から見ても画期であった。まずは大臣の顔ぶれである。元老からの世代交代を意識した桂は、自らと同世代に属する人材を大臣に充てた。

外相となったのはあの小村寿太郎である。貢進生時代にめざした「参議小村」は、学窓から三〇年を経て現実のものとなった。内相となった内海忠勝《うつみただかつ》は、実に三〇年間を地方官として務めあげた逸材であった。

同様に、法相には清浦奎吾、文相には文部次官から帝国大学総長に転じていた菊池大麓《きくちだいろく》と生え抜きの人材が大臣に就任した。文部省はこれまで文部行政に無関係の人物が充てられる伴食の地位におかれていたが、学制改革を求める声が高まるなか、より専門性の高い人材が求められていた。

蔵相の曽禰荒助は、大阪の陸軍兵学寮で桂とともに学んだ仲間である。陸軍官僚の道を進んだ桂とは違い、曽禰は五年間の渡仏で法制に通じ、法制局参事官を経て初代衆議院議員書記官長となり、さらに衆議院に議席を得て副議長まで務めた。明治の人材育成が生んだ万能人である。日露戦争が現実味を帯びるなかで、議会と関係の深い曽禰を財政の要に起用したことは、議会との対話姿勢を示すものと受け止められた。

世代交代、初入閣が多く、従来に比べて軽量級と映ったことからこの内閣は「次官内閣」と揶揄された。しかし、行政を熟知した官僚が大臣となることで内閣の実務能力はきわめて高く、各省の次官にも生え抜きの官僚が配された。

他方で、こうした実務性の高い人事が行われたことで、セクショナリズムの深刻化への懸念が示された。この懸念は現実のものとなり、第一次桂内閣は省間対立が頻発した。代表的なものは、清浦法相のもとで起こった司法官の俸給増額運動である。大蔵省に圧力をかける司法官たちの運動に対して清浦は動かず、大臣が暗黙の了解を与えていると報じられた。小宰相主義の内閣官制のもとでは、こうした強いセクショナリズムの動きは、重大な不安定局面を招きかねない。しかし、大臣個人の関係からの調整は難しかった。山県と違い、桂と清浦の関係は対等である。山県に頼れば世代交代という桂の目標は挫折してしまう。

桂は、財政規律を軸に内閣の調整を行うことでこの危機を乗り切る。彼は軍政を担当する官僚として地歩を築いたため財政は得意分野であった。財政通として議会との関係を築いてきた桂は、行政の統一でもその専門性を活かしたのである。

このことは元老との関係でも意味を持った。財政に軸足を持ったことで、桂は山県だけでなく、財政に重きをなす井上馨との関係を深めることとなったからだ。桂内閣は山県にくわえて井上からも庇護され、二人の元老という調整弁を背景に政権を運営することが可能となった。一九〇四年二月から一年半にわたる日露戦争は、二人の元老と政友会の好意的支持を受けた桂内閣によって挙国一致で乗り切っていく。

桂園時代——安定と変化への胎動

日露戦争の戦後処理が終わると、桂は従来からの約束に基づいて、戦争遂行に協力した西園寺・政友会に政権を禅譲し、一九〇六（明治三九）年一月、第一次西園寺内閣が発足した。

新内閣は桂と西園寺の協力関係のもとで組織されたものであり、政友会単独ではなく、山県・桂系官僚との連立内閣という性格をもって発足した。

第一次西園寺内閣は二年半にわたって政権を担い、一九〇八年七月、桂に政権を返上した。こののち、第二次桂内閣と政友会の「情意投合」が成立し、さらに第二次西園寺内閣に政権がスムーズな移行を見せたことから桂園《けいえん》時代と称され、政治的安定が訪れたとされる。

しかし、官僚たちにとっては、この時代こそが激変の時代であった。二つの勢力のなかで政権交代が進んだことにより、桂系か、政友会系かという、これまでにない選択を迫られたからである。

一九〇八（明治四一）年七月、第二次桂内閣は組閣に合わせて次官級官僚の大量更迭を断行した。留任できたのは山県の側近である河村譲三郎《かわむらじょうざぶろう》司法次官と仲小路廉《なかしょうじれん》逓信次官だけである。西園寺内閣が二年半と長期にわたったこともあり、次官級の官僚と政友会の関係は密接なものとなっていた。彼らの存在は新大臣にとって好ましいものではなかったのである。

更迭された官僚たちは、いずれも帝国大学法科大学で専門教育を受けた学士官僚たちであった。なぜ専門性をもって官途に就いた人材が、政治的、党派的な理由で更迭されなければならないのだろうか。

話は第一次桂内閣に戻る。一九〇三（明治三六）年一二月、桂は山県が設けた総務長官・官房長制を廃止した。これによって事務の次官たる総務長官、政務の次官たる官房長が廃止され、次官として一つに統合される。もとより官房長の職は憲政党の猟官要求に応じて設けられたものであり、盲腸と揶揄されていた。

しかし、この制度には、政務と事務、政治家と事務官僚の境界を明示するため、大臣－総務長官－局長という事務のラインと、大臣－官房長－大臣官房という政務のラインを明確に分ける意味が込められていた。実際、第四次伊藤内閣はこの理解に基づき各省の官房長に政友会員を充て、政務と事務を区分した運用を行っていた。しかし桂はこの必要を認めず、行政改革に合わせてわずか三年で総務長官・官房長制を廃止したのである。

盲腸と揶揄された官房長が行政整理のなかで廃された論理は理解できる。桂をはじめとする官僚系にとって専門官僚たちは当然にして自分たちの下僚であり、政治任用である官房長の存在は事務を繁雑にするだけのものと映った。しかし、それは彼らが政権を占めているときの論理であることに気付いていなかった。

総務長官・官房長を廃止すれば、次官は一人で政務と事務と二つの顔を持つことになる。当然、次官は政治的に行動せざるを得ない。政権交代がなければ大きな問題が生じることはないが、政党のあいだで政権が代わることになれば、前内閣に仕えた次官を続投させることはできない。こうして政権交代にともなう次官級の更迭が常態化する。藩閥内閣のもとでは見られなかった現象である。

この現象は、桂系と政友会系という党派色をつけることとなった。その結果、桂内閣で活躍した官僚が西園寺内閣では野に下り、再び桂内閣となると返り咲く、西園寺内閣で重職にあった官僚が桂内閣では左遷され、西園寺に政権が復すと再任されるという党派人事が生じることとなった。勢い、官僚も党派的に行動せざるを得ない。

この傾向が顕著に現れたのは機密を扱う警保局長、警視総監である。桂内閣では有松英義が警保局長、大浦兼武《おおうらかねたけ》が警視総監に、西園寺内閣では古賀廉造《こがれんぞう》が警保局長、安楽兼道《あんらくかねみち》が警視総監と決まっていた。内閣官僚も同様であり、桂内閣では山口県出身の柴田家門《しばたかもん》（一八六三年生、試補採用）が書記官長、一木喜徳郎が法制局長官、西園寺内閣では富山県出身の南弘《みなみひろし》（一八六九年生、高等文官合格）が書記官長、一木の後輩教授である岡野敬次郎《おかのけいじろう》が法制局長官と定まっていた。内閣では書記官以下の事務官僚も大幅に入れ替えられた。総合調整機関として内閣が高い政治性を持つようになったことの表れである。

官僚の党派化の進展

もっとも、桂と政友会の関係はおおむね良好であった。桂の苦境を政友会が支え、政友会の要望を桂が叶える共生関係が成り立っていたからである。一九一一（明治四四）年八月、外交上の懸案の処理を終えた桂は、再び西園寺に政権を譲り、第二次西園寺内閣が誕生する。

この内閣は第一次西園寺内閣のときとは状況が異なっていた。かつては単独では政権を担えなかった政友会を桂が支えていた構図が、日露戦後経営の五年間を経て、有権者の支持を背景とする政友会が桂を支えるかたちに逆転していたからである。優位に立った政友会に桂の主張を容れる必要はなかった。桂が西園寺に政権を譲ったというより、託したというのが実態に近い。

西園寺は原敬や松田正久ら領袖と相談し、桂からの閣僚推薦を退けて政友会主体の責任内閣を構築する。原が内相、松田が法相に再任し、他の大臣にも政友会や西園寺に近い人材が集められた。要となる蔵相には、桂と対峙できる財政知識と影響力を持つ人材が党内になかったため勧業銀行から山本達雄《やまもとたつお》総裁が迎えられた。世論はこの内閣を、待望の政党内閣として歓迎した。

西園寺内閣の自立傾向は、官僚人事にも現れた。第二次桂内閣に報いるように各省の次官級を更迭し、第一次西園寺内閣に仕えた高級官僚を復帰させた。第二次桂内閣による更迭ではじまった官僚の党派化は、政権交代の連続により定着することとなった。これにより次官になることは、一方の勢力への所属を意味するものとなった。

官僚たちは、この党派化の進展をどう見ていたのだろうか。彼らのなかに、藩閥勢力の跋扈を嫌い、政党政治に託す思いがあったことはすでに述べた。だからといって、政党政治を望む官僚が西園寺内閣で重用され桂内閣で冷遇されたのかというと、必ずしもそうではない。そこには、専門官僚制がシステム化されたことによる帰結があった。

試補制度の導入から二〇年余りが過ぎ、高等官僚はほぼすべてが大学で教育を受けた学士官僚に入れ替わり、集団としての同質性は以前の比ではなく高くなった。それにともなって官僚人事のシステム化が進んだ。

明治初期には、専門知識を持つのはごくわずかな洋行官僚に限られていた。制度整備が進むなかで彼らは引く手あまたであり、求めに応じて各省を渡り歩いた。担当した制度ができるまで、一〇年以上同じ職を務める者もあった。人事はシステムではなく、政策と適性に応じて行われていた。

大学からの人材供給が整備されると、三〜五〇人の学士が毎年各省に採用されるようになった。専門官僚の数が増えれば人事はシステム化される。二、三年でさまざまなポストを渡り歩き、それに合わせて官等も昇進していく年功序列の人事が体系化された。システムに乗って半自動的に昇進していった先で、彼らはいずれかの政権に次官や局長といった高級官僚として仕えることとなる。

問題は政務と事務が混交されていることであった。次官や局長の地位を望む以上、彼らはいずれかの政権と密接にかかわり、その政治的意向に応じて行政を進めていくことになる。政権交代が起これば、それは党派色を持つことにつながる。専門官僚である彼らが党派化の波に呑みこまれていったのは、時代の潮流であると同時に、近代化した官僚制のシステムの所産であった。

党派色がついた以上、政権が交代すれば更迭は免れない。藩閥の時代であれば、いずれかの藩閥政治家の庇護のもと貴族院議員への勅選に代表される手当があった。しかし、桂園時代には勅選議員の枠はほぼ飽和状態となり、民間に転じるにもまだ産業界には余力がなかった。彼らが自らの地位を確保し政治生命を維持するためには、政党に参加していくことが大きな選択肢となった。

政策面でも政党と官僚の距離は縮まっていた。政党改良を掲げた政友会が官僚出身者を党内に積極的に迎えていったことで両者のあいだにパイプができた。彼らを介して、現職の官僚が各党の政務調査会に出向いて、予算の内示や政策の事前説明を行うようになった。こうして両者の関係は、徐々に接近していく。

政党政治家と学士官僚——原敬と内務省

政党と官僚の関係は、桂園時代を通じて大きく変化した。その背景には、官僚のほとんどが学士官僚に入れ替わったこと、人事をはじめとする官僚制のシステムがほぼ完成したこと、政党政治への趨勢を官僚が見て取ったことが挙げられる。とはいえ、いわゆる山県系官僚閥は内務、農商務、逓信省を中心に影響力を保持し、清浦奎吾や大浦兼武の指示によって時に大臣たちを翻弄した。

他方、政友会から再任した原と松田は、それぞれの方法で官僚との関係を構築していった。時計の針を少し戻して、原と内務官僚の例から見ていこう。

一九〇六（明治三九）年一月、原は第一次西園寺内閣で内相に就任した。第四次伊藤内閣で逓相として初入閣した際に、原は新人大臣ながら渡辺蔵相の独断専行に立ちはだかり、名を上げていた。しかし、内務省は逓信省とは比較にならない巨大官庁であり、山県が大臣として君臨した官僚閥の牙城であった。原の就任を危ぶむ声が各所で囁かれた。

前任は清浦である。警保局長を長く務めた清浦は、元警視総監の大浦とともに警察畑に強い影響力を持っていた。原は、学士官僚が多い地方局系と、軍人や警視から叩き上げの多い警保局系のあいだに根深い対立があることを見出し、両者の関係を巧みに操作することで内務省改革に乗り出す。

四月、帝国議会を終えた原は、就任後初めてとなる地方長官会議を招集した。この会議は全国の知事を一堂に集めて政府の方針を徹底することと、彼らから意見を聴取して国政に反映させることを目的とするものであったが、政府が諮問案を用意して知事が意見を表明する形式を取った結果、百家争鳴、知事たちが政府を糾弾する場となっていた。知事の多くは藩閥系である。彼らは政党出身の原内相との対峙を手ぐすね引いて待っていた。

原の真骨頂はここからである。彼は慣例を翻して、政府による諮問案を設けずに知事から意見書を提出させて議題とすることとした。全国からここぞとばかりに意見書が集まった。

会議がはじまった。原はうずたかく積み上げられた意見書を手に取ると、これに答えるのではなく、逆に知事たちに質問を重ねた。これには回答に窮する知事が続出した。彼らが提出した意見書の多くは下僚に書かせたものであり、事情に通じないまま提出した知事が多かったからだ。原はこうした知事を「老朽」と断じ、更迭を進めた。

一方で、有用な意見を取り上げて法令としていくことも怠らなかった。それは、政府の政策を有効なものにし、有能な人材を発掘する機会ともなった。老朽淘汰だけでなく、新しい政策を発見し人材を登用する場として地方長官会議を活用したのである。

淘汰されたのは檜垣直右《ひがきなおすけ》岡山県知事（山口県出身、一八五一年生）ら古参の叩き上げであり、新たに抜擢されたのは知事に代わって意見書を書いていた馬淵鋭太郎《まぶちえいたろう》（岐阜県出身、一八六七年生、高等文官合格）ら学士官僚であった。原は、藩閥官僚対学士官僚という隈板内閣以来の潜在的な対立を利用して、後者を厚遇することで省内に基盤を築いたのである。たしかに内務省は山県閥の根拠地であったが、学士官僚は山県が大臣を退いた後に入省し、直接には山県とは無縁であった。この淘汰は脱藩閥であると同時に、脱山県の意味も持つものであった。

この方針は本省の人事にも貫かれた。内務次官には初の学士官僚出身となる吉原三郎《よしはらさぶろう》（千葉県出身、一八五四年生、試補採用）を地方局長から昇任させ、吉原の後任には床次竹二郎を抜擢した。床次は鹿児島出身でありながら藩閥の有力者たちとは距離があり、同省に試補として採用されたのちも不遇であった。西園寺内閣は牧野伸顕文相や政友会の長谷場純孝《はせばすみたか》を通じて薩派との関係を深めており、原は床次を重用することで薩派の支持を背景に地方行政の再編を進めることができた。

再編にあたっては、政党政治に期待を抱いていた水野錬太郎が長年の大臣秘書官としての知見を活かして人事に当たり、法制の面からは井上友一《いのうえともかず》（石川県出身、一八七一年生、試補採用、のち東京府知事）、有吉忠一《ありよしちゅういち》（京都府出身、一八七三年生、高等文官合格、のち兵庫県知事）ら大学で首席を張った学士官僚たちが参事官として腕を振るった。人事刷新と政策転換が一体として進められた。

原は警察行政にも手を入れていく。藩閥勢力の牙城であり、民権運動を弾圧してきた警察は政党にとって怨府《えんぷ》であった。折しも日露戦争後、日比谷焼打事件を実力でねじ伏せたことへの批判が高まり、世論に警視庁廃止論が巻き起こっていた。原はこれを好機と捉え、警視庁改革に踏み切った。これまで高等警察を束ねることから首相と内相に両属していた警視総監の地位を改め、内相のもとに置いて府県知事と同等に扱うこととした。これにより警察行政を他の内政事項と同様に内相の管轄とした。

五月、原は警視庁でも更迭人事を進めて大浦系の影響力を退けたのち、内相としては初めて警視庁で演説した。そこに並んだのは新たに警視庁幹部となった井上孝哉《いのうえこうさい》（岐阜県出身、一八七一年生、高等文官合格、のち内務次官）、伊沢多喜男、岡田文次《おかだぶんじ》（山形県出身、一八七四年生、高等文官合格、のち警視総監）ら新進の学士官僚であった。警察行政も制度、人事、政策を一新された。こうして原は、学士官僚を積極的に用い、能力主義を標榜した人事を政策転換と合わせて行うことで内務省を掌握したのである。

新しい政策を採用することで改革を推し進める原の手法は、専門官僚を経験した彼ならではといえるだろう。原にとって、政策転換こそが政党政治への転換を象徴するものであった。

強い首相の再現——公式令の制定

枢密院議長に祭り上げられて政党政治の後景に退いていた伊藤博文も、政党を基礎とする責任内閣の誕生を制度面から支援した。一九〇七（明治四〇）年の内閣官制の改正と公式令の制定がそれである。

内閣官制は、総理大臣の副署を必要とする勅令を限定し、各省に固有の行政事務については各省大臣の副署のみとしていた。このため第二条で首相は「行政各部の統一を保持」すると定めたものの、各省大臣の強い独立性を調整するための権限を持たなかった。このため、内閣の統一は首相個人の能力と、行政分野ごとに存在する元老に頼るほかなかった。

だが世代交代により元老が第一線から退き、行政の分化によって各省の利害が顕在化してきた状況に照らせば、運用ではなく制度によって総合調整を行う必要があった。このため、伊藤は枢密院議長兼帝室制度調査局総裁という立場を使って、内閣制度の改正に着手する。

第一次西園寺内閣が順調に治世を行っていた一九〇六年一〇月一〇日、伊藤は法令のあり方を定めた公文式を改め、新たに公式令を制定するよう明治天皇に奏請した。そこに付された「公式令案」の解説には、法律、勅令の公布に際しては総理大臣が「行政各部を統督する職責あるを以て」すべての勅令に首相の副署を必要とすることが明記されている。副署を通じて、首相に総合調整の権限を付与するものである。これには各省の反対が予想された。内閣の統一性を強化したい西園寺内閣はこれを了承した。規定に基づき枢密院での審議に付された。枢密院では審査委員会を立ち上げて検討に入ったが、委員長はかつて文部官僚として活躍した田中不二麿、委員には蜂須賀茂韶（元文相、徳島藩主）、伊東巳代治、野村靖、岡野敬次郎、末松謙澄、清浦奎吾と、伊藤に近い顧問官が過半数を占める人選がなされた。岡野にいたっては法制局長官との兼任である。一二月二一日、委員会は大きな異論なく同案を認めた。

問題は山県系の顧問官が多数を占める枢密院本会議である。審議は一二月二六日に行われた。冒頭、田中委員長から審査委員会での審議結果が説明され、続いて岡野委員が公式令の内容を解説した。しかし、岡野は副署の意味については触れず、憲法や皇室典範にかかわる部分を重点的に説明し、顧問官たちの注意をここに惹きつけた。こうして周到な審議運営によって公式令は成立し、内閣職権で後退した総理大臣による総合調整の権限は、再び明記されることとなった。

こののち、改正の真意に気付いた陸海軍の巻き返しにより軍令事項だけは除外されたが、行政各省については規定のままとなった。総合調整の権限を付与された首相のもと、統一された内閣運営が行われることとなる。

3　二大政党の誕生

立憲同志会──第二の横断型政党

桂園時代は政治的に安定した「凪《なぎ》の時代」であった。しかし、静かに見える状況のなかで政友会の自立と官僚の党派化は着実に進んでいた。水面下の構造変化は、政治的安定の崩壊とともに大きな政治変動として表出する。きっかけとなったのは第一次護憲運動、いわゆる大正政変である。

本格的な政党内閣として世論に歓迎された第二次西園寺内閣は、その支持を背景に大規模な行政改革に着手したが、二個師団増設をめぐって陸軍と対立し、辞任した上原勇作《うえはらゆうさく》陸相の後任を得られず、総辞職に追い込まれた。

世論はいっせいに陸軍批判をはじめる。民意を背景に行政改革に邁進する政党内閣が、無軌道な拡大を唱える陸軍の横暴によって倒された。事態はそう捉えられた。後継内閣の選定は困難を極め、一一回に及ぶ元老会議の結果、六人目の候補であった桂の再登板が決まった。

桂園時代を通じて政友会に依存することの限界を感じていた桂は、自らを中心する政党の組織に着手していた。政友会を超える第一党を組織しようというのである。桂の動きに、長く政権から遠ざかっていた国民党の一部が呼応した。

一月二〇日、桂は後藤新平逓相を参謀に新党結成を発表する。桂の影響下にある大浦兼武ら中央倶楽部と国民党を脱党した衆議院議員、研究会・茶話会などの貴族院議員、そして桂系官僚を包括する政党組織が目論まれた。当初は立憲統一党、のちに立憲同志会という党名は横断型の政党を標榜するものであった。

二月七日、桂は国民党の脱党組を加えた八四名の代議士をもって立憲同志会の創立を宣言した。ここに政友会、同志会という二つの横断型政党が生まれることとなった。藩閥と民党の対立は、桂園時代の安定と変化を通じて二つの横断型政党による競争に再編されたのである。

桂は同志会によって政友会を圧倒し、一党優位を築く目算であった。しかしこの目論見は出だしから躓《つまず》いた。桂が参加を見込んだ貴族院議員たちは、新党を是認しつつも不参加を決めたからだ。加藤高明、若槻礼次郎、浜口雄幸、後藤新平、仲小路廉のほか、桂新党に参加したのは、内閣書記官長となった江木翼、桂の女婿である長島隆二《ながしまりゅうじ》（大蔵省理財局長心得）らだけであった。

憲政擁護運動が巻き起こるなかで、桂と命運をともにする危険を冒す必要はなかった。彼らにはまだ山県という母屋があったからである。桂による大政党構想は大きく躓き、まずは政友会に次ぐ第二党としての出発となった。

波及する政変の波——第一次山本内閣と政友会

新党の結成は短期的には裏目に出た。同志会の出現を脅威と感じた政党は攻勢を強め、護憲運動を拡大していった。二月一〇日、帝国議会の周囲は、ついに憲政擁護を唱える群衆によって包まれた。衆議院解散を強行すれば群衆は蜂起しかねない。日比谷焼打事件の記憶がよぎるなか、桂は総辞職を決意した。同志会結成からわずか三日後のことである。

後継に立ったのは鹿児島出身の海軍大将、山本権兵衛《やまもとごんべえ》である。山本は海軍・薩派を背景に、政友会の支援を取り付けて組閣した。組閣から二日後の二月二二日、首相は政友会の議員総会に出席し、同党の綱領を内閣の施政方針とすることを約束した。第二次西園寺内閣の遺産を継承する薩派・政友会の連立内閣が誕生した。

しかし、長州閥と違い薩派には閣僚適任者が少なく、外相に牧野伸顕が挙がる程度だった。官界には床次竹二郎のほか、大久保利武《おおくぼとしたけ》（牧野の実弟、一八六五年生、ドイツ・ハレ大学法学博士、大阪府知事）、山之内一次《やまのうちかずじ》（一八六六年生、政治学科卒、試補採用、北海道庁長官）らがあったが、まだ大臣となるには閲歴が足りなかった。床次は鉄道院総裁、山之内は内閣書記官長として閣僚に準じる位置で内閣を支えることとなる。

山本首相は人材不足を補う必要に直面した。とりわけ蔵相は重要であり、薩派・大蔵省の元老である松方正義に人選を依頼し、松方は日銀総裁を務める高橋是清《たかはしこれきよ》を推薦する。地方開発を握る農商務相には、勧業銀行総裁としての経験があり西園寺内閣にも仕えた山本達雄が、文相には伊藤系で文部次官の経験がある奥田義人が就任した。この三大臣は政友会と首相の申し合わせにしたがって政友会にくわわった。

政友会からは、内相には原、法相には松田が三たびその座に就き、衆議院副議長を務めた元田肇《もとだはじめ》も逓相として初入閣した。法制局長官には当初、朝鮮総督府の司法部にあった倉富勇《くらとみゆう》三郎《ざぶろう》が擬せられたが、同地での法制整備を理由に断られ、政友会に近い岡野敬次郎がこれも三たび就任した。連立とはいえ、政友会色の強い内閣ができあがった。

各省の側も準備ができていた。次官は、第三次桂内閣の際に学士官僚世代に入れ替わっていた。大正政変と時を同じくして、専門官僚への世代交代も完成していた。

中軸を担うのは、やはり政友会系に系列化された官僚である。内務次官に水野錬太郎（第二次西園寺内閣で地方局長）、農商務次官に橋本圭三郎《はしもとけいさぶろう》（同、大蔵次官）、逓信次官に犬塚勝太《いぬづかかつた》郎《ろう》（同、大阪府知事）と、政友会政権で重用され、桂内閣で更迭された官僚が登用された。水野はかつて年長の床次に次官を譲った経緯があり、満を持しての就任であった。

他方、大蔵、司法、文部では桂内閣が登用した次官を留任させた。大蔵次官は、二八年組の勝田主計である。大蔵省と司法省は自立した人事体系を確立していた。いずれの政権も両省の高い専門性を認め、政治的に配慮してきたためである。

大蔵省の筆頭局長である主計局長には鹿児島出身の市来《いちき》乙彦《おとひこ》があり、彼は第二次西園寺内閣でも行政改革に積極的に貢献していたから、勝田更迭の可能性は十分にあった。しかし、ここは勝田が就任からわずか三ヵ月であることを理由に更迭が見送られた。こののち勝田は二八会では珍しい政友会系の官僚となる。

司法省の小山温《おやまあつし》次官も、省の論理に守られた結果、政友会に接近してついには入党し衆議院議員となる。官僚たちが描くキャリア像は政党内閣の誕生を見据えて大きく変質をはじめていた。

突貫する山本首相――二つの官制改革

憲政擁護運動の熱が冷めやらぬなか、山本首相は強い意思を持って改革に取り組んでいった。改革の実行こそがこの内閣の存在意義であることを山本はよく理解していた。それは、閣僚の過半数を占める政友会に対抗する手段でもあった。

象徴となったのは二つの官制改革、すなわち軍部大臣と各省次官・局長の任用資格緩和である。軍部大臣には、政党などの軍政への介入を避けるため、現役の大将・中将しか就任できない現役武官制が敷かれており、これが第二次西園寺内閣を倒閣させた直接の原因であった。世論はこの制度を取り除き内閣の統一を強化することを求めていた。

次官・局長は資格を限定されない自由任用であったものが、政党人の猟官を防ぐ目的から資格任用としたものであった。人材登用の門戸を開くという大義名分の背後で、政党は党人の就任を可能とすることで影響力を拡大し、政府は政治任用を通じて各省を内閣の意に沿わせたいと考えていた。この二つの改正を通じて政党内閣の実現に向けた制度整備が図られたのである。

一九一三（大正二）年三月、山本首相は帝国議会本会議で政友会代議士の質問に答えるかたちで両制度の改正を明言し、以後、強力に、時に強引に改正実現に向けて邁進していく。

六月一三日、陸・海軍両省の官制改正が発表され、軍部大臣・次官の任命資格から現役の要件が削除された。はずみをつけた政府は、各省次官・局長級の任用制度改正に本腰を入れる。次官・局長級までは資格を問わない開放型とすることが提案された。政治任用の道を開くことがその趣旨であったが、その目的は三つあった。

第一の目的は、政党が官僚機構を取り込んでいくことであった。次官、局長を政治任用としたところで、猟官に奔走して世論の批判を浴びるほど、政党は愚かではなくなっていた。彼らはここに専門官僚を充てることを考えていた。政治任用の範囲を局長まで拡大すれば、桂園時代にも増して官僚の党派化が進む。これを制度化すれば、内務省のように政治化しやすい省だけでなく、大蔵省や司法省のような高い専門性と自律性を持つ省でも党派化が進み、親政友会の官僚を用いて、統一の取れた政権運営が可能となるからである。

とりわけ、次官を取り込むことは必須であった。明治後期になると閣議の前日に行われる次官会議が定例化し、法案はここを通過してはじめて閣議にかかるようになっていた。隈板内閣が内閣参事官会議として構想した総合調整が、次官会議によって実現していたのである。第二の目的は、行政に精通した人材を政党の側に集めていくことであった。政党政治の時代を見越して、政策に通じた大臣候補を育て、時に専門知識に乏しい領袖が大臣となる場合には、それを補佐する人材が必要であった。

このため原は、桂新党に大量の官僚が入ったことを背景に、政友会側に系列化されていた官僚たちに帰趨を迫った。彼らも政党政治の理想と自らの政治生命の保持という現実を前に、この要請を受け容れる。こうして伊藤以来の「政党改良」の旗印のもと、政策知識の豊富な人材が政友会、同志会に集められていった。

第三の目的は、法学一辺倒である官僚の打破にあった。当時、専門官僚制が見直しの時期に来ているという認識が政府の内外に生まれつつあった。学士官僚のほとんどは法学部出身であり、彼らが大学で学んだ専門は法学、政治学、経済学の範疇にとどまる。専門の分化が進んだことで、彼らでは対応できない案件が急増していた。他方、医学や工学などを学んだ専門官僚は、技官として相対的に低い地位に置かれていた。法学至上主義とも取れるこの状況は、行政の停滞にもつながっていた。

原内相は奥田文相、岡野法制局長官とともに、この三点の目的を織り込むかたちで、文官任用令の改正案を作成する。

関門は山県を議長とする枢密院である。公式令を改正したときと違い、伊藤のような有力な後ろ盾はない。制度の番人を自任する枢密院は、改革の意図を熟知して十分に準備し、審査委員を山県に近い官僚政治家で固めて審議に臨んだ。このため山本首相の突貫力をもってしても、次官のみを自由任用とする線で妥協するのが精一杯であった。第一、第二の目的はある程度達せられたものの、行政機構の近代化にかかわる第三の目的は継続課題となった。政治的な課題が優先されたことで、行政実務の問題は積み残されたのである。

こののち、工学系の技術者たちを中心に工政会など官民横断の政治団体がつくられ、法科偏重の改善が訴えられていく。のちに高等文官試験科目の拡大が行われるが、それも文系の範疇にとどまり、官僚の専門性をめぐる問題はここで停止した。

官僚から政党へ――水野錬太郎の場合

一九一三（大正二）年八月、次官を自由任用とする改正文官任用令が公布された。これにともない、床次鉄道院総裁、水野内務次官、岡喜《おかき》七郎《しちろう》警保局長、橋本圭三郎農商務次官、犬塚勝太郎逓信次官、小山司法次官らが政友会に入党した。いずれも桂園時代に西園寺内閣のもとで重用され、政友会に系列化された官僚である。

次官級の官僚が軒並み政党入りしたことは、官界に大きな衝撃を与えた。ましてや現職のままの入党である。山本内閣に批判的な新聞は改正文官任用令を「次官入党令」と批判した。次官の地位にとどまるために入党を余儀なくされたという見方である。果たしてそうだろうか。この論理が正しければ、大蔵次官や文部次官も追随するはずだが、彼らは入党しなかった。有形無形の風向きがあったことは否定しないが、本人たちの意向は大きい。

それならば、実際に入党した者の考えを聞くのがよい。水野と床次が、官僚の政党参加について所感を残している。

まず水野錬太郎から見ていこう。中央と地方の往復を稼業とする内務省には珍しく、水野は入省以来常に本省内にあった。長く大臣秘書官として省内の人物に通暁《つうぎょう》したことから、「人事大臣」の異名を持つ内務官僚中の実力者となっていた。

水野錬太郎

板垣自由党との親交、イギリスの議院内閣制への憧れから政党政治に理解を示す水野にとって、最初の転機となったのは第一次西園寺内閣、原内相との出会いであった。先述したとおり、原は知事たちのテストを行って老朽と判断した人物を果断に淘汰した。原の判断を支えたのは「人事大臣」として省内を熟知する水野であった。

政党人である原に重用されたことは、水野の官僚人生を大きく変える。続く第二次桂内閣は、平田東助内相のもと、一木次官、有松英義警保局長、亀井英三郎《かめいえいざぶろう》警視総監ら藩閥に連なる官僚が省内の主導権を握り、主流を外れた水野は欧米出張を命じられた。これが体のよい左遷であったことは、帰国後、長く局長職に就かなかったこと、ようやく充てられたのが技官中心で文官が忌避する土木局長であったことからもうかがえる。

もっとも、水野自身はまだ政党との距離を測りかねていた。欧米出張直後の一九〇九年に発表した論文でも、政治家と官僚のあいだには明確な役割の違いがあるとして、両者の区別を明確にする必要性を主張し「若し政治家たらんと欲すれば其の職を去る外ない」（『他山之石』）と断言している。

三年にわたる不遇ののち、再び政友会・西園寺内閣が成立すると、水野は筆頭局である地方局長に抜擢され、原内相のもとで行政改革に取り組んだ。二個師団増設問題によって内閣が総辞職すると、水野も進退をともにし、原の推薦によって貴族院議員に勅選された。気が付けば、水野は誰の目からみても明らかに政友系の官僚となっていた。

第一次山本内閣が誕生すると、水野は原内相のもとでついに次官となった。原は、水野が行政の領分をはるかに超えて政治の領分に深くかかわったことから「君も最早事務的地位に居る訳にも行くまい」と政友会への参加を説いた。原は周到である。内務省を掌握するには、この「人事大臣」を抱えない手はない。東北をはじめとする地方の発展と藩閥政治の改革を掲げることで、原は水野を取り込むことに成功した。

それだけに原は水野を大事にした。一九〇七（明治四〇）年に、秋田県政友会が水野を衆議院議員候補に担ごうとしたことがあった。水野は出馬に色気を見せたが、原は許さなかった。水野は玄人の事務官僚であり大衆には受けない。まして政争盛んな秋田では落選の憂き目に遭うかもしれない。水野は貴族院にあって、高い専門性を発揮して党に貢献するのがよいというのが原の見立てであった。

後年、水野は「次官など特殊の関係にある官僚は大臣と意見を異にすることはできず、政党に入り政治生活を送ることも止むを得ないのであった」(『論策と随筆』)と回想している。しかし、青年期に憧れた政党政治の実現に、政党に入らずとも大臣となることはできただろう。彼ほどの人材であれば、壮年となった水野は自らの政治生命を賭けた。

以後、水野は党にあっては政務調査会で、貴族院で政友会系の会派・交友倶楽部を基盤として彼に連なる内務官僚を束ね、政党政治の実現に力を尽くしていく。

官僚から政党へ——藩閥の異端児、床次竹二郎

鉄道院総裁から政友会入りした床次竹二郎は、藩閥の地に生まれながら出世街道から外れた人生を送っていた。その背景には司法官であった父正精《まさよし》が郷党と不和であったことが影響しているといわれる(もっとも正精は画家として才を発揮し、グラント将軍の肖像画や明治憲法発布式などの油絵を残している)。秋田県知事に異動を命じられた後、原に直訴して地方局長に抜擢されたのは、藩閥出身でありながらそこに収まらなかったエートスを買われたのだろう。

床次は、第一次西園寺内閣の地方局長として、原内相のもと郡制廃止に取り組んだ。郡役

所は山県閥の牙城であり、これを崩しにかかったわけである。その結果、第二次桂内閣では冷遇された。更迭こそなかったものの、一木次官－有松警保局長－亀井警視総監の意思決定ラインから外され、地方局長でありながら地方官人事にかかわることができないという悲哀を味わった。床次は自ら官を辞して欧米巡遊に向かい、他日を期した。

他方、原のもとで頭角を現したことで、薩派の有力者たちは床次に期待を寄せていった。第二次西園寺内閣で内務次官となった頃から、山之内一次、大久保利武ら鹿児島出身の官僚が床次と密に連絡を取りはじめた。この関係は、同郷の山本権兵衛が政友会を与党として組閣したことでより強いものとなり、床次の政治的価値を飛躍的に高めた。しかし、それは同時に、床次が薩派と政友会のはざまに立たされることを意味した。

決断のときは一九一三（大正二）年末、山本首相から貴族院議員への勅選を打診されたことで訪れた。勅選議員の身分は終身であり俸給も高い。かつての原がそうであったように、官僚出身者であれば誰もが望む安定した「あがり」の地位であった。

すでに政友会に参加していた床次は、身元引受人である原のもとを訪ねた。去就を問う床次に、原は貴族院ではなく衆議院に議席を得ることを勧めた。自らが選んだ道を示し、政党政治家の本流を歩むことが床次の将来につながると説いたのである。

床次は山本首相に決意を伝えた。議会政治を中心とする現状では、政党を無視することはできない。たしかに、現在の政党には問題があるが、外から批判してもよくなるものではない。そうであるなら、その渦中に飛び込んで濁浪《だくろう》を浴び、内部から改善していけば政治も発達し、国家も改善されるだろうと。

床次もまた、政党政治の実現に憧れた学士官僚であった。若き日には財政を、壮年となっては地方改良を通じて国家に貢献してきた彼は、大正政変を経て、政党政治の実現という大きな課題に出会った。彼はそれに自ら取り組む道を選んだのである。

このとき、床次は学士官僚の政治生命について率直な告白をしている。山本たちの世代は、維新以来の閲歴と勲功があり世間から重んじられている。しかし、同じ藩閥出身であっても、遅れてきた自分たちはそうはいかない。政党に入って集団として行動しなければ影響力を持つことはできない。それは山本たち全盛期の藩閥政治家に対する痛烈な批判でもあった。

床次竹二郎（前列左），原敬（前列右）

政党内閣が現実味を帯びるなか、これまでのように藩閥によって立つことはできない。大学でも、省庁でも、軍部でも、人材の門戸は広く開放され、全国の青年がこれに向かって上り続けている。そこで成功した床次がさらに飛躍するには、何らかの組織が必要であり、彼にとってそれは、力のなくなった藩閥ではなく政党であった。政党政治は、学士官僚の長年の理想と、直面する現実、活躍する未来が交わる点となっていた。

もっとも、彼らにためらいがなかったわけではない。官界にとどまる選択肢ももちろんあった。その状況を大きく変え、彼らの背中を押すこととなったのは、対岸にあった桂による新党組織である。官僚閥を従えてきた桂が新党の組織に踏み切り、桂系、政友系という色分けが鮮明になったことは、選択のときが迫ってきていることを強く感じさせるものであった。

政党参加の論理——藩閥政治と旧型代議士の限界

学士官僚が政党に参加した論理を、桂新党の側からも見ておこう。桂が新党結成に踏み切った経緯を書き残しているのは、試補採用の際に大蔵省に滑り込んだ若槻礼次郎である。若槻によれば、桂は第二次内閣総辞職ののち、明治天皇に対して政党結成の考えを伝えた。元老の高齢化したいま、国民全体が天皇を助けていく必要を掲げ、その器として政党の必要性を述べるものであった。若槻も桂に従い「自分も国民の一部と共に政局に当たり、議会で大いに闘おう」(『古風庵回顧録』)と考えて新党に参加したと述懐する。

同じく大蔵官僚から新党入りした浜口雄幸(高知県出身、一八七〇年生、九五年政治学科卒、高等文官合格)は、より具体的に政党政治への思いを描いていた。

彼の岐路は第三次桂内閣であった。その有能さを耳にした後藤新平逓相が次官として浜口を求めたのである。浜口は桂系となり、新党参加につながることを自覚しつつ受諾した。

浜口は、桂園時代の安定を生んだ妥協政治に批判的であった。政党が自ら憲政を動かしていくことで官僚政治に終止符を打ち、二大政党による責任ある政党政治がはじまるべきというのが彼の持論であった。かつて卒業論文で論じたイギリス流の議会政治が、手の届くところまできている。浜口はそう感じていた。

問題は官僚の側よりも議会の側にあった。初期議会において政府側は超然主義を、政党側は議会主義を標榜して、両者は議場で鋭く対峙した。ところが、憲政の運用が進み日清・日露という国運を賭けた戦争に臨むなかで、議会政治が帯びていた熱は挙国一致の名のもとに、国民の目からは見えないところで進められる高等政治の空間に回収されていった。

浜口雄幸

議会政治は空洞化した。議員は名誉的に一期だけ務める者が多く、地方の名士であるといっても政策知識は皆無であった。彼らは自己の利益に関するものに拒否権を発するばかりで、自ら積極的に国政に臨む気概は持っていなかった。議会が発展しても、議員は徴税議会のままだったのである。議員は政策の専門化についていけなくなり、空虚な議論の連続に議長が嘆くほどであった。御誓文が掲げた公議の精神は形骸化していた。

高等政治と妥協政治の限界は、政友会よりも桂の側で強く認識されていた。政策を理解する人材を政党に集め、選挙によって正統性を調達し、議会で政治を行う。形骸化し、開発の利益ばかり求める議会では、彼らがかつて憧れた政党政治は成り立たない。

時代もこれを後押しした。日露戦争という国家的危機を乗り越え、戦後経営は限られた財政のなかで政策選択の必要性を理解させた。この状況にくわえて、日露戦後、言論空間が広がったことで、ひとたび退潮していた議会政治に、再び興隆の兆しが現れていた。

そのなかで政友会と桂新党という二大政党が対峙することは、国民に政権選択の可能性を与え、真の意味での政党政治がはじまることを予感させた。だからこそ、官僚たちは政党に参加していった。そこには、自分たちこそが憲政を完成させるのだという強い自負と衝動があった。

学士官僚の台頭と二大政党の誕生

大正政変という政争の陰で、近代日本政治は二つの大きな構造転換を遂げていた。

一つは学士官僚のはしりである床次、水野、若槻ら試補採用組が次官から大臣となり、高等文官試験に合格して入省した浜口たち二八年組が局長から次官になったこと、もう一つは二つの横断型政党が生まれ政党政治に向けて本格的に動きはじめたことである。この二つの転換が、奇しくも大正政変の際に一致して訪れた。時代は担い手となる人材とともに動いていた。

もっとも、学士官僚たちは早くからそうした未来予想図を描いていたようである。たとえば一八九六（明治二九）年に帝国大学を卒業して内務省に入り、大正政変後の第一二回総選挙で政友会から代議士となる秦豊助《はたとよすけ》（東京府出身、一八七二年生、政治学科卒、高等文官合格）は、内務省に入って知事まで累進したのち、衆議院議員に転じて大臣をめざすという将来設計を学生時代の日記に書き留めていたという。大学で立憲政治の理想を学んだ学士官僚たちは、藩閥の壁にぶつかるなかで政党政治への期待を温め、育んでいた。

対照的に、彼らより前の世代は政党との距離を縮めることができなかった。それは一九一三（大正二）年一〇月に桂が没した後、顕著に現れた。桂の死を経て同志会が結党式を挙げる過程で、学士官僚から転じた加藤高明、若槻、浜口らが桂の遺志を継ごうと結束したのに対し、それ以前の世代である後藤新平や仲小路廉は早々に離脱した。彼らは桂のもとで一大政党を組織して政権を獲得することには意欲的だったが、浜口たちのように政党政治そのものに理想を抱いていたわけではなかった。なにより、山県ら元老と深い関係にある彼らは、再びかつての官僚政治家に戻ることができた。

とはいえ、官僚閥を育て上げた山県をしても、学士官僚たちの政党参加を止めることはできなかった。「水野、橋本の如きは良好なる人物なりしに、図らず政党の人となり党弊に染めるは惜むべし」(『大正初期山県有朋談話筆記』)という山県の嘆きからは、彼と学士官僚たちの憲政観に埋めることのできない隔たりが生まれていたことを示している。もはや官僚は政党に対する防御壁ではなく、政党とともに生きる存在となったのである。

なぜ政党は官僚を迎えたのか

学士官僚が参加したことで、政党の有様は大きく変わっていった。なにより著しかったのは政策立案能力の向上である。

それまで、事前説明はあったものの、政党が手にすることのできる政策資料は限られており、政党が行う政務調査には限界があった。しかし、官僚出身者たちは各省と党をつなぐことで、政策情報の非対称性を改善していった。彼らは党の政務調査会で活躍したほか、機関誌で盛んに政策解説を行い、党員の政策に対する理解を深めた。選挙をはじめとする党務経験のない彼らにとって、存在感を発揮できるのはここであった。

彼らを通じて政党とのパイプを構築することは、各省にとっても有意義であった。政務調査会の部会に足繁く通うことは煩雑ではあったが、各党に理解者が生まれ、長期的な効果をもたらした。

政党にとって彼らは大臣候補であった。今日の感覚からすれば、党内には自薦他薦を含めて多くの大臣希望者があると思われる。しかし、この時期の党幹部には議会答弁を恐れて大臣となることを避けようとする傾向があり、逆に自ら大臣職を望む者は能力に問題がある場合があった。政策理解の浅い幹部を大臣に据えることは、政党政治の信頼を損ねることにもつながる。

たとえ政策理解の深い領袖がいたとしても、ある領袖が大臣となり、他の領袖が党にとどまることは紛争の種である。ここに党務はたたき上げの党人に、政務は官僚出身者にという分業が成立する土壌があった。

官僚出身者を大臣とすれば、各省との関係は良好となり、党勢拡張への期待があれば党人も応援する。政策の確実性から元老の理解も得られる。選挙の洗礼を経れば世論からも支持される。官僚出身者を党内に集め大臣とすることは、党内外の秩序を維持しつつ政党内閣を実現させていくための大きな戦略となるものであった。

桂園時代は妥協の時代であるとともに、分担管理原則に基づくセクショナリズムが限界を露呈した時期でもあった。政党内閣、責任内閣の誕生は時代の潮流であり要請でもあった。二つの横断型政党によって政党と官僚の関係はできあがった。内閣と各省の関係を再構築し、政策の整合性を確保することが次なる課題となっていく。

4 政党内閣の時代へ——官僚か、議員か

藩閥官僚の終焉——清浦の組閣失敗

大規模な改革を実現した第一次山本権兵衛内閣は、抜群の実績から長期安定政権となることが期待された。しかし、翌一九一四(大正三)年、山本首相の母体である海軍に独シーメンス社との汚職疑惑が浮上し、内閣は総辞職に追い込まれた。

後継の組閣はかつてなく困難を極めた。明治憲法による権力分立が完成しつつあったことで、政党、官界、元老のいずれかの利益を代表する人材は多くあったが、いずれからも支持を得られる人物はきわめて少なくなっていた。元老は緊急避難として徳川宗家第一六代にあたる徳川家達《とくがわいえさと》貴族院議長を指名したが、家達は即座に辞退した。

次に推されたのは清浦奎吾である。清浦は逡巡しつつも政友会の協力に望みを託して推薦を受けた。山県系官僚として元老のもとで働いてきた清浦に、彼らの指名を断る論理はなかった。

清浦が受けたもう一つの理由に郷党の熱い期待があった。清浦が生まれた熊本は、明治維新に貢献し横井小楠、井上毅ら有能な人材を数多く輩出したものの、一度も首相を出していない。彼らにとって熊本出身の首相を出すことは悲願であった。彼らは日頃から東京府下大

森の清浦邸や徳富蘇峰《とくとみそほう》邸に集まり会合を重ね、清浦内閣の樹立を画策していた。桂亡きいま、清浦擁立の可能性は高まっているというのが彼らの見立てであった。

政友会との交渉には、宗像政《むなかたただす》と小橋一太《こばしいちた》があたった。いずれも熊本県出身の内務官僚であり、宗像は東京府知事として原敬に近い人物である。政友会では松田正久が病の淵にあり、提携の窓口は原以外にありえなかった。しかし、原は交渉を退けた。大正政変の責任をとって西園寺が総裁を退き、松田が病に倒れたことから、党内は激しく動揺しており、ここで再び山県系内閣と提携すれば分裂を招く恐れがあったからだ。清浦は組閣を断念する。

清浦は自身が回顧したように、出身地の恩恵を著しく受けたわけでも、閨閥の庇護を受けたわけでもない。彼自身の人生は自力で学んで切り拓いてきたものであった。しかし、彼は生まれた時代がいくらか早かった。制度設計に尽力したことで藩閥政府内に地歩を得た清浦は、本人の気持ちにかかわらず、藩閥官僚の代表であった。彼が組閣に失敗したことは、藩閥官僚の時代が終わったことを象徴するものであった。

二大政党の時代へ——第二次大隈内閣の発足と官僚

清浦が組閣半ばで断念したことで元老たちは追い込まれた。政局が混迷を極めるなか、急浮上したのは大隈重信であった。

一九一四（大正三）年四月一六日、大隈は同志会を軸に非政友会勢力を結集して組閣する。

憲政の功労者であり、国民の人気を博す大隈の組閣を、世論は歓迎を持って迎えた。明治一四年の政変から三二年、順境と逆境を繰り返し乗り越えてきた大隈にとって、元老の思惑と世論からの期待が並び立たないことは承知の上であった。「我国の今日は、官僚・政党ともに弊害あり。一身を賭して立憲政治の基礎を確立するに努力せんことを決心す」(大隈「出陣に臨んで天下に宣す」『新日本』)というように、両者を改良することが大隈の目標であった。

第二次大隈内閣の主体は同志会である。総裁の加藤高明が外相に、若槻礼次郎が蔵相に就任した。官僚出身者が重要省庁を押さえた格好である。党人からは尾崎行雄と武富時敏が入閣した。選挙に強く身ぎれいと見られた尾崎を政党人の鬼門である法相に充て、開発利権を握る逓相には大隈が信頼する武富を就けた。

次官人事にも同志会色が強く現れた。主力は二八年組である。浜口が大蔵次官、上山満之進が農商務次官に就いたほか、下岡忠治が内務次官、伊沢多喜男が警視総監となり、歓喜に湧く二八会は祝賀会を行った。浜口と下岡は翌年の衆議院総選挙に出馬し、上山と伊沢は貴族院で同志会系会派の構築に動きはじめる。政友会における水野、床次と同じ分業が同志会の側でも進んでいった。

他方、党人である尾崎、武富が大臣となった司法、逓信両省では政党人事が行われず、年次による順当な人事が行われた。以後、逓信省では大臣と次官の交代期をずらす慣行が一九一八年に発足する原敬内閣まで続く。

司法省では法務局長の鈴木喜三郎《すずききさぶろう》が次官に昇任した。鈴木は、かつて憲政本党から政友会に転じた鳩山和夫の女婿であり、政党人事による更迭も可能であったが、大隈内閣は順繰り人事を受け容れた。司法省はやはり特別の存在であった。

政務と事務の区別をめぐって

大隈内閣は、政友会が進めてきた政策をつぶさに検証し、転換を進めた。もちろん官制も例外ではない。政務と事務の頂点に位置する次官を政治任用とすることで、各省を政権の意思の下に置こうとしてきた政友会に対して、大隈はかねてからの持論である政務と事務の区別を制度とするよう指示した。

与党同志会もこれに賛同する。加藤以下、官僚出身者たちは政務と事務を区別して各省の自律性を確保することに賛成であった。党歴が浅く、党内を十分に統御できていない彼らからすれば、政党の勢力を背景としつつも、その発言力が過大になることを避けて政権を運営したいのが本音であった。

第一次世界大戦への参戦をめぐる繁忙のなか、内閣は官制改革への準備を進め、一〇月には改正された文官任用令が枢密院を通過し、公布にいたる。これによって次官職は資格任用に復して専門官僚の手に戻り、政党人には政務担当職として参政官、副参政官となる道が開かれた。

目玉となったのは政務を担当する参政官であるが、その位置づけは隈板内閣の内閣参事官や第四次伊藤内閣の官房長とは大きく異なる。職掌は大臣の補佐と議会との連絡・交渉にとどまり、各省参政官による合同会議が設置されたものの、閣議との連続性はなかった。すでに述べたように、桂園時代以降、次官会議が定例化して閣議の事前調整を行っていた。だからこそ政友会は次官の任用資格を外して自らの影響下に置いた。総合調整は事務の次官が担っており、参政官は埒外に置かれた。

かつての官房長との違いも歴然としていた。大臣官房を従えた官房長に対し、参政官、副参政官は自前のスタッフを与えられなかった。省内の意思決定ラインから外れたところで、専門官僚が忌避する対政党、対議会交渉のみを委ねられる、都合のよい存在であった。行政、官僚にとって何ら問題のない改正であったことは枢密院での審議が問題なく終わっていることからもうかがえる。

このように、政友会と同志会は、立法と行政、政党と各省、政治家と官僚のあり方について、異なる設計図を描いており、こののち昭和戦前の政党内閣期が終わるまで両党の路線対立は続いていく。

とはいえ、官僚出身者を党の中枢に据えて、政権獲得に邁進する点で両党の方針は同じであった。官僚の側も政党政治が実現する機運に押されるようにしてこの波にくわわっていく。

次官か、議員か——浜口と下岡の選択

一九一五（大正四）年三月、第一二回衆議院議員総選挙で政友会と同志会は初めて本格的に対決した。政友会では原が総裁、同志会では加藤が総理と、それぞれ代表となった新体制下の初の選挙である。

この選挙で顕著だったのは、官僚出身議員が大量に出馬したことである。政友会は犬塚勝太郎（前逓信次官、山形選挙区）、秦豊助（前徳島県知事、埼玉）、杉山四五郎（前内務省衛生局長、神奈川）、宗像政ら二八名の官僚出身者を擁立し、野党として苦戦しながらも二〇名が当選した。

官僚出身代議士の増加は、世論にも好意的に受け止められた。とりわけ政友会はこれまで自由党以来の運動家の集まりから官僚出身者を迎えた政策集団に変質しつつあると評価された。伊藤以来取り組まれてきた政友会の改良が結実しはじめていた。

同志会をはじめとする与党側からも、浜口（大蔵次官、高知市選挙区）、下岡（内務次官、兵庫県選挙区）ら二二名の官僚出身者が出馬し、一七名が当選した。ところが、政務と事務の区別を主張する大隈内閣は、現職官僚の衆議院議員との兼任を認めないとの閣議決定を行っていたため、浜口と下岡が現職のまま出馬したことが批判される。四ヵ月後、二人は次官から参政官に転じることになる。

浜口と下岡は、次官ではなく衆議院議員となる道を選んだ。それは貴族院議員への勅選で

はなく、衆議院議員として有権者に選ばれる道を選択したことでもある。本格的な政党政治の時代が到来すれば、有権者の支持を受けていない議員は政党政治家として立つことができない。彼らはそう理解していた。彼らの郷里も大臣候補となる人材の登場に、出馬を歓迎した。

下岡の場合、出馬にはより強い決意が込められていた。彼は第三次桂内閣の総辞職により農商務次官の地位を追われ、浪人を覚悟したことがあった。その際、彼の才を惜しんで救ったのは枢密院議長を務める山県であった。山県は彼を枢密院書記官長に就けて重用し、下岡も山本内閣の改革攻勢に対して、長文の意見をまとめて立ちはだかる。下岡は、桂系でありながら山県の庇護を受けるやや複雑な位置にあった。

このため、大隈内閣に内務次官として迎えられる際に、下岡は山県の了承を得ることにこだわり、山県は政党に属さないことを条件にこれを容認した。総選挙で当選してからも同志会には属さず、非政友会系無所属を集めた公友倶楽部を組織して議会に臨んだ。しかし、それがかえって下岡に政党の外にあることの限界を感じさせることとなる。

翌一九一六年、大隈内閣の総辞職説が高まると、下岡は大隈と山県の周旋に努め、同志会の加藤高明を後継首班とするよう山県に説いた。加藤は官僚出身であり、山県と思想を大きく異にするものではない、山県が指導すれば加藤は誠実に行動するというのが下岡の主張である。

だが進言は容れられず、一九一六年一〇月、政友会の好意的支持を受けた寺内正毅内閣が発足した。下岡は憤慨し、この選択は山県の晩節を汚すものとして痛烈な批判を送りつけた。下岡は言う。国民の自覚が生まれ、世論が沸騰した現状において、超然内閣の出現は立憲政治の常道とは認められない。政党内閣を理想とは考えないまでも、もはや政党と没交渉の政権はありえないと。

彼が強調したのは、大隈が示した政党と官僚の協働モデルを実現することであった。交渉の決裂を受けて、彼は山県のもとを離れ、政党政治の先駆となる決意を伝えた。「閣下請う、不肖をして政界不羈《ふき》独立の位置に立ちて、自己の新天地を開拓するの自由を得せしめられんことを」（『三峰下岡忠治伝』）と。もはや政党政治への流れを止めることはできなかった。

政党政治の時代が到来するなか、学士官僚たちは藩閥の呪縛を脱して、政党と生きる道を選んだ。山県に従って中立議員でいては何もできない。翌年一月、下岡は中立系を脱して憲政会の創立に参加し、晴れて政党人としての道を歩みはじめる。

山県の言は、もはやかつての側近にさえ利かなくなっていた。最後の超然内閣となる寺内内閣には後藤、仲小路、田健治郎ら、かつて政党政治を見限った最後の藩閥官僚たちが集まったが、この内閣の成立は、むしろ彼らの時代の終わりを告げるものとなった。

政官協働の結実──原内閣の誕生

藩閥の時代が終わり、政党の時代が到来する。一九一八（大正七）年九月、米騒動に端を発した混乱の責任をとって寺内首相が辞意を明らかにした。このことは、国民との接点がない藩閥内閣では世界大戦後の時代に対応できないことを知らしめた。下岡の忠告は現実のものとなる。

政権は憲政会ではなく政友会に渡った。九月二九日、「初の本格的政党内閣」と称される原敬内閣が誕生する。まさに時代の画期であった。

原内閣は政党内閣誕生に快哉を叫ぶ歓声に迎えられ、大きな期待を背負った。この期待と評価は、単に政党内閣という外形によるものではない。原の指導力への期待である。三たび、「省庁のなかの省庁」を自負する内務省の大臣として安定した指導力を発揮した原であれば、官僚との関係は心配がない。度重なる党内の不協和音を総裁としてまとめ上げた実績から、党の運営も堅調であろう。外交・財政といった重要課題を前に独行せず、元老との協調関係を築いたことで、不意の横槍が入ることもない。世上の期待も当然である。原は明治憲法体制の分権構造をまとめることのできる稀有な人物となったのである。

原の統治観を形づくったのは、多様な学問と経験である。賊軍の地に生まれた原は、若き日に英語・仏語を習い、司法省法学校で法学を学び、新聞人として政界や地方の実態をつぶさに観察した。官界に転じてからは統治機構に関心を寄せ、農商務省と外務省で官制改革に力を尽くした。外交官試験を独立させ、場当たり的に任じられていた領事官を試験制度に組み入れたのも原である。

統治機構への関心は立憲政治へと広がり、彼を政友会創立へと駆り立てた。それまでの原は新聞人としても財界人としても腰掛けであり、官僚というにも経験が短く、自らを象徴する閲歴を持っていなかった。原自身がそのことに気付いたのは政友会に入ってからのことである。大臣となったものの貴族院議員には選ばれない。伊藤に従って政友会に参加しても、他の伊藤系官僚に伍することができない。その差は埋めがたいものであった。原は衆議院選挙に出馬し、政党人として生きていくことを決意する。

原には勝機があった。政党と政党人に不足している統治機構への理解と行政の専門性を持っていたからだ。第四次伊藤内閣が総辞職して多くの伊藤系官僚が党を離れると、行政と法制に通じる原の存在は際立った。原はそれを活用して桂との交渉に立つ。政友会の側に、桂と同じことばで話すことができる人材は他にない。桂園時代を通じて桂との交渉取り仕切ることで政友会における原の地位は高まり、古参の松田正久と肩を並べる領袖に成長した。

西園寺が組閣し政友会が政権に就くようになると、桂との関係はより対抗的なものへと変質した。原は、藩閥に反感を持つ官僚たちを高く評価して傍らに引き寄せ、藩閥という旧体制を乗り越えて新しい統治を創造する共通目標を置き、彼らの想いを改革として結実させることで、政策ごと政友会に取り込んだ。原のもとには有能な官僚出身者が次々と集まっていった。

原内閣の閣僚たち——官僚出身者たち

閣僚には、政友会に集まった人材がちりばめられた。蔵相、農商務相にはそれぞれ高橋是清、山本達雄が再任し、内相には衆議院に議席を得て政友会九州派の幹部となった床次が起用された。いずれも山本内閣で政友会に参加した人材である。

文相には在野時代の政友会に貢献した中橋徳五郎《なかはしとくごろう》(石川県出身、一八六一年生、法学部選科卒)が就いた。中橋は法制局、衆議院事務局で議会政治の制度整備に携わった官僚出身者である。逓信省で管船局長まで累進したのち、民間に転じて大阪商船社長を務め、その財力で政友会を支えてきた。

官僚出身とはいえ、中橋は文部行政に通じているわけではない。まして文部省は教育の充実に向けた教員増加策という大きな課題を抱えていた。このため、原は西園寺内閣で書記官長を務めた南弘を文部次官に充てた。唯一行政経験のない野田卯太郎《のだうたろう》逓相のもとにも内務省出身の秦豊助を次官として送り込み万全を期した。野田は省務の大半を秦に任せ、自らは他省や与党政友会との調整にあたる。

鬼門である法相には、当初、鈴木喜三郎次官の昇任が検討されていた。しかし、政友会色がつくことを嫌った鈴木が辞退したため、原は自ら法相を兼任し、鈴木を事実上の大臣として遇した。のちに政友会と貴族院研究会との提携が進むと、同会の領袖である大木遠吉《おおきえんきち》が専任法相となるが、この人事も司法省の独自性を侵さず、政党と相互に自律した関係のままに置く方策であった。

官僚出身者を大臣としたことは、各省から歓迎された。政党内閣の成立により、与党からの無軌道な要求を恐れた彼らにとって、対話可能な大臣が就任したことは大きな安心材料となった。とりわけ内務省のように自省の出身者を大臣に迎えた省の安堵は大きかった。

当然セクショナリズムへの懸念が示される。それを避けるために内閣の総合調整がこれまで以上に重要となる。そのため原は、内閣補佐機構を重視してその長には官僚出身者ではなく政党人を配した。事務を司る内閣書記官長には原が内相時代に秘書官として仕えた高橋光《たかはしみつ》威《たけ》が任命され、閣内の連絡調整を担った。

法制局長官には横田千之助《よこたせんのすけ》が抜擢された。星亭の書生から弁護士として身を起こした横田は栃木を選挙区としたことから関東派に属し、同派をまとめる原に見出された。原が総裁になり政権獲得が視野に入ると、原は横田の政治的判断力を買って、山県ら元老との調整に重用していた。

これまで法制局長官は、一木喜徳郎や岡野敬次郎のように法制官僚や帝国大学法科大学教授が適する専門職と考えられてきた。法令審査を行うためには、現実政治と一線を画すことが好ましかったこともその要因だろう。事実、第一次山本内閣では政友会に接近しすぎた岡野長官が山本首相によって更迭されている。そこに原は、あえて政党人である横田を選んだ。大臣にはことごとく官僚出身者を充てた原がである。それは、原の統治機構への深い理解を示す人事であった。

すべての法案は法制局の審査を通過しなければ閣議に提案することができない。法制局の参事官はほぼ異動がなく、専門的な経験を積み上げていた。その知識と経験の深さは、二年ごとに異動する各省官僚の比ではない。各省にとって法制局は政策形成の鬼門であった。すなわち、ここを掌中におさめれば、政策を通じて各省を総合的に監督・掌握することができる。原の慧眼といえるだろう。

こののち、法制局官僚は横田系のもとで親政友会に組織化され、政友会の政治指導に貢献していく。「本格的政党内閣」の登場によって、党派化の波はついに法制局をも呑み込んだのである。

本格的政党内閣の時代へ

政党と官僚の関係が結ばれたことで、政党側の構造も大きく変化した。政府と党の連絡を広岡宇一郎《ひろおかういちろう》幹事長に一元化し、総務委員は政府の意向を党員に伝える役割に転じた。

その分、政府は与党への事前説明を従来に増して丹念に行うようになった。かつて政党の政務調査会はまるで碁会所のようで政策論など存在しないと揶揄されていた。しかし、原が官僚出身者を会長や部会長に据えて議論の活性化に努め、政務調査室を新設して学士を調査員として政策研究に取り組ませたことで、その性格は大きく変化した。

山県との関係が良好となったことで、これまで政友会の前に立ちはだかってきた貴族院の態度も好転した。とりわけ山県－清浦のラインを通じて、同院最大の会派である研究会の支持を調達できたことは、憲政の運用上大きな効果をもたらした。

こうして原は安定政権の樹立に成功した。「本格的政党内閣」は、官僚出身者をはじめとする政党人の入れ替えを軸に、二〇年にわたる政党改良の取り組みが結実したものであった。政党組織を基盤としつつ官僚出身者が政策決定の中枢を握るという、桂系官僚と西園寺政友会の関係を彷彿とさせる構造が、政友会の内部に組み込まれていた。政党内閣の外形を持ちながら、官僚と政党の二層構造を内包することで政党と各省の関係を担保する。憲政の理想と現実を組み合わせた、いわば擬似政党内閣が生まれたのである。これが、統治機構に通じた原が編み出した、近代日本政治のグランドデザインであった。

もっとも原からすれば、官僚と政党人という区別は意味を持っていなかったかもしれない。いずれも政治家であることに変わりはなく、専門性が異なるだけであった。行政知識に長じる官僚出身者には選挙に出て選挙区を回り、党にあって他の政党人を統べる経験が必要であった。党務に親しんできた政党人は、行政経験を積み、政策への理解を深めて、いずれは大臣候補たりえることが望まれた。内務次官となった小橋、農商務次官となった犬塚、逓信次官の秦はいずれも衆議院議員選挙に出馬して議席を得ていたし、警視総監の岡喜七郎、文部次官の南も貴族院に議席を持って議政に参画している。

新進の政党人のうち、将来を嘱望される人材は、原が新設した勅任参事官として各省に送り込まれた。各省の法令作成を担う参事官のなかに入れることで、将来の次官と深く交わり、行政への理解を深めることが期待された。内務の松田源治《まつだげんじ》、大蔵の三土忠造《みつちちゅうぞう》、農商務の望月圭介《もちづきけいすけ》は原の期待に応え、のちに大臣まで上りつめる。有望で有能な人材は、政官の区別なく育ちはじめていた。

ただ一方で、官僚の専門性は揺らぎはじめていた。行政の専門化が進んだことで、法科万能の時代は終わりを迎えていた。くわえて、第一次世界大戦後の社会状況の変化は、労働行政、社会政策といった新しい行政分野を生みつつあった。

こうした変化を前に、各省は再び若手官僚を欧米に留学させることで対応していく。専門性を高めた彼らは、自らが描く新しい政策を実現させるために政党に接近する。しかし、同時に利益誘導や党利党略に走る政党政治のあり方に疑問を抱く官僚も現れるようになる。藩閥政治から政党政治への交代により、政党政治に対する、感情的ではなく、論理的な批判が行われる下地が形成されはじめた。

＊　＊　＊

帝国議会と専門官僚制が時を同じくして創設されたことは、両者が憲政の両輪として発展していく歴史を生んだ。一〇年後、それは政友会という一つ目の横断型政党として交わり、桂園時代を通じて絡み合い、支え合うことで官僚の系列化、党派化という現象を生み出した。

その帰結として、二二年後、二つ目の横断型政党となる同志会が生まれた。官僚の政党参加は本格化し、政党と官僚という絡み合った二つの糸は、政友会と同志会という政官を結びつける二つの束に撚《よ》り直された。政党政治の現出は、地方から上ってきた立志の青年たちが、政党と官僚という近代国家の経路をたどるなかで実現していったものであった。そして、その安定は、次なる統治の時代を創造していくこととなる。

第六章　大正デモクラシー下の人材育成

政治の中枢が藩閥による専制から藩閥－政党間の高等政治へ、さらには政党と官僚の協働による政党内閣へと移行するのに応じて行政機構は拡充され、立身出世に目覚めた全国の青年たちは官僚となってこれにくわわっていった。日清・日露戦争、大正政変、第一次世界大戦という変動を通じて、デモクラシーの潮流のなかで、官僚は政党政治を支える基盤となっていく。

彼らは立憲政治の枠組みが整い、人材養成機関が整備されたあとに出てきた人材である。明治初期の維新官僚とも、藩閥官僚とも、初期の学士官僚とも違う環境で育った彼らは官僚となることをどう捉えていたのだろうか。そこには、決められた道を進むことの難しさが横たわっていた。

1　試験至上主義の到来

試験任用の定着

一八九三（明治二六）年に導入された高等文官試験による官僚の試験採用は、その後も順調に運用された。一八九八年に隈板内閣が成立すると、大規模な行政改革に合わせて新卒の採用が停止されるという噂が大学生のあいだに広まり、彼らが内閣に押しかける事件があったが、この年も予定通り実施された。学生たちの動揺ぶりは、彼らのあいだに試験制度が定着していたことをうかがわせる。

高等文官試験の合格者数も初年度の六名から三七名、五〇名、五四名と順調に増加し、日露戦争後までは五〇名前後で推移した。新卒の採用が安定したことは、行政国家化が着実に進んでいることの証左であった。とりわけ、明治初年から試行錯誤が続けられてきた各省の機構は、隈板内閣による改革でほぼ定まっており、頻繁な統廃合がなくなったことで人事行政を計画的に行うことが可能となった。

日清・日露戦争の勝利によって国民の発言力が拡大し、多様な政策要求が生まれたことも行政の領域を拡大させた。なかでも一八九五年に台湾、一九一〇年に朝鮮が植民地となったことで、これまでにない行政官の新規需要が生まれていた。旧式の藩閥官僚が引退、淘汰さ

6−1　**高等文官試験（行政科）の合格者数と合格者の最終学歴**

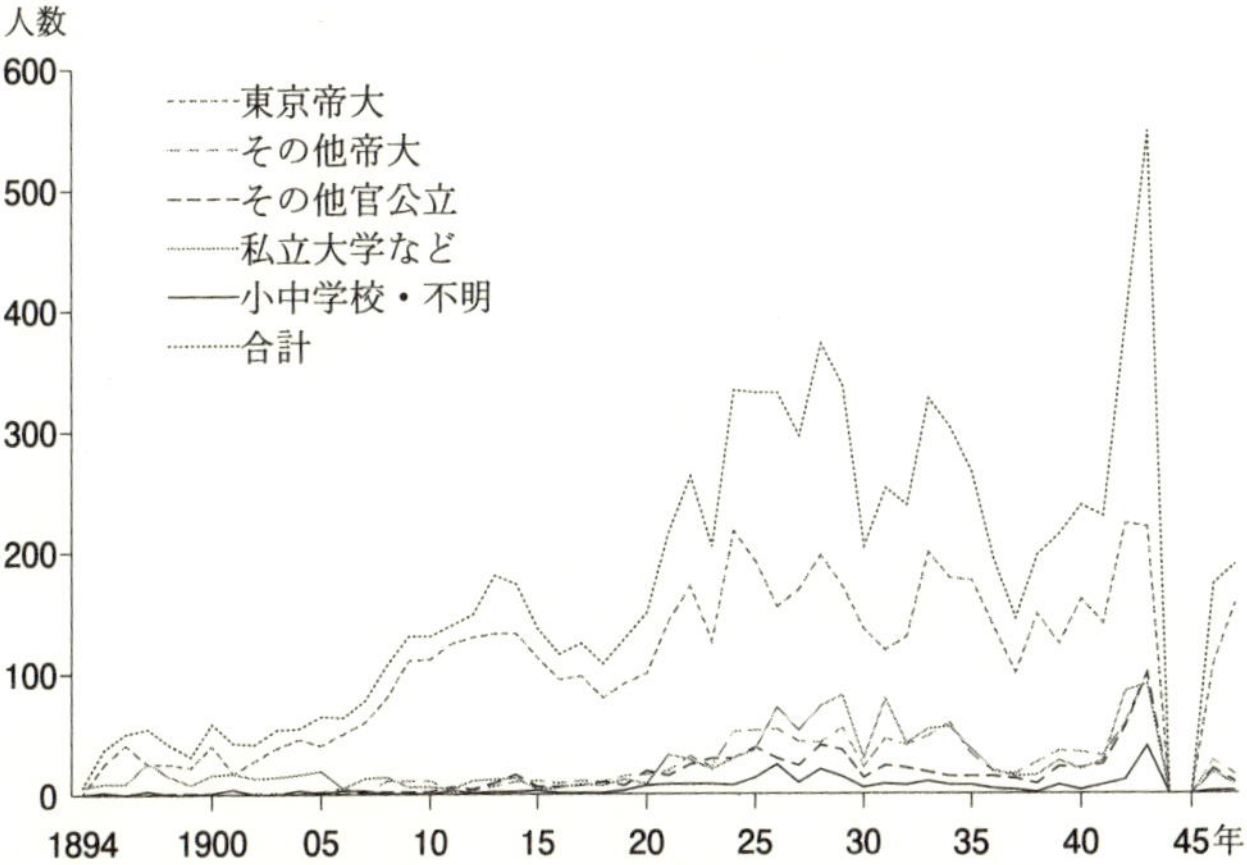

註：国公立には東京高等商業学校，逓信官吏養成所，鉄道省教習所などを含む．1944，45年度は採用が行われていない
出典：「高等試験合格者一覧」（秦郁彦編『日本官僚制総合事典』東京大学出版会，2001年）より筆者作成

れたこともあり、新卒の採用は一九〇九年に一〇六名、一二年には一四八名と右肩上がりに増加する（6−1）。

他方、日露戦後の不景気から民間企業が採用を抑制したことから、学生は官途をめざし、試験は熾《し》烈《れつ》なものとなっていった。競争が激しくなったことで、人物はもちろん、成績が重視されるようになる。

　東京帝国大学では一八九九（明治三二）年から一九一八（大正七）年のあいだ、成績優秀者に天皇から銀時計が下《か》賜《し》される表彰制度があった。法科大学の銀時計組の進路をみると、官界志向が定着したことがわかる。法科大学はこの二〇年間で八八名の優等生を表彰したが、そのうち官途に就いた者は五四名と、大学教授（上杉慎吉《うえすぎしんきち》、吉野作造《よしのさくぞう》、鳩山秀夫《はとやまひでお》、穂積重遠《ほづみしげとお》、末弘厳太郎《すえひろいずたろう》ら一二名）、実業界（一〇名。三井、三菱、住友など）を圧倒している。

政党の猟官を防ぐために、原則すべての高等文官を資格任用としたことも、学生たちに歓迎される。一度試験に通って官途に就いて大過なく過ごせば、いずれは課長、局長、次官へと昇進することができるし、彼らの身分は分限制度に守られていた。官僚は事実上の終身雇用となったのである。当時、民間はまだ終身雇用ではなかったから、他にはない安定が約束されたことは魅力であった。

銀時計組から官途に就いた五四名の入省先は、大蔵省一九、内務省一五、農商務省一三、逓信省四、その他三であり、内務、大蔵両省が優秀な人材を確保している。農商務省と逓信省は若手の留学に積極的なことで人気を集めていた。大正期に入ると、政治に翻弄されやすい内務省が敬遠され、大蔵省に優秀な人材が集まるようになる。

この時期に官界に入ってきた青年たちは、一八九〇年前後に生まれた世代である。生まれながらにして彼らの前には内閣、憲法、帝国議会があった。いわば「憲政世代」である彼らは、日清・日露戦後の隆盛のなかで、国家だけでなく、いかにして自らの人生を軌道に乗せていくかに力を注いでいく。

敷かれたレールの上をゆく悩み――帝大生の場合

もっとも、彼らは思春期の青年たちである。高等学校－帝国大学－官僚というできあがったレールの上を歩くことは、時に憂鬱でもあった。敷かれた道を進んで出世をめざすのか、異なる道を求めて彷徨するのか。青年ゆえの迷いも現れてくる。

一九一一（明治四四）年に農商務省に入って農林次官まで進み、戦後、厚生大臣となった河合良成《かわいよしなり》は『明治の一青年像』という自伝に若き日の煩悶を綴っている。

河合は、内閣制度の発足からまもない一八八六年五月、富山県福光の実業家の家に生まれた。一九〇四年二月、隣県金沢の第四高等学校（四高）をめざして追い込みに入っていた河合は、鈴の音とともに日露戦争開戦の号外に接する。日々報じられる戦況に心がはやり、勉強に身が入らない。河合は意を決して金沢に移り、外界を遮断して連日一二時間の勉強を続けた。六月、河合は一番の成績で四高に入学する。

河合良成

この時期の四高には豊かな精神文化が花開いていた。その中心にいたのは西田幾多郎《にしだきたろう》である。折しも彼は『善の研究』執筆に向けて、着想を練っていた。河合たちは彼のもとで民主主義への関心を深め、同高の校友会誌である『北辰会雑誌《ほくしんかい》』を舞台に思索を深めていった。

彼らを学問へと駆り立てる原動力に第一高等学校（一高）への対抗意識があった。高校の頂点に君臨する一高生が被る白の二本線が入った学帽は、全国の中学生たちの憧れであった。四高には一高に入れずにきた学生が多く、一高への憧憬と敵対心が彼らの心に同居していた。

三年後の一九〇七年九月、四高での学びを終えた河合は、東京帝大法科大学に進学する。立身出世の登竜門に辿りついた興奮とともに、彼はある強迫観念に駆られていた。一高の秀才たちと並んでは、自らの実力のなさが露見してしまうのではないかという恐れである。同期には、石坂泰三《いしざかたいぞう》（一高）、吉田茂《よしだしげる》（一高、のち内務官僚。首相とは同姓同名の別人）、小笠原三九郎《おがさわらさんくろう》（三高）、重光葵《しげみつまもる》（五高）、松本学《まつもとがく》（六高）、牧野良三《まきのりょうぞう》（山口高）らがいた。

河合は敵愾心《てきがい》を奮うことで恐れを払いのけようとする。一高出身者は講義室の最前列に陣取り、席を離れる際にはノートを置いてこれを譲らなかった。河合は彼らの「占席」を強く批判しつつ、必死に講義を筆記し、図書館に通い詰めて学習を深めた。

ところが、学べば学ぶほど空しさが募っていく。期待していたような面白い講義はなく、西田のように彼の心を打つ教授もいなかった。当時は多くの講義が毎年同じノートによるものだったというから、さぞ単調だったことだろう。

精気のない講義は、河合の意欲を急速に萎えさせる。一年の後半になると河合は講義に出席せず、友人のノートを写し、多くの学生がそうであったように、大学近くで売られる講義録を買って試験を乗り切るようになる。空いた時間は金沢藩出身者の寄宿舎でテニスに興じた。ほどなく、目標を失った河合はノイローゼになり、脳充血に倒れること三回、進級試験は常に追試という苦しい生活を送ることになる。

講義が定型的なつまらないものになっていたことは、他の学生たちの回想からもうかがえる。わずかに関心を引いたのは美濃部達吉《みのべたつきち》と上杉慎吉の憲法論争や、開講されたばかりの植民地政策であった。大学が生まれた頃に学問が持っていたみずみずしさは失われており、教授たちも取り立てて工夫をしようとはしなかった。成績だけを気にして、講義録で試験を乗り切る学生たちも、共犯であった。

三年の後半になり、河合の症状はようやく快方に向かった。第四学年への進級試験で初めて追試を免れた河合は、にわかに高等文官試験の在学中合格を目標に勉強をはじめる。この頃、官途を志す者は六月に卒業、七月にまずは普通文官として入省し、夏に長い休みをもらって一一月の高等文官試験に臨むものだった。試験に合格すると高等文官に昇任する流れである。ところが、河合はこれに一年早く挑戦しようというのである。

高等学校を卒業していれば、私立法学校卒業生と同様に予備試験を受けることができる。予備試験は帝国大学を卒業すれば免除されるものであったから、これまで帝大生でわざわざ予備試験を受けてまで在学中の合格をめざす者はほとんどいなかった。いまの芳しくない学業成績では思うように就職できないと考えた河合は、ここに逆転を賭けた。

努力は実り、河合は一九一〇年の高等文官試験に合格した。成績も一二位と一三〇名の受験者の最上位に食い込んだ。在学中の合格者のなかでは、中央大学の石井《いしい》宗吉《そうきち》（のち明大教授）に次ぐ二番目の成績である。河合は十分すぎる挽回を果たした。

翌年、卒業が近づくと、河合は旧知の教授、矢作栄蔵《やはぎえいぞう》（農政学）に呼び出された。就職先の相談である。矢作は彼に住友への就職を薦めた。経済学の担当者として企業と深いつながりを持つ矢作は有能な学生の斡旋を依頼されていたのである。しかし、河合はすでに前年に高等文官試験に合格していることを理由にこれを断った。

矢作は、話を切り替えて大蔵省を薦めた。河合の希望はできたばかりの内閣拓殖局であったが、矢作はフランス語ができなければ最新の植民地政策を理解できないと退ける。河合の成績であれば、大蔵省に入るべきというのが矢作の判断であった。しかし、徴税の仕事が性に合わないとこれを拒んだ。

矢作は最後に農商務省から一名の採用枠があると話し、商法の教授である松本烝治《まつもとじょうじ》を訪ねるよう伝えた。松本は大学卒業後、同省の勅任参事官を務めたのちに大学に戻りパイプ役となっていた。松本の推薦状を持って河合は農商務省に向かった。

築地にあった農商務省では、大久保利通の三男、利武が河合を待っていた。岩倉遣外使節に随行した長男利和、次男伸顕と違い、利武は一高に学んだのちに米独に学び、日本の憲法政治で博士号を得た学究であり、河合とは肌合いがよかった。内務省で知事を歴任したのちに農商務省に招かれて商工局長を務め、商工行政の刷新を一手に引き受けていた大久保のもと、河合は証券行政や物価、米価問題で活躍していく。

教授たちの役割――斡旋と調整

このように、当時の帝大生の就職は教授の斡旋によるのが一般的であった。学生たちは四年の春になると親しい教授のもとを訪ねて相談した。

教授たちは斡旋と同時に調整を行っていた。なかには志望する省に入った先輩と接触を重ねる者もあったが、その場合も最終的には教授の推薦を得て入省している。教授たちは学生の希望を聞き、適性を見ながら、各省の需要に合わせて推薦を行った。そのため、教授の説得で進路を変える者も多かった。

たとえば一九〇八（明治四一）年に内務省に入省し、警保局長などを経て内相まで上った後藤文夫《ごとうふみお》は内務官僚の代表的人物であるが、彼もはじめは植民地への採用を希望していた。マンネリ化していた講義のなかで数少ない人気科目であった植民地政策の、無限に拓ける新天地を想起させる講義に青年たちは胸を高鳴らせ、多くの学生が植民地での活躍を望んでいた。後藤もその一人であった。

後藤は政治学科六九人中六番という秀才であり、希望通りに採用される自信を持っていた。春になり、穂積陳重教授を訪ねて植民地を希望することを伝えると、穂積は縁戚にあたる児玉源太郎《こだまげんたろう》台湾総督への伝言を約束した。ところが数日後、穂積のもとへ赴くと、総督府は内地での勤務経験がある者しか採用しないから、まずは内務省に行くように告げられる。やむなく、後藤は同省に入り、一一月の高等文官試験では、見事一位の座を得ている。

穂積の話は真実ではない。先に述べたとおり、植民地は日露戦争前後から新卒の採用をはじめていた。後藤が卒業した一九〇八年にも朝鮮、台湾双方の総督府で新卒の採用が行われている。

では、なぜ後藤は入れなかったのか。これは不合格ではなく、穂積が内務省に誘導したと見るのが正しいだろう。大学の卒業順位が公表されている一九一八年までの間、卒業順位が一桁で植民地に採用された者はいない。彼らは周到に主要官庁に誘導された。教授による斡旋と調整は、青年たちの想いを受け止めつつも、彼らに現実的な塩梅を施すものだった。

狭き門を開く難しさ——私立学校の場合

帝大生たちには、敷かれたレールの上を行くがゆえの悩みがあったが、私立法学校生には、狭き門を開いてレールに辿りつく苦労があった。いかにすれば門は開くのか。一九〇〇(明治三三)年、東京専門学校から内務省に入省した佐藤孝三郎《さとうこうざぶろう》(福岡県出身、一八六八年生、のち福井県知事)の入省経緯が興味深い。

佐藤は私立法学校生というハンデを乗り越えようと、二年次から高等文官試験に挑んでいた。その甲斐あって、三年次には無事口述試験に合格した彼は、意気揚々と故郷久留米の先輩である倉富勇三郎を訪問する。司法省民刑局長として抜群の閲歴を誇る倉富であれば郷里い返した。彼の前途に突如として暗雲が垂れ込める。

今度は正面突破を図ろうと、高等文官試験の委員長を務める一木喜徳郎を訪問した。内務省を志望する佐藤にとって、同省の試補第一号である一木を訪ねることには格別の思いがあった。佐藤の期待は高まった。

一木は開口一番、佐藤に卒業年を尋ねる。佐藤が東京専門学校出身であることを答えると、一木は「私立大学か」と態度を翻した。大きな挫折感が全身をめぐった。もっとも、岡田の例（第四章）で見たように、私立法学校卒業であっても試験の成績が抜群であった者には省の側から連絡があった。佐藤は合格者三一人中二五番であり、特別に扱われる存在ではなかったのである。

佐藤孝三郎

藁《わら》にもすがる思いの佐藤は、旧知の内務官僚神山閏次《かみやまじゅんじ》（熊本県出身、一八七〇年生、九五年独法卒）に望みを託した。神山は二八年組の俊才として、入省からわずか四年目にして警保局図書課長の要職にあった。職務の傍ら、神山は学生に向けて高等文官試験の勉強会を開いており、佐藤は早くからこの会のメンバーであった。神山は佐藤のために奔走してくれたが、私学出のためか、成績のためか、話は一向に進まなかった。

実は、佐藤は前年に農商務省からの誘いを断ったことがあった。東京専門学校で行政法を講じていた同省参事官の織田一《おだはじめ》が佐藤に目をつけたものだった。織田は大臣秘書官も兼任して新卒採用の取りまとめを行っており、私学からも優秀な人材をと考えて佐藤に声をかけたのだが、内務省志望の佐藤はこれを友人に譲っていた。

当時、私立法学校は多数の現職官僚を法学科目の講師に迎えていた。国立国会図書館にはいまも彼らの講義録が多く残されている。彼らは国家試験に通用する法解釈を教えるアルバイトであると同時に、私立法学校と各省をつなぐ役割を果たしていた。

他省ならなんとかなる、もはや内務省は諦めるべきと考えた佐藤は、私立法学校出身の官僚を頼ることにした。私立法学校出身者は同志会という集まりを持っており、会長の三輪一夫《みわかずお》（明治法律学校中退）の務める会計検査院に入ることを決めた。

これが神山の耳に入り、佐藤はその逆鱗に触れた。神山は職を賭してまで佐藤の内務省採用を願い出ていたからである。翌年五月、定員に空きができたことで佐藤は無事、内務省に入省し、神山のいる図書課に配属された。のち神山が群馬県知事となると内務部長として従っている。

このように論じてくると、帝国大学と私立法学校の差は歴然としているように見えるが、入省の時点では大きな差はなく、いずれの出身であっても試験に合格すればほぼ全員が採用されている（6－2参照）。佐藤と同じ一八九九年の合格者で見ても私立学校出身の合格者八名中六名は内務、大蔵、農商務と人気の高い省庁に入っている。

差が歴然とするのは、その後の昇進である。戦前、私学出身で次官まで累進したのは竹内《たけうち》友治郎《ともじろう》（山梨県出身、一八七二年生、東京専門学校中退、九八年農商務省入省、農商務次官）、埴《はに》原正直《はらまさなお》（山梨県出身、一八七六年生、九七年東京専門学校卒。九八年外務省、外務次官）、山本熊《やまもとくま》一《いち》（山口県出身、一八八九年生、一九一二年東亜同文書院卒。一九年外務省入省、大東亜次官）の三名しかいない。一八九九年組も植民地に出た者、本官採用まで時間がかかり昇進が著しく遅れた者などがあり、順調に昇進したのは佐藤と、台湾の新竹州知事となった服部仁蔵《はっとりじんぞう》の二名だけであった。

東京帝大という学閥が生まれ、藩閥に取って代わったと見ることもできるだろう。しかし、それよりも学生自身が持つ優越感と劣等感が影響しているように思えてならない。学制ができ、帝国大学令ができてから学校の階段を上がってきた彼らは、より上をめざす「欲望の学校化」のなかで過ごしてきた。彼らが試験を受けて官僚となり、いずれは採用を行うようになる。学校間格差が人事のなかに染みついていくこととなる。

試験至上主義、点数至上主義は、行政機構の安定とあいまって人事の制度化を生んだ。それは、情実による恣意性を排する一方で、はやくも硬直化をはじめていた。

私立学校							その他		合計
日本	早稲田	明治	法政	慶應	その他	小計	小中学	不明	
0	2	3	1	0	1	15	0	2	43
16	8	7	6	2	5	74	2	2	234
22	8	10	21	1	4	79	0	8	254
5	21	3	3	0	1	44	2	5	506
9	11	9	2	0	2	44	3	8	776
7	8	4	1	1	6	40	5	8	623
25	21	20	4	1	27	145	23	21	1346
84	59	46	4	5	27	285	26	46	1537
73	26	21	4	8	30	233	11	28	1383
22	6	8	0	0	11	95	8	10	987
39	9	9	4	2	35	205	9	52	1549
302	179	140	50	20	149	1259	89	190	9238

現，一橋大学）

6－2　**高等文官試験（行政科）の合格者数と出身校**

年代・内閣	官公立学校						
	東大	京大	他帝大	東高商	その他	小計	中央
1894～95年 伊藤②	25	—	—	—	1	26	8
1896～1900年 松方②～伊藤④	153	—	—	—	3	156	30
1901～05年 桂①	157	4	—	—	6	167	13
1906～10年 西園寺①～桂②	409	38	—	—	8	455	11
1911～15年 西園寺②～大隈②	647	33	—	22	19	721	11
1916～20年 大隈②～原	460	59	2	9	40	570	13
1921～25年 原～加藤(高)	847	164	11	23	112	1157	47
1926～30年 若槻①～浜口	825	138	76	29	112	1180	60
1931～35年 若槻②～岡田	800	108	114	14	75	1111	71
1936～40年 広田～近衛②	669	64	64	23	54	874	48
1941～47年 東条～片山	846	129	101	76	131	1283	107
	5838	737	368	196	561	7700	419

註：内閣の丸数字は第何次かを示す．東高商は東京高等商業学校（のち東京商科大学．
出典：6－1と同じ

2　新しい階層化と派閥化

点数至上主義の功罪

点数至上主義は帝国大学のなかにも現れ、学生たちは入学直後から点取り競争を強いられた。なかでも卒業試験の成績は進路に大きく影響すると言われていた。内務省は卒業成績が優秀な者しか採らない、それ以外の省でも大学の成績と高等文官試験の順位が昇進に影響し続けるという噂が飛び交い、学生たちは、ここばかりは必死の思いで臨んだ。

外交官をめざして一高から東京帝大法科大学に進んだ芦田均《あしだひとし》（京都府出身、一八八七年生、一九一二年仏法卒、のち衆議院議員、首相）は、一年次の期末試験を前にその日記に「大学の成績で世の中へ出る。一歩の地歩が定まる。大学の成績は一回でその四分の三まで判ぜらる。一回は是非ふんばる必要がある！」と強い決意を記している。藩を背負って競争していた貢進生たちの時代は遠い過去になり、明治後期には自らの成功のため点数至上主義が充満していた。

もっとも、大学での学問に熱意を燃やしていた河合良成が早々に燃え尽きたように、大学の講義はつまらないものであった。著書をひたすら読み上げる教授、時間一杯筆記させるだけの試験など、学問体系の確立にともなって講義は形式ばったものになり、国家の草創期の情熱を反映した金子堅太郎の講義のように学生を引きつけるものはなくなっていた。

東京帝大文科大学出身の作家大町桂月《おおまちけいげつ》は、この状況を「大学生曰く、多く参考書を読まずとも、ノートブックと首っ引きして、試験の成績をよくし、高等文官試験に及第し、うまく運動して高官にありつき、抱え車を置き、美人を得て妻とせん」(『学生訓・続』)と辛辣に評している。

ノートを手に入れ、暗記して試験に臨み、点数をあげる。その繰り返しは大学生の能力をますます萎縮させている。そう危惧したのは東京帝大法科大学の大学院にいた吉野作造である。吉野は「△△生」の筆名で「如何にせば試験に成効《ママ》するか」と題する連載を新聞で行ったが、彼は、好成績を収める方法を論じる一方で、学生が試験に固執するあまり余裕がなく、覇気がないことを深く案じていた。

世間では法科大学は試験が難しく落第生が多いと言われるが、実際には問題は簡単過ぎて外に見せられたものではない、落第が多いのは怠惰と萎縮にあるというのが彼の分析であった。「法科大学の学生諸君はもっと自由闊達なる頭脳とならねば世間の非難は結局打ち消すことはできぬと思う」というのが、連載の結論である。

教育の充実、国家の発展とともに点数至上主義が台頭したことは、教育と採用の形式化を招いた。浜口雄幸の頃にはあった卒業論文も、この頃にはなくなっていたようである。東京帝大の教育を批判して、演習への参加と論文執筆を必修としていた京都帝大でも、高等文官試験合格者の伸び悩みから志願者が減少し、一九〇七年には論文試験が廃止された。ノートを集め、型にはまった勉強をし、暗記で得た成績が将来を決めていく。点数至上主義の功罪が見えはじめていた。

ファーストクラスとセカンドクラス

実際、大学時代の成績は、少なくとも採用には影響した。何より成績の優劣によって採用される時期が異なっている。

帝国大学の成績優秀者は教授たちの推薦を受け、六月に卒業するとすぐに採用され、一一月の高等文官試験に向けて準備していった。これに対して推薦を得られなかった者は、卒業後に独力で試験準備を行い、高等文官試験に合格するとポストの空き具合に応じて順次採用されていった。講義には魅力を感じなかった学生たちが、入学時から競ってノートを集めて期末試験に臨んだ理由はここにあった。

卒業と同時に採用されて試験に臨むものをファーストクラス、卒業後、試験を経て入省するものをセカンドクラスと自嘲気味に評しているのは、松本学（岡山県出身、一八八六年生、一九一一年政治学科卒、のち警保局長、貴族院議員）である。松本もセカンドクラスであった。

この差別化は複雑な心理を引き出した。一見するとファーストクラスの面々が余裕にあふれているように感じられるだろう。しかし、選ばれた彼らにとって、高等文官試験は合格をめざす入試ではなく、不合格となることを許されない審査であった。これまで万事最優秀で学校の階段を昇り、大きな挫折を味わったことのない彼らにとって、その重圧は計り知れないものであった。彼らにとって高等文官試験は「就職後第一の仕事」（『おもいで』）であり、不合格なら資格喪失と捉えられるものであった。

入省後に試験に臨む彼らには担当の業務があるだろう。にもかかわらず、どうやって試験勉強の時間をつくったのか。各省の側もよくわかったもので、七月に彼らが着任すると、一一月に試験が済むまではほとんど仕事を与えなかった。あいさつ回りも早々に、試験勉強に取り組むことがまさに彼らに与えられた「仕事」であった。

夏も本番である。彼らは長い夏期休暇を取って避暑地に赴き、勉強合宿に臨んだ。日光中禅寺湖畔の旅館米屋（廃業）や軽井沢の鶴屋旅館（現存）、箱根強羅などがメッカであった。私立法学生やセカンドクラスの人々も同様に合宿して試験に備えた。

試験の実際──石井光次郎の場合

一九一四（大正三）年、東京高等商業学校（東京高商、現在の一橋大学）から内務省に入った石井《いしい》光次郎《みつじろう》（福岡県出身、一八八九年生、のち台湾総督府参事官、衆議院議員。戦後、通産相など）の回想は試験の様子をよく伝えている。

練習も兼ねて二年次から外交官試験に挑戦した石井は、学校が休暇に入ると榛名山で仲間と合宿を張って試験に備え、一九一三年九月に外交官試験に落ちると、これも練習と思い一一月の高等文官試験を受験した。

石井を驚かせたのは筆記試験に現れた憲法の問題であった。「天皇機関説を論ぜよ」というのである。まさに目下美濃部達吉と上杉慎吉が論争を繰り広げているテーマである。石井は美濃部支持であったが、試験官は上杉慎吉である。上杉の説に阿《おもね》るわけにもいかず、美濃部に肩入れすれば合格は危うい。迷った石井は両論の論点をまとめることでその場を凌いだ。筆記は無事通過した。

石井光次郎

口述試験に臨むにあたり、石井は頭を剃り、髭を蓄えた。禅の修養に自信を持つ石井は、自分は他人より人間が強いのだから、試験官を試験する勢いで臨めばよいと暗示をかけて会場に向かった。それだけ彼は緊張していた。民法の試験では出題された「失踪」の解釈がわからず、試験官が耳の遠いのをよいことに何度も問題を尋ねて話の筋をつかんだという。合否への不安を、石井は禅で紛らわせた。

結果は合格であった。法制局で渡された合格証書には「三号」と書いてあった。それが三位であるということを知った石井は友人から、君は外交官志望だがその成績であれば内務省に入れると言われて心が動く。卒業後、石井は旧知を辿って同省に下岡忠治次官を訪問し、選抜の入口に立った。

最高峰たる内務省の採用面接である。この年は東京帝大から一〇名、京都帝大から三名、そして東京高商から石井の一四名が面接に臨んだ。一人ずつ会議室に呼ばれ、次官、局長、警視総監、秘書課長の前で三〇分対談するという。一四名の最後に石井が呼ばれた。

面接では、やはり外交官志望であったところが突かれた。東京高商で領事科専攻であったことから、郡長よりも領事のほうがよいのではないかという質問である。石井と同郷の安《やす》河内麻吉《こうちあさきち》警保局長からも、福岡出身の外交官にいい人材がいないから外交官になれと言われ、自分は就職の相談に来たのではないと切り返している。まさにメンタルテストである。

終了間際、それまで脇を向いていた風変わりな人物が突然「お前、酒を飲むか」と尋ねてきた。斗酒《としゅ》あえて辞せずと応えた石井は、その場で採用が決まった。この風変わりな人物は伊沢多喜男警視総監であった。石井は伊沢を身元引受人に、警察官僚として歩みはじめる。

高等文官試験の価値

日露戦争前後から、先述した河合良成や佐藤孝三郎、石井光次郎のように、在学中に高等文官試験に合格する者が現れるようになる。一九〇七年には穂積重遠（東京府出身、一八八三年生、一九〇八年独法卒、のち東京帝大教授）、河田烈《かわだいさお》（東京府出身、一八八三年生、一九〇八年政治学科卒、のち大蔵次官、蔵相）、長岡隆一郎《ながおかりゅういちろう》（東京府出身、一八八四年生、一九〇八年独法卒、のち警視総監）の三名が在学中に受験し、七七名の合格者中一位、一四位、二〇位を勝ち取って注目を集めた。三回生のときに特待生から脱落した長岡が起死回生の策として在学中合格に挑み、それを聞いた穂積と河田が追随したものであった。

これが先例となり、明治末から大正初期にかけて、我こそはという学生が他に先んじようとこのルートに挑むようになった。

民間に進む者も高等文官試験を受けるようになる。それは腕試しの意味もさることながら、高等文官試験の合格が優秀さを示す資格として通用するようになったからだ。あらためていうまでもなく、この試験に合格していれば、他の学生よりも優秀であることが証明できた。この背景には帝国大学卒業生が増えていくなかで、卒業しただけでは優秀な人材であることが証明できなくなっていたことがある。試験や点数が幅を利かせはじめていた。

高等文官試験の試験官でもあった金井延（東京帝大教授）の文書には、一九〇一年、〇二年、〇五年の口述試験に関する記録が残されている。金井が担当した経済学の得点は、いずれの年も三〇～八〇点と広く分布している。備考欄には金井の字で「当」「可」「否」という合否判定と合わせて覚え書きが記されており、興味深い。

試験官の鋭い質問を前に、なんとか切り抜けようとしたのだろう。「米国雑誌云々」（五五点）、「需要供給一点張」（四八点）、「少しごまかす」（五五点）と受験生の振る舞いは現在とそう変わらない。「土佐弁」（四〇点）、「田中隆三《たなかりゅうぞう》に似たり」（五〇点）といった覚え書きは、面接が決して圧迫ばかりでなく、ユーモアを持っていたことを教えてくれる。最高点（八〇点）を獲得したものには「寿」と書き込まれている。

最も多いのは「強情」（四〇点）、「遅鈍、属官的」（四二点）といった人物に関するコメントである。口述試験では人物を見られるというのが定説であったが、どうやらそれは事実のようである。もちろん、この記述は金井の主観であるが。

学士官僚にとっての結婚――芦田均の場合

学校の階段を昇ってきた学生たちを動かしてきたのは、周囲に負けたくないという思いと、立身出世の自己実現であった。しかし、そうした直線的な将来像は、そのなかで格闘する学生たちを時に煩悶の淵に陥れた。先述した芦田均の日記には、成績とともに浮き沈みする心境が克明に綴られている。そして、彼を点数以上に悩ませるものもあった。

芦田の父鹿之助は村長から府会議員を経て衆議院議員を務める名士であった。そうした父の存在を背景に、芦田は二歳年長の兄とともになに不自由なく東京帝大法科大学に進んだ。陸奥宗光に憧れ、外交官をめざす彼の前途は洋々としていた。

しかし、東京帝大に進学した頃から雲行きが怪しくなる。稼業が傾き学資が覚束なくなり、それにつれて成績も振るわなくなった。すると芦田は試験を倦《う》み、大学を批判しはじめる。試験は学生を去勢して社会に従わせる術である、大学は文化を与えず学問を切り売りしている、理想も主義も趣味もない連中が点数を争って人の価値を定めようとしていると。芦田は法科大学の仲間との交わりを断ち、カフェーで文学談義に耽《ふけ》るようになった。

人生に悩みはじめた芦田をさらに惑わせたのは結婚であった。未来を約束された一高、法科大学の学生たちを、周囲が放っておくはずもない。とりわけ芦田のように次男で生家の跡を継がない男子にはたくさんの縁談が舞い込んだ。大学の事務窓口にまで「君は養子に行かないか」と持ちかけられるほどであったという。

ある日、格別の縁談が舞い込んだ。渋沢栄一家の学寮で家庭教師を務めていた芦田に渋沢を通じて、侯爵井上家との縁談がもたらされたのだ。長く外相を務めた井上馨の孫となる縁談である。当時、芦田には交際相手があったが、外交官志望の彼の心は大きく揺れた。

この縁談は、大蔵省に勤める兄が徴兵先で結核を患って亡くなり、芦田自身も病を得て長期入院するに及んで立ち消えとなった。大きな喪失感だけが残った。

その後、芦田は心の隙間を埋めるかのように数多くの女性と交際する。そこで彼は、結婚を迫られると必ずその親の権勢や財力を第一に考えている自分に気付いた。結婚を出世だけで考えるようになった自分に悩む日々がはじまった。

彼がようやくこの煩悶を断ち切ったのは、外交官試験に合格した一九一一(明治四四)年秋のことである。芦田を決意させたのは、閨閥もなく国家に貢献した小村寿太郎の訃報であった。「僕は近頃になって金や閨閥と結婚する気は全くなくなった。行李《こうり》を背負って独りぼっちで遠国をさまようとしよう。栄達したって何だ。僕には僕の天分がある」。芦田は自らの将来を小村に重ねた。

煩悶と訣別した芦田が、長い恋愛ののちに妻を迎えたのはロシア勤務から帰国した一九一八（大正七）年のことであった。相手は政治家ではなく貿易商の娘である。出世につながらないと反対する周囲の声を振り切っての結婚であった。

権力との接近、閨閥へ参加

学士官僚たちの結婚には権力との接近、閨閥へ参加という意味があった。長岡隆一郎ら一九〇七（明治四〇）年の在学合格組を例にとれば、長岡は平田東助、穂積は児玉源太郎、河田は佃一予《つくだかずまさ》（興業銀行副総裁）の娘と結婚している。

官僚たちの多くは明治初期からの政治家、とりわけベテラン官僚の家と縁づいていった。内務省で「人事大臣」と称された水野錬太郎は、驚くほどの数の仲人を務めているが、その多くは先輩官僚の令嬢と若手官僚との結婚であった。「美人を得て妻とせん」という大町桂月の諷刺には、「権門の」との前置きが必要であろう。

優秀な若手官僚を婿に迎えれば、家の将来は安泰である。官僚としての経験や人脈を引き継ぐこともできるし、何より職業が同じであれば家庭生活に違和感が生じにくい。婿として受け入れる側にとってもその条件は魅力的であった。

内務省総務長官（事務次官）を務めたのち、実に一五年にわたって京都府知事の職にあった大森鍾一は、長男佳一《かいち》（東京府出身、一八八三年生、一九〇九年政治学科卒、のち島根県知事）にくわえて、中川望《なかがわのぞむ》（宮城県出身、一八七五年生、一九〇一年英法卒、復興局長官）、池田宏《いけだひろし》（静岡県出身、一八八一年生、一九〇五年京都帝大法科大学卒、神奈川県知事）、児玉九一《こだまくいち》（山口県出身、一八九三年生、一九一九年政治学科卒、厚生次官、中国地方総監）、重成格《しげなりかく》（岡山県出身、一九〇一年生、二五年英法卒、鹿児島県知事）の四人の内務官僚を娘婿に迎えている。もはや内務官僚は大森家の家職であった。

稼業が官職というのは江戸時代を思い出させ、五ヵ条の御誓文の趣旨に反するようにも思える。しかし彼らからすれば、親の仕事は最も身近な職業であり、親が持つ資源を継承しようと思えば官僚となるのが道であろう。それは商家の子が店を継ぐことと変わらない。ましてそこに学校と試験という選抜があれば公正さと能力は保証される。

専門性と人脈が網の目のように張りめぐらされた官界は、ネットワークとして凝集性を高めていた。そのことは、官僚を家職とする内部再生産につながっていった。この傾向は長い在外生活など特殊な家庭環境を持つ外交官に顕著に現れていく。

他方、日清・日露戦争を経て日本経済が成長すると、各地の育英会や実業家が奨学金を出して地方の秀才を中央に押し上げる仕組みも生まれた。石井光次郎は旧主家である有馬家から月一二円を得ており、三年生合格のはしりとなった長岡隆一郎も、大学の特待生給費とは別に旧主家から奨学金を受けている。

川西実三《かわにしじつぞう》（兵庫県出身、一八八九年生、一九一四年独法卒、内務省入省。のち東京府知事）のように、中学校では寺の住職と村役場の収入役が、高等学校では灘の酒造家が学資を提供してくれたというケースもある。経済力をつけた地域が意識して地元の青年たちを中央に押し出していくことができるようになっていた。

地方閥の形成——長野県の場合

試験を通じた能力採用が定着したことで、官界の構造は藩閥による支配を抜け出し、省単位や閨閥などに再編されていった。一方で、熊本県の例で見たように、彼らは出身地ごとの地方閥も形成していった。薩長をはじめとする藩閥の支配力が落ちたことで、各地が独自に集団をつくる余地が生まれたのである。

では、地方出身者がどのように結びついていったのかを教育、進学、就職を切り口に長野県を例に見ていこう。

長野県は松代藩一〇万石、松本藩六万石、上田藩五万石余など中小の藩が入り乱れ、廃藩置県後も北部と東部が長野県、中部と南部が筑摩県（飛騨地方を含む）に分かれるなど変転を重ねた地域であった。ようやく信濃国全体が一県となったのは一八七六（明治九）年八月のことである。もっとも、そのため貢進生には高遠藩の伊沢修二をはじめ、一二藩一二人と多くの人材が送り出された。

中学校は松本、長野、上田、飯田などに設置された。積雪が多く、議論を好む土地柄からであろうか、長野県の教育熱は高く、伊沢をはじめ、辻新次、沢柳政太郎《さわやなぎまさたろう》など同県出身者には文部行政で活躍した人材が多い。彼らは郷土の高等教育を充実させることにも熱心であり、当初、四国への設置が予定されていた第七高等学校（七高）を長野に誘致すべく運動を行った。ここでは鹿児島に敗れたものの、続く第八高等学校（名古屋に設置、八高）、第九高等学校の誘致合戦にもくわわり、一九一〇（明治四三）年、ついに第九高等学校の誘致に成功する。九高の設置は、時の第二次西園寺内閣が倒れたことで中断したが、九年後、松本高校の創立として結実した。

　日露戦争後の進学熱の高まりは、中

		大学卒業生数			高文合格者数	
八高	合計	東京帝大	京都帝大	合計	県出身	全体
—	41	10	—	10	10	234
—	57	13	—	13	9	254
—	81	38	6	44	14	506
6	93	63	5	68	25	776
11	88	85	19	104	*21	623
19	88	98	13	111	*30	1346
36	448	307	43	350	111	3739

済・商）の卒業生を対象に算出．ただし，1918年以降の高文合格
みを算出した参考数値である．高文合格者数には私立学校卒業生

辞典』より筆者作成

6－3　**明治・大正期における長野県出身者の帝国大学卒業・高文合格者数**

年代／内閣	高等学校卒業生数						
	一高	二高	三高	四高	五高	六高	七高
1896～1900年 松方②～伊藤④	30	5	0	5	1	—	—
1901～1905年 桂①	31	14	3	7	1	1	—
1906～1910年 西園寺①～桂②	24	19	5	21	1	5	6
1911～1915年 西園寺②～大隈②	43	18	7	12	0	2	5
1916～1920年 大隈②～原	26	18	8	14	7	2	2
1921～1925年 原～加藤（高）	23	14	5	15	3	2	7
合計	177	88	28	74	13	12	20

註：内閣の丸数字は第何次かを示す．法科・法学部（英法・独法・仏法・政治・経
者は出身地が明記されないため，*の部分は帝大卒業により出身を確認できるものの
も含む
出典：東京・京都帝国大学要覧各年版（東京大学総合図書館蔵），『日本官僚制総合

学校で発行されていた校友会誌に見ることができる。長野中学校の『校友会雑誌』は第一四号（一九〇九年）に東京高等師範学校、山口高等商業学校などに通う先輩たちの寄稿を掲載している。高等学校の校友会誌に見られた大学生の寄稿が、そのまま中学校の校友会誌への高校生の寄稿として広がっていた。

そこでは各高等学校の気風と学問への欲求が綴られ、中学生の向学心を刺激した。第一六号（一九一一年）以降、卒業生による「寄書」欄が定番となり、二高、七高、八高、早稲田大学、陸軍士官学校、東京帝大などに通う卒業生からの寄稿が毎号三本ずつ掲載された。

七高の誘致に失敗した長野県の青年

たちが多く進んだのは、まずもって一高であり、ついで近隣にある金沢の四高と仙台の二高であった（6－3参照）。

二高は長野県からはやや離れているが、飯田藩から貢進生として大学南校に進み、文部官僚となった中川元《なかがわはじめ》が校長を務める縁があった。中川は初代文相である森有礼の秘書官を務め、憲法発布式当日に森が凶刃に斃れた際には刺客を討ち果たした逸話を持つ。すでに四高、五高の校長を務め、教育家としても行政官としても豊富な経験を持っていた。中川が長野中学校の初代校長を務めた三好愛吉《みよしあいきち》を教頭に迎えたことも、長野県出身者を二高に集めることにつながった。

中学校から高等学校、帝国大学、そして高等文官試験の受験と階段は続く。長野県出身の帝国大学法科大学卒業生数は順調に増加し、多くの学士官僚が輩出された。『官報』から試験合格者の出身地がわかる一八九七年から一九一七年までの二一年間に、長野県出身の学士官僚は七一名あり、東京府二二三名、山口県八四名、福岡県七九名、岡山県七三名に続く全国第五位に位置している。非藩閥であり、大藩もない県としては大きな成果である。

伊沢多喜男と地方閥

これだけの出身者が官界に入っていくことで自然と同郷のつながりが生まれる。それは人間的影響や具体的な斡旋というかたちで、学生の入省先にも現れてくる。

6－4　明治・大正期における長野県出身の高文官僚の入省先

年代／内閣	内務	大蔵	司法	文部	農商	逓信	鉄道	植民	他	小計
1896～1900年 松方②～伊藤④	2	3	1	0	2	0	0	2	0	10
1901～05年 桂①	2	2	1	1	0	1	0	2	1	10
1906～10年 西園寺①～桂②	4	2	0	1	0	0	2	3	2	14
1911～15年 西園寺②～大隈②	10	2	2	1	1	0	2	3	4	25
1916～20年 大隈②～原	3	5	2	0	3	4	0	1	2	20
1921～25年 原～加藤（高）	7	2	3	0	4	3	4	6	3	32
合計	28	16	9	3	10	8	8	17	12	111

註・出典：6－3と同じ

長野県出身官僚の入省先をまとめてみると、顕著な傾向が現れる（6－4）。内務省、大蔵省が多いことは省の規模からして当然であるが、司法省（行政官）、文部省など新卒をあまり採らない省への入省が継続して見られることは際立っている。司法省には横田国臣ら、文部省では辻、伊沢修二、沢柳といった県出身者が有力な位置におり、彼らが斡旋を行っていたためである。

こうして各省に入った長野県出身官僚たちは、大正期に入って「馬風会」と称する県人組織を作り、折に触れて会合を持った。馬肉を食べる郷土を諷刺した会名である。会の中心になったのは、ちょうど明治から大正へと時代の変わる頃に内務省に採用された木下信《きのしたまこと》（一八八四年生、一九〇九年政治学科卒、のち台湾総督府総務長官）、篠原英《しのはらえい》太郎《たろう》（一八八五年生、一九一一年独法卒、内務次官）、小平権一《こだいらごんいち》（一八八四年生、一九一四年政治学科卒、農林次官）、唐沢俊樹《からさわとしき》（一八九〇年生、一九一五年政治学科卒、警保局長、内務次官）らである。彼らの採用にはいずれも伊沢多喜男が絡んでいた。石井光次郎に「お前、酒を飲むか」と聞いた、あの人物である。

伊沢は一八六九（明治二）年に高遠に生まれた。兄は同藩貢進生から文部官僚となった修二であり、兄の厳格な薫陶のもと、慶應義塾、三高、帝国大学法科大学を経て一八九五年に内務省に入省、高等文官試験に合格した。その後は主に地方官として治績を挙げていたが、第二次大隈内閣で学士官僚としては初の警視総監に就任し、以後、憲政会・民政党系の官僚政治家として貴族院を地盤に勢力を構築した。二八会の幹事も務めるなど、彼のもとには多くの人物が集まった。

もっとも、党派色で見られることは彼の本意ではなかったようである。伊沢は和歌山県知事を務めていた際に政友会によって罷免されているが、原敬、床次竹二郎、水野錬太郎といった政友会の有力者とも親密であった。

彼の視点は、むしろ党派に中立な官僚道を説くことにあり、それは内務省を中心とした「伊沢閥」として現れた。メンバーとして名前が挙がるのは彼が警視総監時代に育てた後藤文夫や丸山鶴吉《まるやまつるきち》（広島県出身、一八七三年生、一九〇九年政治学科卒、のち警視総監）であり、馬風会を中心とする長野県出身官僚であった。

前出の木下、篠原、小平、唐沢にくわえて青木一男《あおきかずお》（一八八九年生、一九一六年独法卒、企画院総裁、蔵相）、小林次郎《こばやしじろう》（一八九一年生、一九一七年英法卒、貴族院書記官長）、近藤壌太郎《こんどうじょうたろう》（一八九四年生、一九二〇年独法卒、神奈川県知事）、増田甲子七《ますだかねしち》（一八九八年生、一九二二年京都帝大法学部卒、北海道庁長官、内閣官房長官）、赤羽穣《あかばねみのる》（一八九九年生、一九二七年東京高等師範学校研究科卒、情報局次長）などである。

伊沢は折に触れて彼らに方針を与え、自らが東京市長、台湾総督などの重任に当たるときには、彼らを中核に専門家集団を編成して治績を上げた。こうした伊沢の政治姿勢と人脈形成は、一九三二年からのいわゆる官僚内閣期に政権の主力として安定的な政権運営をもたらしていく。彼らは清浦奎吾の首相就任をめざした熊本閥（宗像政、小橋一太ら）、新官僚の中核となる岡山閥（赤木朝治《あかぎともはる》、次田大三郎《つぎただいさぶろう》ら）などと同様に、県という近代が生んだ括りの集団として活動した。

3　デモクラシーの時代と官僚

統治観の変化

日露戦争が終わり、明治維新がめざした不羈独立という目標が達成されたことは、日本政治に大きな変革をもたらした。元老たちは指導者から調整者となり、政治指導は桂太郎を頂点とする官僚系と、西園寺を総裁に担ぐ立憲政友会に移行した。政党政治の実現が次なる目標として現実味を帯びてきた。

この変化は、立身出世をめざして官僚となった青年たちに、四つの変化をもたらした。第一に統治観、第二に進路、第三に教育環境、第四に政策目標の変化である。まず統治観の変化から見ていこう。

学生が政党政治をあるべき姿と考え、桂たちを藩閥の一部とみなしていたことはすでに述べた。彼らにいよいよ政党政治の時代が到来すると実感させたのは大正政変である。当時、一高の三年生であった星野《ほしの》直樹《なおき》（神奈川県出身、一八九二年生、一九一七年政治学科卒、大蔵省入省、のち企画院総裁）は、『二六新報』、『国民新聞』、『やまと新聞』といった桂を支持する新聞社が焼き打ちに遭い、警察もこれを放置している様子を見て、時代が大きく変化していることを実感した。

軍人と官僚の関係も大きく変わった。日露戦争以前は、立身出世をめざす全国の青年たちにとって、官僚と同時に軍人となることも大きな選択肢であった。中学を卒業すると、軍人をめざすものは陸軍士官学校や海軍兵学校へ、官僚をめざすものは高等学校へとそれぞれの道を進んでいった。

日露戦争が終わるとこの状況も変化をはじめる。軍事上の脅威がなくなったことで軍は削減の対象となり、軍人の地位も低下した。大正政変で陸軍が世論の強い批判にさらされ、シーメンス事件で海軍が組織的な汚職の嫌疑をかけられたことも、そのイメージを大きく悪化させた。

それでも陸海軍の士官を志望する者はすぐには減らなかった。とりわけ一九一四（大正三）年に勃発した第一次世界大戦は、軍の人気を再び押し上げ、陸軍士官学校の志願者は一九一六年に四三二八名、競争率は二〇倍近くに達した。学費がかからないことも人気の理由であった。

ところが、やや異なる兆候も見えはじめてくる。一九一五年に小田原中学校を三番で卒業した小金義照《こがねよしてる》（一八九八年生、一九二二年仏法卒、農商務省入省、のち燃料局長官。戦後、郵政相）も士官学校を受験していた。一〇〇〇名を超える受験者のなかで小金はわずか七名の合格者に入ったものの、入学直前になってこれを辞退した。陸軍士官学校の試験は五日間泊まり込んで一八科目の試験に挑むものであったが、そこで出会った砲兵大尉に、合格しても絶対に陸軍には来るな、合格したのなら国家試験で才能が証明されたということなのだから、軍隊ではなく実力の発揮できるところで働いたほうがいいと諭されたのだという。

大尉の真意はわからない。しかし、小金は彼のことばをきっかけに入隊をやめ一高に進学した。一高では川端康成《かわばたやすなり》や芹沢光治良《せりざわこうじろう》らとの交友が待っており、小金は豊穣な教養教育の空間で青年期を過ごすこととなる。

こののち、第一次大戦が終わると、軍隊は人があふれて昇進ができないとの噂が広まったこと、軍縮の傾向が高まったことなどから先行きを案じる者が増え、士官学校の志願者は一九一七年に三九二六人、一八年には二九七一人、二一年には一一〇九人と急速に減少していった。政党政治の時代を前に位相は変わりつつあった。

進路の多様化

第一次世界大戦が日本にもたらした好況は、各省の位相を変化させた。財政や経済を担当する大蔵省と農商務省の人気が高まり、「省庁のなかの省庁」として君臨した内務省の人気は低下した。それは、先に見たように銀時計組の入省先にも表れている。東京帝大も一九〇二(明治三五)年に政治学科から分離するかたちで経済学科を置き、翌〇三年には商業学科を新設するなど、時代の変化に対応していった。両者は一九一九(大正八)年に合併し、経済学部が生まれた。

社会状況の変化にともない、民間企業への就職も有力な選択肢となった。これまで法科大学生の進路は、事実上、官界か法曹界の二択であった。優秀な人材を求める民間企業は、好況を背景に高い待遇を提示して法科大学の学生を積極的に勧誘した。

実際、高等文官試験に合格しながら民間を選ぶ者の数は増加の一途をたどった。それまで年に一、二名であったものが、一九一二年の試験で突如として一〇名に増加する。就職先は三井、三菱、大阪商船、大阪朝日新聞などである。一九一四年には三井物産が一挙に五名を採用するなど民間の攻勢が強まった。彼らの大半は在学中の合格者である。

なかでも一五年に独法科を五番で卒業し、高等文官試験を三番で合格した永野護《ながのまもる》が渋沢栄一の秘書となって就官しなかったことは耳目を集めた。第四章で取り上げた水野は第一銀行の仕事に飽きたらず官途に戻ったが、四半世紀を経て逆の選択が生まれるようになったのである。何より彼らには、硬直化した行政よりも、発展の余地の大きい民間が魅力的に映ったようである。

官僚を中途で辞めて民間に転出する者も増加していく。その背景には行政の肥大化による官僚数の増加があった。高等文官試験の合格者だけで見ても、二年目の一八九五年には三七名であったものが、二〇年後の一九一五年には一三六名と四倍近くに膨れあがっていた。一方で、局長以上のポストは植民地を別にすれば増えていない。官僚としての出世に限界が見えはじめていた。

党派化による色分けが進んだことで、たとえ高官まで昇ることができても、それが長続きする保障もなかった。官僚をめざした学生たちも、どこかの段階で自分たちが出世競争から脱落する可能性も考えなければならなかった。彼らが大蔵省や農商務省に進んだのは、その場合に民間に転出しやすいと見てのことであった。

内務省の状況はやや複雑である。学生は民間企業とともに植民地をフロンティアと見ており、朝鮮と台湾の総督府、関東庁など植民地官庁での活躍をめざす学生が多かった。しかし、植民地官庁が新卒を採用することは少なかったため、後藤文夫の例で見たように、植民地志望者の多くはまず内務省に入り機をうかがった。

他方で、警察行政を所管するため、内務省では新卒の一部が警察に回されることになっていた。このことが内務省の人気を落としていく。日比谷焼打事件の鎮圧に代表される民衆を抑圧するイメージから、警察に対する評判はよくなかった。機密性の問題から、一度警察行政を担当するとなかなか抜け出せない実状もあり、警察に回されると内務省の面白さである多様な行政経験が積めないこともマイナス要因であった。このことは省内に警察系と地方系という二つの派閥を作ることにもつながった。

その後、植民地官庁が新卒採用に積極的になったこともあり、内務省の人気は一時下火となった。日露戦争後の環境変化は、統治のあり方を内務省を中心とする国家経営から、大蔵省や農商務省を軸とする国家振興へと変え、それにともなって学生たちの進路も変わっていったのである。

教育環境の変化――高等学校の競争激化

教育環境も大きく変化した。教育熱と立身熱の高まりによって、中学校、高等学校志望者は急増した。他方、高等学校は一九〇八（明治四一）年に八高が名古屋に設置されたのち、一九一九（大正八）年に第二次高等学校令にともなう新設がはじまるまで、一高から八高までのいわゆるナンバースクールに限定されていた。入試倍率は高騰し、競争は激化する。一九〇〇年代には二倍であったものが、一〇年代には四倍を超えていった。

文部省も傍観していたわけではない。過熱する受験競争を前に一九〇二年には入学試験を全国で共通とし、第一志望に不合格となった場合にも第二志望に入学できるようにした。河合がいた頃の四高に一高不合格組が多かったのはこのためである。

四高の例からも明らかなように、共通試験は高等学校の序列を明らかにし、かえって競争を激化させた。このため、一九〇八年には再び学校ごとの単独選抜に復し、東北の子弟は二高、関西は三高、北陸は四高、九州は五高・七高、中国四国は六高、東海は八高と、各地の高等学校に進学することが一般的となった。

そうしたなかで、異彩を放ったのはやはり全国の俊才がめざす頂点として君臨した一高である。帝国大学の首席も一高出身者が占めるのが当然とされた。一九一二年に一高から帝国大学法科大学に進学した青木一男は、一年次の試験で一番になった際に「一高の名誉は君によって維持された」(『わが九十年の生涯を顧みて』)と感謝されたという。四年後、青木は銀時計組として卒業する。

一高生の特別な位置は時に彼らを居丈高にし、粗暴で人間修養に欠けるとの評価を生んだ。同時に、若くして競争を勝ち抜いた成功者であり大きな失敗を体験したことのない彼らは、ふとしたきっかけから煩悶の淵に陥ることも多かった。なんとも難しい存在である。

一高に新風をもたらしたのは新進の教育者、新渡戸稲造《にとべいなぞう》であった。盛岡藩士の子に生まれ、札幌農学校からアメリカとドイツに留学し、その学びを台湾で実現した有才の士である。彼はその経歴を買われて、一九〇六年に一高の校長に着任する。新渡戸が赴任した当時、入学さえすれば大学への進学も、卒業後の将来も約束された環境で、一高生はスポーツと放蕩に日々を費やしていた。

新渡戸は、彼らに人格形成の機会を持つよう促していく。授業時間外に彼らを集めて時事問題を説きながら、ゲーテやカーライルへ話を広げていった。一高近くの新渡戸邸には多くの学生が集まるようになった。

豊かな国際認識、植民地での実務経験、キリスト教の信仰に裏打ちされた人間観と、新渡戸は、この時代の青年たちが欲するものを持っていた。中学時代を日露戦争の興奮のなかで過ごした彼らは、戦争後、豊かではあるが将来の見えにくい時代に生きていた。自ら目標を探して煩悶した世代に、新渡戸が示す広く深い教養の世界は救いをもたらし、一高の気風を変えていった。一九一三年、新渡戸は東京帝大法科大学教授専任（植民政策講座担当）となり、一高を離れた。わずか六年の在任ではあったが、新渡戸が開いた教養世界は一高にとどまらず、全国の高等学校に波及していった。

新渡戸が一高を離れた翌年、ヨーロッパから一人の若い政治学者が東京帝大法科大学に戻った。かつて△△生の筆名で「如何にせば試験に成効するか」を著した吉野作造である。清国にわたって袁世凱《えんせいがい》家の家庭教師を務めたのち、小野塚喜平次のもと助教授となった吉野は、一九一〇年から三年間、欧州に留学していた。

帰国した吉野が開いた政治史の講義は刺激的であった。それは単なる学理と知識の羅列ではなく、ヨーロッパの近代政治思想に基づいた政治運動の歴史をひもとき、同時代のヨーロッパまでを説き結ぶ躍動的な講義であった。

第一次世界大戦にいたる緊張がヨーロッパを覆いつつある時期であり、学生も欧州の情勢に関心を寄せていた。そこに現れた吉野の清新な講義は、彼らを強く惹きつけ、やがて訪れるであろう世界の変動を予感させた。このことは、新渡戸が担当した植民政策講座と合わせて、学生たちの目を海外へと開かせることになる。

政策目標の変化――内務省の留学制度

日露戦争後の国家目標が模索されるなか、青年たちは教養主義の気風に触れながら育ち、欧州情勢の変化を捉え、政治運動の勃興を知ってデモクラシーを論じるようになった。一九一八（大正七）年には吉野作造を中心とする東大新人会が結成され、知識人たちによる黎明《れいめい》会《かい》とともに社会主義運動を展開していく。

官僚となった学生たちはこの運動に積極的に与《くみ》することはなかった。いや、この運動の中心にいた学生たちは官僚にならず、政府の外で運動する道を選んだのだ。しかし、官僚となった学生たちが改革に無関心であったわけではない。彼らはそれまでの官僚たちとは異なる政策志向をみせていく。

彼らの世界観を広げたのは、やはり洋行であった。内務省では、後藤新平内相の発案で三〇代半ばの部課長級を選抜して留学させる制度が設けられた。一九一七年に、第一回として警保局保安部長の丸山鶴吉、京都府内務部長の堀田貢《ほったみつぐ》（福島県出身、一八七六年生、一九〇四年独法卒、のち内務次官）、第二回は内務書記官の後藤文夫と山田準次郎《やまだじゅんじろう》（愛知県出身、一九〇八年独法卒、衛生局長）、第三回は地方局救護課長の田子一民《たごいちみん》（岩手県出身、一八八一年生、一九〇八年政治学科卒、社会局第二部長、農林大臣）、警保局警務課長の長岡隆一郎が選ばれた。

第三回以降の洋行者には、田子が社会事業、長岡が戦時警察といったように具体的な調査が命じられた。もっとも後藤内相は出張命令にこだわらず欧州社会のあらゆる面を見聞するよう彼らに内話している。芝居、映画、演説会、教会から貧民窟まで、宿に籠もって読書にいそしむのではなく、世界の実地を見聞してくるようにというのが後藤の願いであった。

官費による洋行を待ちきれず、やむにやまれぬ思いから官を辞して渡航する者も現れた。二高から東京帝大法科大学に進み、一九一五年の銀時計組となった唐沢俊樹もその一人である。

留学制度がはじまった一九一七年の秋、警保局に勤務していた唐沢は官を辞して自費で欧米に渡った。留学制度で選抜された課長級の官僚たちは唐沢より六歳から一〇歳年長であった。順番を待っていては、世界大戦もロシア革命も終結してしまう。変動する世界をこの目で見たいという想いが、唐沢に辞職、留学という選択をさせた。

内務省の留学は休職制度を用いていたため休職満期の二年が年限であったが、それに縛られない唐沢は三年を超えて欧州各地をまわった。帰国後、一年を無官で過ごしたのち、二高の先輩が知事を務めていた茨城県の会計課長に迎えられ、官界に復している。

第一次世界大戦下の欧州で彼らの関心を引いたのは戦時管制のあり方、治安の維持、戦傷者の実状、社会運動とロシア革命の展開などであった。そこで誰もが痛感したのが、社会政策の必要性であった。堀田、後藤、田子、唐沢は特にこの部分に重点を置いて調査を進めた。

社会政策とともに、広汎な政治参加を求める動きが起こることも予想された。大戦後の社会を見通せば、いずれ日本でも普通選挙が実施される。そう考えた彼らは演説会、ポスター、パンフレット、小選挙区の利害、婦人有権者の動静などを詳細に研究し、持ち帰った。その後も、一九〇九年入省の前田多門《まえだたもん》（大阪府出身、一八八四年生、一九〇九年独法卒。のち新潟県知事、文相）、次田大三郎《つぎただいさぶろう》（岡山県出身、一八八三年、一九〇九年政治学科卒。内務次官、内閣書記官長）、堀切善次郎《ほりきりぜんじろう》（福島県出身、一八八四年生、一九〇九年独法卒。内閣書記官長、内相）、大塚惟精《おおつかいせい》（熊本県出身、一八八四年生、一九〇九年政治学科卒。中国地方総監）らが相次いで渡航した。

彼らの調査は、社会局の新設として結実する。社会政策を主管する同局は省内でも転任希望の多い人気部局となった。それだけに同局で認められるだけの仕事をするには、まだ大学にはない専門性を新たに、自らの手で獲得する必要があった。こうして洋行から帰国した官僚たちは著作と研究に励み、参事官室は活気にあふれる研究室のような空気に包まれた。

ジュネーブに国際労働機関（ＩＬＯ）が設けられると、今度は同地への赴任が羨望の的となる。明治末期から床次や井上友一が取り組んできた地方改良運動の流れと、洋行官僚たちによる新たな政策分野が出会ったことで、画一化した閉塞感の漂う省内に再び活気が生まれていった。

官僚としての本分

大蔵省でも大きな政策転換が進められようとしていた。大会社とその関係者に有利に作られていた所得税法を改正し、総合課税による負担の公平化が新進官僚たちによって立案されていたのである。内務省のなかにあった空気とおなじ、社会政策への意識が生み出した政策転換であった。

この改革案は、一九二〇（大正九）年に原敬政友会内閣によって採用された。政党内閣から見ても、戦時で不足している財政収入を確保し、米騒動に代表される格差是正を求める国民の声に応じる姿勢を示す良策であった。具体的には、配当金への課税、勤労所得に対する累進課税の徹底、低所得者の優遇が骨子であった。政党、官僚、国民が三方両得となる政策といえる。

こうした政策転換の流れは、一九二五年に伊沢多喜男に近い内務官僚たちが近衛文麿ら貴族院の若手議員と発足させた新日本同盟など、政官を横断した中道派の政策につながっていく。近衛は一九一二年に一高を卒業、東京帝大文科大学に進んだのち京都帝大法科大学に転じている。唐沢たちと同世代であった。

彼らより三年のち、一九一七年に内務省に入省した安井《やすい》誠一郎《せいいちろう》（岡山県出身、一八九一年生、一九一七年独法卒、のち東京都知事）も自ら留学の道を選んだひとりであった。一九二二年一〇月、留学から八ヵ月余りを過ごしたベルリンで安井は述懐する。

形式法学、形式行政の弊害は日本でもすでに内務省あたりで盛んに暴露しかかっているが、ドイツに来てみてその弊害を特に明瞭に感じる。精神のない、オリジナルのない、形骸ばかり美麗にすることに全力を挙げている時代はすでに過ぎた。日本の学問でも行政でも、この弊を脱しない限り生命のあるものにはならない。

自己の内部にあるものが何の方向に向かいつつあるか、また向かうべきものであるかを了解せずしていたずらに新しそうなものに目が眩んでいる日本は誠に危険なものだと思う。日本に内在している生命が何であるかを確かめて、これを新しい文字と組織とに実現化していくことを考える政治家は賢明なる政治家であって、忠良なる国民である。

（『第一次大戦後のドイツ　安井誠一郎ドイツ留学日記』）

安井は留学中、ひたすらにドイツ、フランス、イギリスの地方制度を学んだ。そこで彼が突き詰めようとしたのは、彼らの制度がどのような基盤の上に成り立っているのかであった。近代日本は制度を輸入する時代から、歴史と風土に沿う仕組みを作り直す時期が来ている。そのためには、元来の制度がどのような基盤の上に成り立っているのかを知らなければならない。そう考えての研鑽《けんさん》であった。

帰国後、安井は周囲の反対を押し切って一九二八（昭和三）年の第一回普通選挙に出馬した。そこでは夢破れたものの、ドイツで彼が学び感じたことはのちに東京都長官・知事として戦後の復興に活かされることとなる。

政党政治の時代が現出するなかで、彼らは中立中道の立場から、党派性によって生じる問題を牽制する勢力となった。それは、再び政策の専門性を取り戻し、政党政治の時代のなかで、官僚としての本分を追究する営みでもあった。

終章　統治と官僚の創出

近代日本と官僚の誕生

時代が人材をつくったのだろうか、人材が時代をつくったのだろうか。西洋列強を前に自立をめざし、もがきながら学び、国家のかたちをつくりあげた近代日本の道のりは、変動のなかに生まれ、未知の学問に挑み、独立した一個の人材となった官僚たちの歩みに重なって見える。

事実、時代と人材は螺旋《らせん》を描くようにして、バトンを渡すようにして受け継がれてきた。幕末の変動は志士を生み、統治の危機に直面した彼らは洋学を学んだ。明治維新の原動力となった志士たちは、維新官僚となって新政府を築き、あとに続く新知識の人材を育て、洋行させた。

国家の草創期に力をつけた維新官僚たちは立憲国家の樹立をめざし、洋行から帰った新知識の青年たちを用いてこれに臨んだ。行政優位の国家を建設し動かし続けるために、全国の青年たちに向けて官僚となる道が開かれた。大学で専門教育が整えられ、法科を中心とした統治の人材が供給されることとなった。

明治憲法が制定されると、行政の頂点に立った維新官僚たちは藩閥政治家へと成長し、政党と時に対峙し、時に協調しながら国政を担った。大学で学んだ学士官僚たちがその専門性をもって彼らを支えた。しかし、国民が参加する政党政治を理想とする彼らは、その地位に甘んじてはいなかった。

日清・日露戦争が終わり、近代日本が自立の場を得た大正時代になると、学士官僚たちは官僚出身の政治家として自立を果たしていく。政党政治を担うこととなった立憲政友会も、憲政会も、そのいずれもが彼らが動かすこととなった。その後も、政策を担う学士官僚たちが、政治家となり日本を動かしていく循環が生まれた。時代が人材をつくり、人材が時代をつくるダイナミクスがそこにはある。

民主主義の担い手として――統治と参加

このダイナミクスの向こうには、三つの構造が存在している。制度としての民主主義、集団としての官僚、個人としての自己達成という三つの歯車がかみ合うことで、近代日本という大きな構造が前へ前へと動かされていった。五ヵ条の御誓文が掲げた公議輿論（政治参加の拡大）、国家としての統一と成長（競争と協力）、自己実現（公志と私志）の三つがそれである。なかでも公議輿論の実現は、新政府の正統性を担保する重要な要素であった。その最たるものは国会の開設と民主政である。

維新官僚たちは、理想としての立憲主義を抱きつつ、藩閥政権のなかで競争と協力の体系を構築した。そのため、彼らは自らの地位を守りながら安定的に国家を成長させるべく、行政優位を立憲主義の前提とし、政党政治は留保した。このことから近代日本の民主主義は制限されたものであったとされてきた。

しかし、藩閥政権は行政を独占することはなかった。彼らは行政優位の国家を支える官僚への道を全国に向けて開いた。議会・政党を通じた立法への参加とは別に、政府・各省を通じた行政への参加の途を開いたのである。このことは全国の青年を刺激し、学問を通じた競争というエネルギーを生み出した。この構造は三〇年の歴史を経て、藩閥政府そのものを内側から溶かし、二つの横断型政党への政界再編を導いた。独占を排した競争の構造が、参加を生み、統治を動かしたのである。

集団として——競争と協力

近代日本を突き動かした競争は、個人戦であると同時に集団戦であった。最たるものは藩、地域を単位とした集団意識である。藩のなかでの競争は集団としての凝集性を高め、ひとたび外に出ると、藩を背負った競争へと彼らを駆り立てていった。貢進生たちの学びはまさに藩の看板を背負った戦いであったし、熊本県、長野県、岡山県出身の学士官僚たちの行動は、地域を通じて生まれた理念と利権、競争と協力の構造であった。

大学南校、東京大学、私立法学校に代表される学校もまた、競争と協力を担う集団となった。洋学と漢学、官学と私学、ナンバースクールと帝国大学といった集団は、内に競争を秘めながら外に向かっては協力することで成長していった。

とりわけ、中学と高校、高校と大学というタテのつながりは意味を持つ。校友会誌の誌上交際に見られたように、それが知への憧憬というかたちで現れたことは、地域と学校が重なり合いながら集団を形成し、競争を育んでいったことを教えてくれる。先達のすがたは、青年たちが将来を描く手がかりとなり、彼らにおぼろげながらも輝く志を与えた。

自己達成の術として――公志と私志

志を持ち、それを遂げることが立国の要諦《ようてい》であるとする五ヵ条の御誓文の趣旨は、近代日本の原動力となった。身分ではなく、努力と能力による道が開かれたことで、人々はうまずたゆまず自らの道を歩みはじめた。志士という名を与えられた人々がつくった国家ならではの理念であった。

他方で、彼らが抱いていた志は、決して公のためだけではなかったのも事実だろう。そこには身分を乗り越えて高い地位に就きたい、国家を思うままに動かしてみたいといった私志もあったはずである。公志と私志は密接不可分なものであり、だからこそ、それは大きな原動力となった。

その意味において、官僚という存在を生み出したことは実に絶妙であった。自らの努力によって勝ち取った地位で公に尽くすことができる。公志が描く統治のあり方と私志が求める権力がせめぎあうなかで、政策が生まれていく。競争は学校からはじまり、官僚としての出世の階段へと続いていく。より広く、より大きな公に尽くし、自己実現を果たしたいという志は、彼らを官僚から政治家へと転進させた。志に突き動かされる自己実現のシステムが、官僚という職分を通じて近代日本に組み込まれたのである。

統治と参加、競争と協力、公志と私志という三つの構造を組み合わせ、より大きな近代日本の構造を動かすための媒体が官僚という職分であった。官僚の誕生と成長は、まさに近代日本の誕生と成長そのものであった。

官僚の誕生――時代の所産を超えて

それゆえに、近代日本が独立と発展という成功を収めたさきで孤立と敗戦という失敗に直面したことは、官僚という存在と無縁ではない。官僚が従えた三つの構造から生まれたもう一つの側面にも目を向けなければならない。

幕臣の家に生まれ、地方官として令名を馳せた大森鍾一は、長男が官途に就くにあたり、二〇条にわたる訓戒を与えた。そこには、清廉《せいれん》であれ、公正無私であれ、労を惜しむなと公務に臨む姿勢を説いた一八条のあとに、やや趣を異にする二条が付されていた。いわく「職事を勉め学を励むべき事」「党派の弊《へい》と戒《いまし》むべき事」である。

大森は、日々の職務に流されるのではなく、学び続けることこそが公にあたる官僚には必要であると強調した。古今の書はもちろん、農村や山河、民情に学び、世界の大勢に目を開いてはじめて責務を全《まっと》うすることができる。法科の時代は終わり、机上で暗記に徹してきた大学の学びに安住していては時代に処することができなくなっていた。

学問の基盤を修めるのは前提であり、それを実務と向き合わせながら学び続けなければ、公の発展はない。しかし、行政の体系が確立し、省内にも事務系統で派閥ができるようになると、経験の幅は狭くなり、前例はうず高く積み上げられた。こうして、官僚は限られた世界のなかで生きるようになった。システムの確立は、創造性を抑制するものとなった。

そうした学びを難しくさせたもう一つの原因は、政党による苛烈《かれつ》な政権争いがもたらした党派の弊害であろう。官僚たちは志があればこそ、政党に参加していった。しかし、その争いはあまりに熾烈であり、政権の交代もあまりに頻繁であった。安定と連続をもって旨とする行政は、彼らが理想としたはずの政党政治によって幾度となく寸断された。その結果、彼らの間には期待とともに政党政治への不信感が刻み込まれていった。

政党政治への不信感は、その後、官僚出身者を中心とする政権を現出させた。彼らは自らの信念を持って政権に臨んだ。しかし、政党政治の負の側面を記憶に深く刻んだ彼らは、近代日本の発展が政党と官僚の協働によってもたらされたことを忘却していた。国民と直接に結びつかず、政府のなかで想像された民情を相手に行われる政治には限界があるという明治期の教訓を。敗戦まで多くの日は要さなかった。

敗戦後、官僚たちは国家の再建に再び志を高め、学び、臨んでいった。GHQ（連合国軍最高司令官総司令部）が官僚たちに能力試験を課したとき、彼らはこれをナンセンスと断じながら難なく合格してその能力を示し、想いを新たに戦後復興に取り組んでいった。彼らは再び政治家となって政党と官僚の協働を生み、公志と私志にあふれた青年が官僚として後に続き、その構造を支え続けた。

それから六〇年余りが経った。日本を取り巻く状況は大きく変わり、行政を取り巻く環境も変わった。国家を担う人材は官僚に限らず広汎に及ぶようになり、「志を遂げ人心をして倦《う》まざらしめん事」という近代日本の目標は、その頃には想像もつかなかった広がりをもって実現されつつある。

あとがき

二〇〇七年に『政党と官僚の近代－日本における立憲統治構造の相克』を出してから、ずいぶんと時間が経った。この間、政治家と官僚をめぐる関係は大きく変化したが、それを見る心境は複雑だった。統治構造と政官関係を論じてきた身にとって、この変動はきわめて興味深いものであり、変化に目を瞠《みは》りつつ、考える日々が続いた。

近代日本の政党政治を動かした政治家と官僚の協働は、この過程のなかで音を立てて崩れていった。この状況を目の当たりにした気持ちはなんとも表現のしようのないものであった。しかし、成熟した国家なのだろうか、ほどなく政権の内外から、改革を進めつつ、行きすぎた批判を見直すべきであるという議論が立ち上がり、広がっていった。

現実に左右される政治の世界を前に、歴史に立脚した考える材料を生み出していきたい。不遜かもしれないが、ひとりの研究者としてそう願ってきた。政治史という専門分野は、しばしば政治学と歴史学のはざまに立たされる。現実に振れても、実証に振れてもいずれかの批判を受ける。本書は、そうした声を糧に取り組んできた成果である。

そのため本書では、政治の潮流のなかで姿かたちを変えながら生き抜いてきた官僚の実像を描き出すことに注力し、これまでも研究が積み上げられてきた軍人や大衆の視点は、あえて本論から外した。統治と官僚の創出に焦点を絞ることで、時代と人材の織りなすダイナミズムを導き出せたと考えている。

本書は、三つのプロジェクトの交点でもある。一つ目は、内務省研究会である。二〇〇〇年の春、横浜開港資料館に併設された喫茶「ペリー」で産声をあげたこの研究会は、一〇年六〇回を超える歴史を積み重ね、政治史だけでなく他分野の若手研究者までもが集うアリーナになった。大学や学問の枠に縛られず、横断的な勉強の場をつくりたいという欲求は、多くの真摯なメンバーのおかげで現実となった。

内務省というテーマは後付けであった。想定していたメンバー全員に関係する対象を考えたところ、それが内務省だった。しかし、そのゆるやかさが功を奏し、メンバーの理解は内務省を中心に、行政、官僚、統治、民主主義へと広がっていった。この会から学んだことは計り知れない。発足当時、修士の院生だった初期メンバーはいずれも忙しくなったが、あと一〇年、一〇〇回まではと思いを新たにしている。メンバーはもちろんのこと、そうした勝手を許してくれた指導教授、玉井清先生に育てられたことのありがたさをあらためて感じている。

二つ目は、オーラル・ヒストリーである。ふとした偶然から参加の機会を得たオーラル・

ヒストリーは、いまや、私にとってゼミのひとつとなるまでの欠かせない存在となっている。内務省研究会で「官僚を描きたい」と言い続けてきた私にとって、戦後政治を生きてきた官僚に直接話を聞く機会は、なにものにも代えがたい貴重な経験となった。

なかでも内閣法制局をはじめとする官邸機構に関心を持つことができたのは、僥倖であった。吉國一郎、工藤敦夫、大森政輔、長野士郎、宮沢弘、幸田正孝の諸氏をはじめ、長期にわたりお話しいただいた方々と、オーラル・ヒストリーという世界に導いてくださった御厨貴先生の学恩は尽きない。

三つ目は、『日本官僚史論』を書きたいという思いである。官僚を描きたいと考え、オーラル・ヒストリーを続けるなかで、ひそかに目標としてきた本がある。升味準之輔先生の『日本政党史論』全七巻である。先生が三〇代後半の頃に事務局として取り組まれた内政史研究会「談話速記録」を縦横無尽に使われた研究は、統治のかたちと政治家、そして官僚のすがたを見事に描かれていた。目標というより、憧れだった。

二〇〇五年の春、ある冊子の編集で先生のもとを訪ねたのをよいことに、私は図々しくも先生に博士論文の草稿を読んでいただき、国立駅南口の「白十字」でコメントをいただいた。夢のようで、何をお話ししたのかあまり覚えていない。ただそのとき、先生は官僚史をお書きにはならないのですかとお尋ねしたところ、あなたが書けばよいと言われたことだけが都合よく私の記憶に残り、今日にいたるまで背中を押し続けてくれている。

本書の編集を担当していただいた白戸直人さんとは、はじめてお目にかかってちょうど一〇年になる。助手の頃から励まし続けていただき、いつかはその編集の手にかかってみたいと願っていた。にもかかわらず、本書の原稿は五年がかりとなった。その間、公務員制度改革が停滞し、二〇〇八年に基本法が制定されたまま店ざらしになっている状況は、辛うじて遅筆の言い訳になっただろうか。そんな私に、うまずたゆまず伴走してくださったことに心から感謝申し上げたい。

もうひとつ、本書をかたちづくったものをあげるとすれば、ＳＦＣ（慶應義塾大学湘南藤沢キャンパス）のなんとも型破りな校風と学生たち、そしてそこでの出会いと発見をひたすらにしゃべり続ける私を許してくれる家族との対話だろう。ありがとう。

清水唯一朗

二〇一三年二月一六日

参考文献

全体にわたるもの

国立公文書館蔵

「太政類典」「公文録」「公文類聚」「公文雑纂」「公文別録」「枢密院文書」「諸雑公文書」「内務省警保局文書」

国立国会図書館憲政資料室蔵

「伊澤多喜男関係文書」「伊藤博文関係文書」「伊東巳代治関係文書」「憲政史編纂会収集文書」「河野広中文書」「平田東助関係文書」「水野錬太郎関係文書」「山県有朋関係文書」

慶應義塾大学図書館

「大隈重信関係文書（MC）」「梧陰文庫（MC）」「三条実美関係文書（MC）」「後藤新平関係文書（MC）」「松方正義関係文書（MC）」

東京大学大学院法学政治学研究科附属近代日本法政史料センター

「上山満之進関係文書（MC）」「金井延関係文書（MC）」

宮内庁書陵部

「徳大寺実則日記」「秘書類纂」

『帝国議会貴族院議事速記録』各巻、東京大学出版会
『帝国議会貴族院委員会議事速記録』各巻、臨川書店
『帝国議会衆議院議事速記録』各巻、東京大学出版会
『帝国議会衆議院委員会会議録』各巻、臨川書店
『枢密院会議筆記』各巻、東京大学出版会、一九八四〜八六年
『日本帝国統計年鑑』各年版
『人事興信録』各年版
『国民新聞』『時事新報』『東京朝日新聞』『東京日日新聞』
『日刊人民』『日本』『読売新聞』
『学士会月報』『官吏公吏』『国民之友』『国家及国家学』『国家学会雑誌』『新日本』『太陽』『地方行政』『中央公論』『日本及日本人』

赤木須留喜『「官制」の形成』日本評論社、一九九一年
麻生誠『大学と人材養成』中公新書、一九七〇年
麻生誠『日本の学歴エリート』玉川大学出版部、一九九一年
天野郁夫『試験の社会史』東京大学出版会、一九八三年
天野郁夫『学歴の社会史』新潮選書、一九九二年
天野郁夫『大学の誕生』上・下、中公新書、二〇〇九年
五百旗頭薫『大隈重信と政党政治』東京大学出版会、二〇〇三年
井出嘉憲『日本官僚制と行政文化』東京大学出版会、一九八二年
伊藤正徳編『加藤高明』上・下、加藤高明伯伝記編纂委員会、一九二九年
稲田正次『明治憲法成立史』上・下、有斐閣、一九六〇〜六二年
井上馨侯伝記編纂会編『世外井上公伝』一〜五、内外書籍、一九

三三〜三四年
井上毅伝記編纂委員会編『井上毅伝史料編』一〜五、国学院大学図書館、一九六六〜七五年
井上正明編『伯爵清浦奎吾伝』上・下、同刊行会、一九三五年
今井一男『官僚』読売新聞社、一九五三年
岩壁義光・広瀬順晧編『影印原敬日記』各巻、北泉社、一九九八年
鵜崎鷺城『朝野の五大閥』東亜堂、一九一二年
江木翼君伝記編纂会編刊『江木翼伝』一九三九年
大石眞『日本憲法史』有斐閣、二〇〇五年
大久保利謙『岩倉具視』増補版、中公新書、一九九〇年
大隈侯八十五年史編纂会編刊『大隈侯八十五年史』一九二六年
大蔵省財政金融研究所財政史室編『大蔵省史』大蔵財務協会、一九九八年
大津淳一郎『大日本憲政史』各巻、宝文館、一九二七〜二八年
小田切秀雄『近代日本の学生像』青木新書、一九五五年
織田萬『日本行政法論』六石書房、一八八五年
外務省百年史編纂委員会編『外務省の百年』原書房、一九六九年
笠原英彦『明治国家と官僚制』芦書房、一九九一年
加藤房蔵編『伯爵平田東助伝』平田伯伝記編纂事務所、一九二七年
菊池悟郎編『立憲政友会報国史』上・下、立憲政友会報国史編纂部編、一九三一年
北岡伸一『官僚制としての日本陸軍』筑摩書房、二〇一二年
宮内庁編『明治天皇記』一〜一二、吉川弘文館、一九六八〜七五年
国学院大学日本文化研究所編『近代日本法制史料集』各巻、東京大学出版会、一九八〇年
坂本多加雄『市場・道徳・秩序』創文社、一九九一年
笹川多門『松田正久稿』江村会、一九三八年
佐々木克ほか編『岩倉具視関係史料』上・下、思文閣出版、二〇一三年
清水伸『明治憲法制定史』下、原書房、一九七三年
清水唯一朗『政党と官僚の近代』藤原書店、二〇〇七年
清水唯一朗「明治日本の官僚リクルートメント」『法学研究』八二巻二号、二〇〇九年
下村房次郎『官吏論』交通学館、一八九一年
衆議院・参議院編『議会制度百年史』各巻、大蔵省印刷局、一九九〇年
衆議院事務局編刊『第一回乃至第二十回総選挙衆議院議員略歴』一九四〇年
春畝公追頌会編『伊藤博文伝』統正社、一九四〇年
戦前期官僚制研究会編『戦前期日本官僚制の制度・組織・人事』東京大学出版会、一九八一年
大霞会『内務省史』一〜四、地方財務協会、一九七〇年
瀧井一博『伊藤博文』中公新書、二〇一〇年
竹内洋『学歴貴族の栄光と挫折』中央公論新社、一九九九年
田中惣五郎『日本官僚政治史』世界書院、一九四七年
辻清明『日本官僚制の研究』弘文堂、一九五二年
鶴見祐輔『正伝後藤新平』各巻、藤原書店、二〇〇四〜〇六年
東京大学百年史編集委員会編『東京大学百年史』各巻、東京大学出版会、一九八四〜八七年
東京帝国大学編刊『東京帝国大学一覧』各年版
東京帝国大学編刊『東京帝国大学五十年史』一九三二年
徳富猪一郎『公爵桂太郎伝』乾・坤、故桂公爵記念事業会、一九

一七年
徳富蘇峰『公爵山県有朋伝』下巻、山県有朋公記念事業会、一九三三年
内閣記録局編『法規分類大全』原書房、一九七七年
内閣制度百年史編纂委員会編『内閣制度百年史』内閣官房、一九八五年
内閣法制局百年史編纂委員会編刊『内閣法制局の回想』一九八五年
中野実『東京大学物語』吉川弘文館、一九九九年
中山茂『帝国大学の誕生』中公新書、一九七八年
波形昭一・堀越芳昭編『近代日本の経済官僚』日本経済評論社、二〇〇〇年
奈良岡聰智『加藤高明と政党政治』山川出版社、二〇〇六年
日本公務員制度史研究会編『官吏・公務員制度の変遷』第一法規出版、一九八九年
農林水産省百年史編纂委員会編『農林水産省百年史』各巻、農林水産省百年史刊行会、一九七九～八一年
秦郁彦『官僚の研究』講談社、一九八三年
秦郁彦『旧制高校物語』文春新書、二〇〇三年
秦郁彦編『日本官僚制総合事典』東京大学出版会、二〇〇一年
浜口雄幸『随感録』三省堂、一九三一年
林茂・辻清明編『日本内閣史録』各巻、第一法規出版、一九八一年
原敬全集刊行会編刊『原敬全集』上・下、一九二七年
原敬文書研究会編『原敬関係文書』各巻、日本放送出版協会、一九八四～八八年
仏教大学近代書簡研究会編『元勲・近代諸家書簡集成』思文閣出版、二〇〇四年
前田蓮山『原敬伝』上・下、高山書院、一九四三年
牧原出『行政改革と調整のシステム』東京大学出版会、二〇〇九年
升味準之輔『日本政党史論』一～七、東京大学出版会、一九六五～八〇年
松尾正人『維新政権』吉川弘文館、一九九五年
松尾正人『廃藩置県の研究』吉川弘文館、二〇〇一年
松波仁一郎編『水野博士古稀記念論策と随筆』一九三七年
真渕勝『官僚』東京大学出版会、二〇一〇年
御厨貴『政策の総合と権力』東京大学出版会、一九九六年
水谷三公『官僚の風貌』中央公論新社、一九九九年
美濃部達吉『憲法講話』有斐閣、一九一三年
村井良太『政党内閣制の成立』有斐閣、二〇〇五年
明治財政史編纂会編『明治財政史』丸善、一九〇四年
文部省編『学制百二十年史』ぎょうせい、一九九二年
山口二郎『内閣制度』東京大学出版会、二〇〇七年
山中永之佑『日本近代国家の形成と官僚制』弘文堂、一九七四年
横山勝太郎監修『憲政会史』上・下、憲政会史編纂所、一九二六年
六樹会編刊『岡野敬次郎伝』一九二六年
利光三津夫ほか『満場一致と多数決』日本経済新聞社、一九八〇年
若槻礼次郎『古風庵回顧録』読売新聞社、一九五〇年
早稲田大学大学史資料センター編『大隈重信関係文書』各巻、二〇〇四～一二年

第一章

国立公文書館蔵

「記録材料」
「民部官・民部省・神祇省記録」
内閣文庫所蔵「岩倉具視関係文書」
対嶽文庫所蔵「岩倉具視関係文書」
『法令全書』

朝倉治彦編『太政官日誌』別巻四、東京堂出版、一九八五年
内田修道編『明治建白書集成』一、筑摩書房、二〇〇〇年
榎本隆充編『榎本武揚未公開書簡集』新人物往来社、二〇〇三年
大久保利和等編『大久保利通文書』三、日本史籍協会、一九二八年
大隈重信『大隈伯昔日譚』明治文献、一九七二年
侯爵細川家編纂所編刊『肥後藩国事史料』七～十、一九三二年
渋沢青淵記念財団竜門社編『渋沢栄一伝記資料』二、渋沢栄一伝記資料刊行会、一九五五年
尚友俱楽部編『山縣有朋関係文書』二、山川出版社、二〇〇六年
太政官編『復古記』一、内外書籍、一九三〇年
東京大学史料編纂所編『保古飛呂比佐々木高行日記』二、三、東京大学出版会、一九七二年
日本史籍協会編『大久保利通日記』一、北泉社、一九九七年
日本史籍協会編『明治史料顕要職務補任録』一～四、東京大学出版会、一九八一年
日本史籍協会編『史籍雑纂』二、四、東京大学出版会、一九七七年
日本史籍協会編『嵯峨実愛日記』二、日本史籍協会、一九三〇年
日本史籍協会編『中山忠能履歴資料』九、日本史籍協会、一九三四年
日本大学大学史編纂室編『山田伯爵家文書』五、日本大学、一九九二年
松枝保二編『大隈侯昔日譚』早稲田大学出版部、一九六九年
立命館大学西園寺公望伝編纂委員会編『西園寺公望伝』一、岩波書店、一九九〇年
早稲田大学大学史資料センター編『大隈重信関係文書』五・六、みすず書房、二〇〇九、二〇一〇年

青山忠正『明治維新と国家形成』吉川弘文館、二〇〇〇年
家近良樹『幕末政治と倒幕運動』吉川弘文館、一九九五年
石塚裕道『日本資本主義成立史研究』吉川弘文館、一九七三年
伊藤之雄『伊藤博文』講談社、二〇一〇年
犬塚孝明『寺島宗則』吉川弘文館、一九九〇年
井上勲『王政復古』中公新書、一九九一年
井上勝生『幕末・維新』岩波新書、二〇〇六年
井上光貞ほか編『明治国家の成立』山川出版社、一九九六年
梅渓昇『明治前期政治史の研究』未来社、一九六三年
大村益次郎先生伝記刊行会編『大村益次郎』肇書房、一九四四年
小川原正道『大教院の研究』慶應義塾大学出版会、二〇〇四年
笠原英彦『日本行政史序説』芦書房、一九九八年
片岡弥吉『浦上四番崩れ』筑摩書房、一九九一年
勝田政治『〈政事家〉大久保利通』講談社、二〇〇三年
門松秀樹「明治維新期における朝臣に関する考察」『法学研究』八二巻二号、二〇〇九年
坂本一登「明治初年の立憲政をめぐって」同編『日本政治史の新地平』吉田書店、二〇一三年

佐々木克『戊辰戦争』中公新書、一九七七年
佐々木克『志士と官僚』ミネルヴァ書房、一九八四年
佐々木克『幕末政治と薩摩藩』吉川弘文館、二〇〇四年
佐藤誠三郎『「死の跳躍」を越えて』千倉書房、二〇〇九年
サトウ、アーネスト『一外交官の見た明治維新』下、岩波文庫、一九六〇年
鈴木淳『維新の構想と展開』講談社、二〇〇二年
千田稔『維新政権の秩禄処分』開明書院、一九七九年
園田英弘ほか『士族の歴史社会学的研究』名古屋大学出版会、一九九五年
高橋秀直『幕末維新の政治と天皇』吉川弘文館、二〇〇七年
竹村英二『幕末期武士/士族の思想と行為』御茶の水書房、二〇〇八年
多田好問編『岩倉公実記』中、岩倉公旧蹟保存会、一九二七年
遠山茂樹『明治維新』岩波書店、一九五一年
鳥海靖ほか編『日本立憲政治の形成と変質』吉川弘文館、二〇〇五年
永井秀夫『明治国家形成期の外政と内政』北海道大学図書刊行会、一九九〇年
中田喜万「武士と学問と官僚制」苅部直ほか編『日本思想史講座』3、ぺりかん社、二〇一二年
萩原延壽『陸奥宗光』上、朝日新聞社、二〇〇七年
馬場義弘「明治初期の徴士制について」『同志社法学』三八巻四・五号、一九八七年
原口清『戊辰戦争』塙書房、一九六三年
福地重孝『士族と士族意識』春秋社、一九五六年
牧原憲夫『文明国をめざして』小学館、二〇〇八年
松田宏一郎『江戸の知識から明治の政治へ』ぺりかん社、二〇〇八年
松本三之介『日本政治思想史概論』勁草書房、一九六七年
丸山幹治『副島種臣伯』大日社、一九三六年
三谷博『明治維新とナショナリズム』山川出版社、一九九七年
宮地正人『幕末維新変革史』下、岩波書店、二〇一二年
陸奥宗光伯七十周年記念会編刊『陸奥宗光伯－小伝・手簡・付録文集』一九六六年
毛利敏彦『明治維新政治外交史研究』吉川弘文館、二〇〇二年
毛利敏彦『幕末維新と佐賀藩』中公新書、二〇〇八年
由利正通編『子爵由利公正伝』岩波書店、一九四〇年

第二章

朝倉治彦編『太政官日誌』別巻四、東京堂出版、一九八五年
大津淳一郎『日本官吏任用論』金港堂、一八八一年
加太邦憲『自歴譜』岩波文庫、一九八二年
小村捷二『骨肉』鉱脈社、二〇〇五年
斎藤修一郎『懐旧録』青木大成堂、一九〇八年
塩谷良翰『回顧録』塩谷恒太郎、一九一八年
内務省「佐賀賊徒小倉処平口述書」(早稲田大学蔵「大隈重信関係文書」所収)
前島密『前島密自叙伝鴻爪痕』日本図書センター、一九九七年
浅井清「明治二年の官吏選挙」『人事行政』六巻四号、一九五五年

石附実『近代日本の海外留学史』ミネルヴァ書房、一九七二年
伊藤之雄『元老西園寺公望』文春新書、二〇〇七年
大久保利謙『日本の大学』玉川大学出版部、一九九七年
小川原正道『西南戦争』中公新書、二〇〇七年
片山慶隆『小村寿太郎』中公新書、二〇一二年
上沼八郎『伊沢修二』吉川弘文館、一九八五年
唐澤富太郎『貢進生』ぎょうせい、一九七四年
神田乃武編刊『神田孝平略伝』一九一〇年
橋南漁郎『大学々生溯源』上、一九一二年
故伊沢先生記念事業会編纂委員編『楽石伊沢修二先生』故伊沢先生記念事業会、一九一九年
国立教育研究所編『日本近代教育百年史』三、一九七四年
故古市男爵記念事業会編刊『古市公威』一九三七年
坂田吉雄「明治の官僚」『人文学報』二四号、一九六七年
辻直人『近代日本海外留学の目的変容』東信堂、二〇一〇年
利谷信義「日本資本主義と法学エリート」一、二、『世界』四九三、六号、一九六五年
土木学会編刊『古市公威とその時代』二〇〇四年
富田仁編『海を越えた日本人名事典』日外アソシエーツ、二〇〇五年
長久保片雲『世界的植物学者松村任三の生涯』暁印書館、一九九七年
鳩山春子編『鳩山の一生』鳩山春子、一九二九年
墨堤隠士『明治人物の少壮時代』大学館、一九〇二年
穂積重行『明治一法学者の出発』岩波書店、一九八八年
穂積奨学財団出版編『穂積陳重遺文集』一・四、岩波書店、一九三四年
本多熊太郎『人物と問題』千倉書房、一九三九年
桝本卯平『自然の人小村寿太郎』洛陽堂、一九一四年
松浦玲編『日本の名著三〇　佐久間象山横井小楠』中央公論社、一九七〇年
三宅雪嶺『大学今昔譚』我観社、一九四六年
宮崎市定『科挙』中公新書、一九六三年
明治教育史研究会編『杉浦重剛全集』六、杉浦重剛全集刊行会、一九八三年
山崎有恒「明治初年の公議所・集議院」鳥海靖ほか編『日本立憲政治の形成と変質』吉川弘文館、二〇〇五年

第三章

国立国会図書館憲政資料室蔵「岩倉具視関係文書」
国立国会図書館憲政資料室蔵「清水谷公考関係文書」
小川鼎三ほか校注『松本順自伝・長与専斎自伝』平凡社、一九八〇年
尾崎三良『尾崎三良自叙略伝』中、中央公論社、一九八〇年
小林宏ほか編『渡辺廉吉日記』行人社、二〇〇四年
日本史籍協会編『谷干城遺稿三』東京大学出版会、一九七〇年
牧野伸顕『回顧録』上、中央公論社、一九七七年
平塚篤編『続伊藤博文秘録』原書房、一九八二年
家近良樹『西郷隆盛と幕末維新の政局』ミネルヴァ書房、二〇一一年

岩谷十郎『明治日本の法解釈と法律家』慶應義塾大学出版会、二〇一二年
大久保喬樹『洋行の時代』中公新書、二〇〇八年
大久保利謙『岩倉使節の研究』宗高書房、一九七六年
大島美津子『明治国家と地域社会』岩波書店、一九九四年
岡田義治ほか「松ヶ崎萬長の初期の経歴と青木周蔵那須別邸」『日本建築学会計画系論文集』五一四号、一九九八年
笠原英彦『明治留守政府』慶應義塾大学出版会、二〇一〇年
柏原宏紀『工部省の研究』慶應義塾大学出版会、二〇〇九年
柏原宏紀「太政官潤色の実相」『日本歴史』七五〇号、二〇一〇年
柏原宏紀「開明派官僚の登場と展開」明治維新史学会編『維新政権の創設』有志舎、二〇一一年
勝田政治『内務省と明治国家形成』吉川弘文館、二〇〇二年
川口暁弘『明治憲法欽定史』北海道大学出版会、二〇〇七年
菊山正明『明治国家の形成と司法制度』御茶の水書房、一九九三年
国岡啓子「明治初期地方長官人事の変遷」『日本歴史』五二一号、一九九一年
小林和幸「近代初期の日本官僚制」平田雅博ほか編『世界史のなかの帝国と官僚』山川出版社、二〇〇八年
坂本一登『伊藤博文と明治国家形成』吉川弘文館、一九九一年
坂本一登「明治二十二年の内閣官制についての一考察」犬塚孝明編『明治国家の政策と思想』吉川弘文館、二〇〇五年
菅原彬州「岩倉使節団のメンバー構成」『法学新報』九一巻一・二号、一九八四年
菅原彬州「岩倉使節団の従者と同航留学生に関する追考」『法学新報』一〇四巻一号、一九九七年
鈴木淳『維新の構想と展開』講談社、二〇〇二年
関口栄一「明治六年定額問題」『法学』四四巻四号、一九八〇年
高橋秀直「廃藩置県における権力と社会」山本四郎編『近代日本の政党と官僚』東京創元社、一九九一年
瀧井一博『ドイツ国家学と明治国制』ミネルヴァ書房、一九九九年
田中彰『岩倉使節団「米欧回覧実記」』岩波書店、二〇〇二年
田中彰『岩倉使節団の歴史的研究』岩波書店、二〇〇二年
鳥海靖『日本近代史講義』東京大学出版会、一九八八年
永井和『近代日本の軍部と政治』思文閣出版、一九九三年
中川壽之「太政官内閣創設に関する一考察」明治維新史学会編『幕藩権力と明治維新』吉川弘文館、一九九二年
中川壽之「太政官三院制創設期の右院」三上昭美先生古稀記念論文集刊行会編『近代日本の政治と社会』岩田書院、二〇〇一年
中野目徹『近代史料学の射程』弘文堂、二〇〇〇年
西川誠「廃藩置県後の太政官制改革」鳥海靖ほか編『日本立憲政治の形成と変質』吉川弘文館、二〇〇五年
坂野潤治『日本憲政史』東京大学出版会、二〇〇八年
坂野潤治・宮地正人編『日本近代史における転換期の研究』山川出版社、一九八五年
前田光人『プロイセン憲法争議研究』風間書房、一九八〇年
松戸浩「制定法に於ける事務配分単位の変容とその意義（二）」『広島法学』三一巻二号、二〇〇七年
御厨貴「国会論と財政論」坂野潤治・宮地正人編『日本近代史における転換期の研究』山川出版社、一九八五年
御厨貴『明治国家をつくる』藤原書店、二〇〇七年
村瀬信一『明治立憲制と内閣』吉川弘文館、二〇一一年

明治維新史学会編『講座明治維新3維新政権の創設』有志社、二〇一一年
明治史料研究連絡会編『明治政権の確立過程』御茶の水書房、一九五七年
毛利敏彦『明治六年政変』中公新書、一九八〇年
山室信一『法制官僚の時代』木鐸社、一九八四年
和田穎太『鮭と鯨と日本人－関沢明清の生涯』成山堂書店、一九九四年

第四章

国立国会図書館憲政資料室蔵「幣原喜重郎関係文書」
東京大学大学院法学政治学研究科附属近代日本法政史料センター蔵「岡田宇之助文書」「上山満之進関係文書」「金井延関係文書」
松山市立子規記念博物館蔵「勝田主計日記」（明治二一～二七年、複写版）
勝田龍夫『「昭和」の履歴書』文藝春秋、一九九一年
京都大学総合人間学部図書館蔵『青年志叢』
東北大学史料館蔵『尚志会雑誌』
明治大学中央図書館蔵『法政誌叢』
伊藤博文『憲法義解』岩波文庫、一九四〇年
伊東巳代治『大日本帝国憲法衍義』信山社、一九九四年
河井弥八編刊『一木先生回顧録』一九五四年
塩入太輔『高等普通文官代言試験及第秘法』日本書籍会社、一八八九年
志村源太郎「明治時代官吏ノ過去及将来」『利国新志』五号、一八八九年
勝田主計『ところてん』勝田龍夫、一九七〇年
高瀬暢彦編『金子堅太郎 自叙伝』日本大学精神文化研究所、二〇〇四年
高田早苗『半峰昔ばなし』日本図書センター、一九八三年
瀧井一博編『シュタイン国家学ノート』信山社、二〇〇五年
林権助『わが七十年を語る』第一書房、一九三九年
原嘉道『弁護士生活の回顧』法律新報社、一九三五年
上山君記念事業会編刊『上山満之進』一九四一年
唐澤富太郎『学生の歴史』創文社、一九八〇年
河合栄治郎『金井延の生涯と学蹟』日本評論社、一九三九年
菊山正明『明治国家の形成と司法制度』御茶の水書房、一九九三年
北岡伸一『後藤新平』中公新書、一九八八年
小林和幸「近代初期の日本官僚制」平田雅博ほか編『世界史のなかの帝国と官僚』山川出版社、二〇〇八年
菅原通正ほか編刊『菅原通敬伝』前編、一九九三年
竹内洋『立身出世主義』世界思想社、二〇〇五年
田中義次編刊『田中次郎』一九三二年
千葉功『旧外交の形成』勁草書房、二〇〇八年
手塚豊『明治法学教育史の研究』慶應通信、一九八八年
寺崎昌男『東京大学の歴史』講談社、二〇〇七年
外山正一『藩閥の将来』一八九九年
鳥海靖『日本近代史講義』東京大学出版会、一九八八年
中野実『近代日本大学制度の成立』吉川弘文館、二〇〇三年

中野目徹『政教社の研究』思文閣出版、一九九三年
馬場恒吾『木内重四郎伝』ヘラルド社、一九三七年
深谷昌志『学歴主義の系譜』黎明書房、一九六九年
細井肇『政争と党弊』益進会、一九一四年
前田蓮山『床次竹二郎伝』床次竹二郎伝記刊行会、一九三九年
松戸浩「制定法に於ける事務配分単位の変容とその意義（二）」『広島法学』三一巻二号、二〇〇七年
真辺将之『東京専門学校の研究』早稲田大学出版部、二〇一〇年
和田一郎編刊『黄冠秋本豊之進君』一九三五年

第五章

伊藤隆編『大正初期山県有朋談話筆記　政変思出草』山川出版社、一九八一年
桜井良樹編『立憲同志会資料集』各巻、柏書房、一九九一年
秦五十子編刊『秦豊助』一九三五年
水野錬太郎『他山之石』清水書店、一九〇九年
尼子止『平民宰相浜口雄幸』宝文館、一九三〇年
伊藤之雄『立憲国家の確立と伊藤博文』吉川弘文館、一九九九年
伊藤之雄『立憲国家と日露戦争』木鐸社、二〇〇〇年
宇野俊一校訂『桂太郎自伝』平凡社、一九九三年
大石眞『憲法秩序への展望』有斐閣、二〇〇八年
北田悌子『父浜口雄幸』日比谷書房、一九三二年
佐々木隆『藩閥政府と立憲政治』吉川弘文館、一九九二年
三峰会編刊『三峰下岡忠治伝』一九三〇年
季武嘉也『大正期の政治構造』吉川弘文館、一九九九年
千葉功『桂太郎』中公新書、二〇一二年
千葉功「大正政変と桂新党」坂本一登・五百旗頭薫編『日本政治史の新地平』吉田書店、二〇一三年
永井和『近代日本の軍部と政治』思文閣出版、一九九三年
坂野潤治『明治憲法体制の確立』東京大学出版会、一九七一年
坂野潤治『大正政変』ミネルヴァ書房、一九九四年
伏見岳人「国家財政統合者としての内閣総理大臣」『国家学会雑誌』一二〇巻一一・一二号、二〇〇七年
牧野良三編『中橋徳五郎』上・下、中橋徳五郎翁伝記編纂会、一九四四年
御厨貴『明治国家の完成』中央公論新社、二〇〇一年
三谷太一郎『日本政党政治の形成』東京大学出版会、一九九五年
南弘先生顕彰会編刊『南弘先生』一九七九年
宮地正人『日露戦後政治史の研究』東京大学出版会、一九七三年
森靖夫『日本陸軍と日中戦争への道』ミネルヴァ書房、二〇一〇年
吉野鉄拳禅『党人と官僚』大日本雄弁会、一九一五年
若月剛史「『法科偏重』批判の展開と政党内閣」『史学雑誌』一一四編三号、二〇〇五年

第六章

東京大学大学院法学政治学研究科附属近代日本法政史料センター「入間野武雄関係文書」
長野高校同窓会蔵『校友会雑誌』
防衛省防衛研究所蔵「陸軍省大日記」「密大日記大正七年」
小川平吉関係文書研究会編『小川平吉関係文書』一、みすず書房、

一九七三年
尾平佳津江『第一次大戦後のドイツ安井誠一郎のドイツ留学日記より』一九八六年
河合良成『明治の一青年像』講談社、一九六九年
河田烈『河田烈自叙伝』河田烈自叙伝刊行会、一九六五年
北一亀『文官志願要覧』研習会、一九〇一年
佐藤孝三郎『高岳自叙伝』佐藤達夫、一九六三年
内政史研究会編刊「後藤文夫氏談話第一回速記録」一九六三年
内政史研究会編刊「安倍源基氏談話速記録」一九六七年
内政史研究会編刊「青木得三氏談話速記録」一九六四年
内政史研究会編刊「飯沼一省氏談話速記録」一九六九年
内政史研究会編刊「川西実三氏談話速記録」一九六四年
内政史研究会編刊「星野直樹氏談話速記録」一九六四年
内政史研究会編刊「松本学氏談話速記録」一九六七年
内政史研究会編刊「安井英二氏談話速記録」一九六四年
福永文夫ほか編『芦田均日記』一・二、柏書房、二〇一二年
松本学『現代史を語る四　松本学』現代史料出版、二〇〇六年
山田三良『回顧録』山田三良先生米寿祝賀会、一九五七年
吉野作造『試験成功法』青山社、二〇〇〇年
青木一男『わが九十年の生涯を顧みて』講談社、一九八一年
青木得三『おもいで』大蔵財務協会、一九六六年
有竹修二『唐澤俊樹』唐澤俊樹伝記刊行会、一九七五年
伊澤多喜男伝記編纂委員会『伊澤多喜男』羽田書店、一九五一年
岩永裕吉君伝記編纂委員会編刊『岩永裕吉君』一九四一年
大西比呂志編『伊澤多喜男と近代日本』芙蓉書房出版、二〇〇三年
岡本真希子『植民地官僚の政治史』三元社、二〇〇八年
奥健太郎『昭和戦前期立憲政友会の研究』慶應義塾大学出版会、二〇〇四年
大町桂月『学生訓・続』博文館、一九〇二年
川西実三『感銘録』社会保険新報社、一九七四年
北垣信太郎「東京帝国大学法科大学卒業生の進路分析」『東京大学史紀要』二二号、二〇〇四年
五島慶太『七十年の人生』要書房、一九五三年
近藤壌太郎追想集編集委員会編刊『追想近藤壌太郎』一九八〇年
鈴木俊一『官を生きる』都市出版、一九九九年
清水唯一朗「近代日本官僚制における郷党の形成と展開」長野県近代史研究会編『長野県近代民衆史の諸問題』龍鳳書房、二〇〇八年
田子一民『田子一民』田子一民編纂会、一九七〇年
長岡隆一郎『官僚二十五年』中央公論社、一九三九年
中筋直哉『群衆の居場所』新曜社、二〇〇五年
西山又次『小金義照伝』逓信研究会、一九七七年
広田照之『陸軍将校の教育社会史』世織書房、一九九七年
星野直樹『時代と自分』ダイヤモンド社、一九六七年
細島喜美『人間山岡萬之助』講談社、一九六四年
丸山鶴吉『五十年ところどころ』大日本雄弁会講談社、一九三五年
三谷太一郎『新版大正デモクラシー論』東京大学出版会、一九九五年
安井誠一郎氏記念像建設委員会編刊『安井誠一郎伝』一九六七年
保田その「京都帝国大学卒業生の進路」『京都大学大学文書館研究紀要』四号、二〇〇六年

近代日本の官僚　関連年表

一八七二（明治五）年の太陽暦採用以前の月日は旧暦のものである

西暦	（年号）	出来事
一八六七	慶応 三	12月9日王政復古の大号令。将軍職などを廃し、新たに三職が置かれる。総裁に有栖川宮熾仁親王、議定に中山忠能ら上級公家と山内豊信ら諸侯、参与に橋本実梁ら公家と大久保利通ら藩士が就任する
一八六八	四	1月17日行政七課が設置される。徴士制度を公布し、各藩から藩士の徴用がはじまる。由利公正、徴士第一号となる。1月25日神戸事件の調停に活躍した伊藤博文、参与に就任。2月3日三職八局制に再編される。3月14日五ヵ条の御誓文、公布。由利の原案による。3月17日浦上基督教徒問題に奔走した大隈重信、参与に就任。閏4月21日政体書、公布。議政官、行政官、刑法官による三権分立をめざす。立法と行政を横断する輔相には三条実美と岩倉具視が就任。10月28日藩治職制、公布。各藩にも人材刷新が求められる
一八六九	明治 二	5月13日官吏公選。三条が輔相、岩倉ら3名が議定、大久保利通ら6名が参与に当選。5月18日戊辰戦争が終結する。6月17日版籍奉還が実施される。不要となった徴士制度は廃止される。7月8日職員令、公布。二官六省制となる
一八七〇	三	7月27日各藩に洋学を学ぶ青年を大学南校に入学させるよう通達（貢進生制度）。主唱者は小倉処平と平田東助。小村寿太郎、鳩山和夫、穂積陳重、古市公威、伊沢修二、杉浦重剛らが集まる
一八七一	四	7月14日廃藩置県が実施される。7月18日大学を廃し、文部省を設置する。7月29日太政官三院制（正院、左院、右院）、発足。三条が太政大臣、岩倉が右大臣、木戸孝允、西郷隆盛、板垣退助、大隈が参議に就任。9月25日大学南校閉校。学生の一斉淘汰が実施される。11月12日岩倉遣外使節団、出発。長与専斎、井上毅ら官僚、松崎万長、平田ら留学生が同行
一八七二	五	8月3日文部省、学制を公布

一八七三	六	5月2日太政官三院制を改正、正院に権力が集められる。10月24日西郷、参議を辞職（明治六年の政変）。11月10日内務省が設置される。12月25日政府派遣の海外留学生に対し、いったん帰国の通達が発せられる
一八七四	七	1月17日板垣ら、民撰議院設立建白書を左院に提出する
一八七五	八	4月14日漸次立憲政体樹立の詔、発布される。7月10日文部省、第1回留学生に大学生11名を選ぶ。鳩山、小村、古市らが渡航
一八七六	九	8月清浦奎吾、司法省に入省（治罪法取調局）
一八七七	一〇	9月24日西南戦争が終結する
一八八〇	一三	文部省第1回留学生が帰国。各方面で活躍をはじめる
一八八一	一四	10月11日立憲政体の導入と大隈参議の罷免が決定される（明治一四年の政変）。10月18日自由党、結成。総理に板垣を選出。11月10日諸省事務章程通則、公布。各省共通の機構整備が着手される
一八八二	一五	3月14日伊藤博文ら、憲法調査のため渡欧する。4月16日立憲改進党、結成。総理に大隈を選出。10月原敬、外務省に入省（御用掛）
一八八五	一八	12月22日内閣制度が創設される（内閣職権）。第一次伊藤内閣発足。12月26日官紀五章、公布
一八八六	一九	2月27日各省官制、公布。次官以下の行政機構が定められる。3月2日帝国大学令、公布。法科大学など分科大学が設置される
一八八七	二〇	7月25日文官試験試補及見習規則、公布。資格任用制度が導入される
一八八八	二一	11月27日一木喜徳郎、林田亀太郎ら東京帝国大学卒業生、試補第一号として任官
一八八九	二二	2月11日大日本帝国憲法、発布 12月24日第一次山県内閣成立。内閣官制、公布。小宰相主義が採用される
一八九〇	二三	7月1日第1回衆議院議員総選挙が実施される。7月22日床次竹二郎、大蔵省に試補として入省
一八九二	二五	7月14日若槻礼次郎、大蔵省に試補として入省
一八九三	二六	6月5日水野錬太郎、農商務省に試補として入省。10月31日文官任用令、公布。試験任用制度が導入される。11月22日外交官及領事官試験規則、公布（外交官試験の独立）。原の起案による

近代日本の官僚 関連年表

一八九四	二七	8月1日清国に宣戦布告（日清戦争。95年4月17日、講和条約調印）。10月第1回高等文官試験実施。帝国大学生のボイコット起きる
一八九五	二八	11月第2回高等文官試験。下岡忠治、浜口雄幸、菅原通敏、上山満之進らが合格（二八会）
一八九六	二九	4月14日板垣退助、内相に就任
一八九七	三〇	11月27日岡田宇之助、高等文官試験に合格。12月、内務省に入省
一八九八	三一	6月22日憲政党結成。大隈、板垣が総裁に就任。6月30日第一次大隈内閣（隈板内閣）、発足。11月1日行政整理、官制改革施行。参与官（政治任用）が各省に設置される
一八九九	三二	3月28日文官任用令、改正。勅任官も資格任用とする。7月10日明治天皇、東京帝国大学卒業式で優等卒業生に銀時計を下賜。9月11日京都帝国大学に法科大学が開設される。11月東京専門学校を卒業した佐藤孝三郎、高等文官試験に合格するも口がなく、翌年5月、ようやく内務省に入省
一九〇〇	三三	4月27日総務長官・官房長制が採用される。5月19日軍部大臣現役武官制、制定。9月15日立憲政友会、発会式。総裁に伊藤。西園寺公望、金子堅太郎、原らが参加。10月19日第四次伊藤内閣、発足。各省官房長に政友会員を登用する
一九〇一	三四	6月2日第一次桂内閣、発足。貢進生出身の小村が外相となる
一九〇三	三六	12月5日総務長官・官房長制を廃止
一九〇四	三七	2月10日ロシアに宣戦布告（日露戦争。05年9月5日、講和条約調印）
一九〇六	三九	1月7日第一次西園寺内閣、発足。桂内閣の高官が大量更迭。9月28日新渡戸稲造が第一高等学校校長に着任
一九〇七	四〇	2月1日内閣官制、改正。公式令、公布。首相の権限が強化される。11月穂積重遠ら3名が高等文官試験に在学中合格を果たす
一九〇八	四一	7月14日第二次桂内閣、発足。西園寺内閣の高官が大量更迭
一九一〇	四三	11月河合良成、高等文官試験に在学中合格。翌年、農商務省に入省
一九一一	四四	8月30日第二次西園寺内閣、発足。床次が内務次官、水野が地方局長となる。9月芦田均、外交官及領事官試験に合格

一九一二	大正元	7月30日明治天皇、死去。嘉仁親王、践祚。11月高等文官試験合格者のうち、10名が民間に就職。12月21日第三次桂内閣、発足。加藤高明が外相、若槻が蔵相、勝田主計が大蔵次官、浜口が逓信次官、下岡が農商務次官となる。12月30日岡田宇之助、茨城県知事に就任
一九一三	二	2月11日桂内閣総辞職（大正政変）。2月20日第一次山本内閣成立。高橋是清蔵相、奥田義人文相、山本達雄農商務相、政友会に入党。水野、内務次官となる。6月13日軍部大臣現役武官制廃止。8月1日文官任用令改正。次官が自由任用となる。9月床次、水野ら、現役のまま政友会に入会。11月東京高商の石井光次郎、高等文官試験に在学中合格。翌年、内務省に入省。12月23日立憲同志会、結党式。加藤、若槻、浜口らが参加
一九一四	三	4月16日第二次大隈内閣、発足。加藤が外相、若槻が蔵相、浜口が大蔵次官、下岡が内務次官、伊沢多喜男が警視総監に就任。8月23日ドイツに宣戦布告（第一次世界大戦）。10月6日文官任用令改正。参政官・副参政官（政治任用）が設置される
一九一五	四	3月25日第12回衆議院議員総選挙実施。浜口、下岡が当選。次官を辞め、議員となる
一九一六	五	10月10日憲政会結成。同志会に加え、下岡らが参加
一九一七	六	1月内務省が部課長級の留学を推進。丸山鶴吉、堀田貢らが第一陣として渡航。10月唐沢俊樹、内務省を辞して自費で欧州留学に出発
一九一八	七	9月29日原内閣発足。閣僚の大半が官僚出身の政友会員によって占められる。次官級においても官僚出身の政友会員、政友会系官僚が登用される。12月6日大学令公布
一九一九	八	6月28日ヴェルサイユ講和条約調印
一九二〇	九	5月15日文官任用令改正。次官が再び自由任用となる
一九二一	一〇	11月4日原敬暗殺
一九二二	一一	2月安井誠一郎、内務省を辞して自費でドイツ留学に出発

清水唯一朗（しみず・ゆいちろう）

1974年，長野県生まれ．99年慶應義塾大学法学部政治学科卒業．2001年同大学院法学研究科政治学専攻修士課程修了，05年同博士課程単位取得，退学．博士（法学）．政策研究大学院大学リサーチアシスタント，東京大学特任助手などを経て，現在，慶應義塾大学総合政策学部教授．専門は日本政治外交史，オーラル・ヒストリー．

著書『政党と官僚の近代』（藤原書店，2007年）
『原敬』（中公新書，2021年）
共著『戦時日本の国民意識』（慶應義塾大学出版会，2008年）
『華族令嬢たちの大正・昭和』（聞き手，吉川弘文館，2011年）
『国民皆保険オーラル・ヒストリー1　幸田正孝』（聞き手，医療経済研究機構，2011年）
『吉國一郎（内閣法制局長官）オーラル・ヒストリーⅠ・Ⅱ』（聞き手，東京大学先端科学技術研究センター，2011年）
『渋沢雅英オーラルヒストリー』（聞き手，渋沢栄一記念財団，2012年）
『日本政治史の新地平』（吉田書店，2013年）

近代《きんだい》日本《にほん》の官僚《かんりょう》
中公新書 *2212*

2013年4月25日初版
2025年5月30日4版

著　者　清水唯一朗
発行者　安部順一

本文印刷　三晃印刷
カバー印刷　大熊整美堂
製　　本　フォーネット社

発行所　中央公論新社
〒100-8152
東京都千代田区大手町1-7-1
電話　販売 03-5299-1730
　　　編集 03-5299-1830
URL https://www.chuko.co.jp/

Published by CHUOKORON-SHINSHA, INC.
Printed in Japan　ISBN978-4-12-102212-7 C1221

中公新書

日本史

d 4

2107 近現代日本を史料で読む 御厨 貴編
2554 日本近現代史講義 山内昌之・細谷雄一編著
2719 近代日本外交史 佐々木雄一
1836 華 族 小田部雄次
2379 元老―近代日本の真の指導者たち 伊藤之雄
2051 伊藤博文 瀧井一博
2777 山県有朋 小林道彦
2618 板垣退助 中元崇智
2550 2551 大隈重信(上下) 伊藤之雄
2816 西郷従道―維新革命を追求した最強の「弟」 小川原正道
2212 近代日本の官僚 清水唯一朗
2483 明治の技術官僚 柏原宏紀
561 明治六年政変 毛利敏彦
1927 西南戦争 小川原正道
252 ある明治人の記録(改版) 石光真人編著
161 秩父事件 井上幸治
2270 日清戦争 大谷 正
1792 日露戦争史 横手慎二
2605 民衆暴力―一揆・暴動・虐殺の日本近代 藤野裕子
2712 韓国併合 森万佑子
2509 陸奥宗光 佐々木雄一
2660 原 敬 清水唯一朗
881 後藤新平 北岡伸一
2393 シベリア出兵 麻田雅文
2762 災害の日本近代史 土田宏成
2269 日本鉄道史 幕末・明治篇 老川慶喜
2358 日本鉄道史 大正・昭和戦前篇 老川慶喜
2530 日本鉄道史 昭和戦後・平成篇 老川慶喜
2855 明治維新という物語 宮間純一